大学学科地图丛书

丛书总策划	周雁翎
社会科学策划	刘　军
人文学科策划	周志刚

大学 学科地图 丛书

教育学与心理学系列

A GUIDEBOOK FOR STUDENTS

德育原理学科地图

檀传宝 等 著

北京大学出版社
PEKING UNIVERSITY PRESS

图书在版编目(CIP)数据

德育原理学科地图/檀传宝等著. —北京:北京大学出版社,2020.3
(大学学科地图丛书)

ISBN 978-7-301-31161-5

Ⅰ. ①德… Ⅱ. ①檀… Ⅲ. ①德育—高等学校—教材 Ⅳ. ①G41

中国版本图书馆 CIP 数据核字(2020)第 022663 号

书　　　名	德育原理学科地图 DEYU YUANLI XUEKE DITU
著作责任者	檀传宝　等著
责 任 编 辑	于　娜
标 准 书 号	ISBN 978-7-301-31161-5
出 版 发 行	北京大学出版社
地　　　址	北京市海淀区成府路 205 号　100871
网　　　址	http://www.pup.cn
电 子 信 箱	zyl@pup.pku.edu.cn　　新浪微博:@北京大学出版社
电　　　话	邮购部 010-62752015　发行部 010-62750672 编辑部 010-62767346
印 刷 者	天津中印联印务有限公司
经 销 者	新华书店 730 毫米×1020 毫米　16 开本　14.5 印张　220 千字 2020 年 3 月第 1 版　2020 年 3 月第 1 次印刷
定　　　价	49.00 元

未经许可,不得以任何方式复制或抄袭本书之部分或全部内容。
版权所有,侵权必究

举报电话:010-62752024　电子信箱:fd@pup.pku.edu.cn
图书如有印装质量问题,请与出版部联系,电话:010-62756370

大学学科地图丛书
编写说明

"大学学科地图丛书"是一套简明的学科指南。

这套丛书试图通过提炼各学科的研究对象、概念、范畴、基本问题、致思方式、知识结构、表述方式,阐述学科的历史发展脉络,描绘学科的整体面貌,展现学科的发展趋势及前沿,将学科经纬梳理清楚,为大学生、研究生和青年教师提供进入该学科的门径,训练其专业思维和批判性思维,培养学术兴趣,使其了解现代学术分科的意义和局限,养成整全的学术眼光。

"大学学科地图丛书"的作者不但熟谙教学,而且在各学科共同体内具有良好的声望,对学科历史具有宏观全面的视野,对学科本质具有深刻的把握,对学科内在逻辑具有良好的驾驭能力。他们以巨大的热情投入到书稿的写作中,对提纲反复斟酌,对书稿反复修改,力图使书稿既能清晰展现学科发展的历史脉络,又能准确体现学科发展前沿和未来趋势。

近年来,弱化教学的现象在我国大学不断蔓延。这种倾向不但背离了大学教育的根本使命,而且直接造成了大学教育质量的下滑。因此,当前对各学科进行系统梳理、反思和研究,不但十分必要,而且迫在眉睫。

希望这套丛书的出版能为大学生、研究生和青年教师提供初登"学科堂奥"的进学指南,能为进一步提高大学教育质量、推动现行学科体系的发展与完善尽一份心力。

北京大学出版社

前　言

如果您想在最短的时间内对德育原理学科有简明、精确而全面的理解，本书应该是您最好的工具。如果您希望通过本书这扇学科之门走向德育理论的远方，则本书已经为您提供了学术深度游、自助游的基本线路，以及琳琅满目但实用、贴心的"旅行小贴士"。通览全书，读者不难发现：举凡德育学科的历史发展，以及德育原理的基本概念、思想资源、基本文献、研究领域、当代进展等等，德育原理的重要信息都有百科全书式的初步呈现。

为读者写好一本简明、精确而全面的德育原理的介绍，挑战与意义一样重大。

本书从策划到定稿花费了五年多时间。因为即便本人在德育实践与学术领域已经工作了二十多年，即便本书的所有撰写人都是本领域的博士生、博士后，要言简意赅、深入浅出地描绘出这本德育学科地图，对于整个团队来说仍然是如履薄冰的工作。好在大家都十分敬业、投入，现在的文本大概就像初生婴儿的第一声啼哭，虽然稚嫩，但还算响亮，希望读者们喜欢。

本书各章节初稿撰稿的具体分工如下：

第一章　德育原理学科概述：吕卫华、孔祥渊、李乃涛；

第二章　德育学科的历史发展：李乃涛；

第三章　德育原理的基本概念：吕卫华；

第四章　德育原理的思想资源：刘宇；

第五章　德育原理的基本文献：孔祥渊；

第六章　德育原理的研究领域：孔祥渊；

第七章　德育原理的当代素描：李乃涛。

此外，李乃涛、孔祥渊除了完成上述章节的撰写工作，还在协助本人统稿方面做出了贡献。林可、周毅分别撰写了伦敦大学学院教育与民主公民国际研究中心、伯明翰大学朱比利品德教育研究中心的简介。作为本书的第一责任人,本人除了负责全书的框架设计、文稿修改和统稿工作之外,还提供了许多本人已有研究成果供有关章节撰稿人使用。我十分享受与孔祥渊、李乃涛、吕卫华、刘宇四位青年学人的愉快合作,更为他们的敬业精神、学术进步与扎实贡献而由衷自豪。

在俗务繁重的情况下,要用心完成这本需要花大力气的学术工具书并不容易。从某种意义上说,正是北京大学出版社于娜女士的热情邀约促成了本书的问世。在此本人代表作者团队向北京大学出版社及于娜女士致以诚挚的感谢。

檀传宝,2020 年 2 月 2 日,京师园三乐居

目　录

第一章　德育原理学科概述 ………………………………… 1
　第一节　德育原理的内涵与特点 ……………………………… 1
　第二节　德育原理的任务与研究方式 ………………………… 3
　第三节　德育原理的学科归属 ………………………………… 7

第二章　德育学科的历史发展 ………………………………… 10
　第一节　德育的历史发展 ……………………………………… 10
　第二节　德育学科的历史发展 ………………………………… 19

第三章　德育原理的基本概念 ………………………………… 37
　第一节　德育的基础概念 ……………………………………… 37
　第二节　德育的核心概念 ……………………………………… 48
　第三节　德育的新兴概念 ……………………………………… 60

第四章　德育原理的思想资源 ………………………………… 72
　第一节　我国的德育思想 ……………………………………… 72
　第二节　国外的德育思想 ……………………………………… 86

第五章　德育原理的基本文献 ………………………………… 104
　第一节　德育原理的经典著作 ………………………………… 104
　第二节　德育原理的代表性教材 ……………………………… 128
　第三节　德育原理的主要学术刊物 …………………………… 139

第六章　德育原理的研究领域 ………………………………… 145
　　第一节　德育原理的理论研究领域 ……………………… 145
　　第二节　德育原理的实践研究领域 ……………………… 168

第七章　德育原理的当代素描 ………………………………… 186
　　第一节　德育原理的学术组织 …………………………… 186
　　第二节　德育原理的著名学者 …………………………… 194
　　第三节　德育原理的学科前沿 …………………………… 205

参考文献 ………………………………………………………… 215

人名译名对照表 ………………………………………………… 220

第一章 德育原理学科概述

德育是培育美好心灵、塑造健全人格的教育实践,是推动人类社会文明进步、历史发展的重要力量。与此相应,从古代的德育思想,到近代的德育论,一直到今日蔚为大观的德育学科群,德育理论已经成为推动德育发展的显著动力之一。而德育学科群的基础理论——德育原理的发展又对德育理论与实践的不断进步发挥了至关重要的作用。

在本章,我们将主要回答三个基本问题,即"德育原理是什么""德育原理干什么"以及"德育原理属于什么学科"。

第一节 德育原理的内涵与特点

"德育原理是什么"这一问题,实质上是对于德育原理内涵的一种追问。为了回答这一问题,我们须先对德育原理的内涵与特点进行必要的梳理。

一、德育原理的内涵

按照《辞海》(上海辞书出版社 1999 年版)的解释,"原理"一词"通常指科学的某一领域或部门中具有普遍意义的基本理论,以大量实践为基础,正确性为实践所检验与确定。从原理出发,可以推演出各种具体的定理、命题等,从而对进一步实践起指导作用"。通过这一定义,我们可以看出:原理不仅包括"基本理论",还涉及各种具体的"定理"与"命题"等;原理并非虚无缥缈的议论,它与实践有着一定的联系,并能指导实践。

德育原理,顾名思义,指的是"原"德育之"理",即探究道德教育基本理论与基本规则。它往往从德育实践中的具体问题出发展开相关探究,却又不囿于具体问题,不为具体问题的解决提供处方,而是试图超越具体的问题,为具体问题的解决提供一般思路与基本框架。由此可见,德育原理是德育学科的基础理论,以研究德育基本问题、揭示德育本质和规律为根本任务。也就是说,德育原理立足社会生活与德育实践,发现、提炼和回答德育的主要课题和基本问题,并通过对德育主要课题、基本问题的研究不断揭示德育的本质与规律,探索解决问题的一般思路,指导德育实践。基于这样的认识,我们认为:德育原理学科是探究德育基本问题,建构德育基本理论,用以指导德育实践的一门学问。

二、德育原理的特点

总体而言,德育原理具有如下几个突出的特点。

第一,基础性。基于德育基本问题的研究,德育原理以解释全局性、一般性德育现象,揭示德育基本规律为自己的根本使命。一方面,德育原理与德育研究的其他具体学科联系密切,需要我们将德育原理的探索奠基于德育具体问题研究之上。另一方面,德育原理对基本理论问题的阐释又有助于具体德育问题的探索与解决。认真学习德育原理,是高屋建瓴地理解、掌握其他具体德育规律的认识基础。

第二,价值性。德育问题的探索既具有价值性,也基于教育的事实,具有科学性。作为具有鲜明价值性的研究领域,德育原理需要准确把握时代脉搏,以先进的价值理论作指导,对思想道德教育领域中的价值问题做出明确回应。作为一个科学研究领域,实事求是、探索规律是德育原理研究的基本要求。没有科学性或者没有正确的价值引导,德育原理及其发展就会失去生命活力。

第三,实践性。德育理论具有强烈的实践性。德育原理以研究德育的基本问题、揭示德育基本规律为使命。但对德育基本问题的研究和德育基本规律的揭示,又必须与鲜活具体的德育实践、德育生活紧密联系在一起。只有保持对具体德育实践问题的高度关注,才可能不断发现新的课题,永葆德育原理学科发展的青春活力;也只有密切关注德育的现实问题,德育原理的学科发展才能有的放矢、学以致用,对德育实效的提高发挥应有的积极作用。

第二节 德育原理的任务与研究方式

"德育原理干什么"这一问题,在很大程度上是在追问德育原理的任务是什么。与之相关的,还有德育原理的研究方式这一问题。本节将对这两个问题进行回答。

一、德育原理的任务

一般来说,德育原理的任务可以从以下三个方面进行分析:首先,从理论的角度来说,德育原理是要说明德育的一般规律,回答德育的基本问题,即"原"德育之"理";其次,从学科的角度来说,德育原理是整个德育学科(即广义的、复数意义上的"德育科学",包含许多分支学科或者研究领域)的基础,起到统领具体德育学科的作用;最后,从实践的角度来说,德育原理是提高德育实效的前提,它所解释的是德育实践中的一般现象和基本问题。

1. 揭示德育基本规律

从理论的视角来说,德育原理带有深刻的理论特质,其主要任务就是要揭示德育的一般规律,回答德育的基本问题。德育原理的首要任务,就是要解释德育现象的本质,探索德育活动的规律。我们只有认识了德育活动的客观规律并用它来指导实践,才能获得良好的德育效果。[①] 一般而言,德育原理在探索德育规律时,需要注意两个方面的问题:一是德育活动的普遍性,二是德育活动的特殊性。

首先,德育活动的普遍性,是指德育活动所具有的普遍的、一般的、内在的活动规律和活动本质,是德育活动区别于其他教育活动的特点。尽管德育活动在不同的时代、不同的地域甚至不同的情境中都有不同的表现形式,但是透过现象总有一些稳定的、内在的规律可以探寻。德育原理的任务之一就是要探索德育活动的普遍性,分析德育活动内在规律。比如说,一般而言,道德的知识学习既是可能的,也是必要的。可能性在于人具有向善的本

---
① 胡守棻.德育原理[M].北京:北京师范大学出版社,1989:14.

能,具有先天道德文化的遗传基因,知善并能行善,如孟子认为:"仁义礼智,非由外铄我也,我固有之也,弗思耳矣"①;必要性在于人的品德主要受到后天环境的熏陶和教育的影响,个体的道德发生是基于体验而成长的。毫无疑问,作为一种生存智慧的道德知识必定是有助于德性的生成的,通过个人努力,就一定能够在德性成长上取得进步。

其次,德育活动的特殊性,是指德育活动所具有的时代特色、地域特色和情境特色。以德育活动的时代特色为例,不同历史时期道德教育面临的任务和问题各不相同。我国在改革开放以后,社会经济的加速发展,个人财富的快速累积,使得个人欲望日益膨胀,由此带来了诸多问题。既有社会层面的问题:生态环境的破坏,自然资源的匮乏,恐怖主义事件的出现,多元价值的冲突,等等;也有个人层面的问题:制假售假、坑蒙拐骗、贪污受贿、拜金主义、吸毒嫖娼等等。人们在感慨"世风日下,人心不古"的同时,也陷入了对社会"道德滑坡"的深深忧虑之中。这就给当下的道德教育提出了新要求,学校德育工作也面临着新挑战。另外,德育活动同样具有鲜明的地域特色和情境特色,这些都构成了德育活动的特殊性。

通过对德育活动的普遍性和特殊性的分析,我们可以发现,德育原理的主要任务之一就是要解释德育的基本规律,分析德育活动的普遍性和特殊性。德育原理就是要从琐碎的、具体的德育实践经验中提取重要理论要素,从理论的视角去解释德育现象、解决德育问题。

2. 统领具体德育学科

从学科的视角来说,德育原理在整个德育学科(学科群)中地位是重要的,甚至是首要的。德育原理在德育学科中要解决的就是德育研究领域中最基础、最根本的问题。德育原理理所当然成为德育学科的最坚实的基础,起到"排头兵"和"奠基石"的作用,同时也是教育学相关学科的重要基础。德育原理在德育学科中的"统领"作用主要表现在以下两个方面。

首先,德育原理是教育学相关学科的重要基础。因为教育是一种人的自生产、再生产的社会实践,是一种具有强烈价值性的活动,是从来就没有离开德育的教育活动。只有对德育原理有透彻的了解,我们才可能对教育

---

① 孟子·告子上

政策学、学校管理学、课程与教学论、教育技术学等教育学分支学科以及教育哲学、教育社会学、比较教育学等交叉学科的有关知识有正确的理解和掌握。这是德育学科中其他学科所不具备的功能和作用,是德育原理的基本任务之一。

其次,德育原理是德育分支学科和交叉学科的基础。这是因为只有从原理上理解、面对德育的基本问题,进而把握德育的基本概念、基本规律,我们才能深切理解人类德育活动的具体知识,才能学习好德育"学科群"中各个分支学科、交叉学科。德育学科发展至今,已经形成了一个颇具规模的学科形态,包含了诸多研究内容。既有德育学科内部分化出的分支研究领域,如德育基本理论、德育课程论、比较德育论等,又有德育学科与其他学科的交叉研究领域,如德育美学、德育社会学、德育管理学等。整体而言,德育原理解决的正是德育学科内最重要,也是最基本的理论问题,在德育学科中起到"统领"作用。

因此,德育原理在德育学科乃至教育学科中的地位极为重要,解决的是学科内部前提性和基础性的问题,理应统领德育学科领域。

3. 提高德育工作实效

从实践的视角来说,德育原理对于提高德育工作的实效具有重要作用。学习德育原理最根本的意义在于解决德育的实际问题,这也是德育原理作为学科的最终目的之一。德育原理可以提高德育工作的实效,主要原因有二。

首先,学校德育工作的专业化程度日益提高。与古代经验型德育相比较,当代德育已经成为一种专业性日益增强的教育实践活动。虽然迄今为止在世界多数国家教师教育制度设计中尚缺乏对德育专业性之重要性的充分认识,但是人们已经普遍认识到:没有对社会文化、社会发展与德育关系的深切理解,没有对学生思想道德发展实际的准确把握,没有对师生德育关系的正确认识,没有对于德育政策、德育课程、活动设计、制度安排、德育技术等领域基本规律的专业认识与掌握,就不可能有德育实效性的真正提高。虽然广大德育工作者通过各自实践也会自发积累许多有益的德育经验和德育思想,但是德育原理中的现代德育学科的相关知识能克服经验性德育的局限,让广大教师(包括师范生)实现德育专业能力的提升、成为新时代专业

的德育工作者。也只有这样,才能最终高质量完成培养社会主义合格公民的神圣使命。

其次,德育工作面临的现实状况日益复杂。当代社会正处于一个价值多元、信息爆炸的时代,学校面临的外在调整不断增加,学校德育面临的挑战日益增多。学校德育亟须专业化的指导,一方面专业的知识可以为教育实践工作者提供更多有效的工作方式,避免单纯依靠经验而进入某些"弯路"和"误区";另一方面专业的德育理念可以更新教育实践工作者的德育观念,从而实现教师德育专业化水平及德育实效性的不断提高。

二、德育原理的研究方式

依据不同的划分标准,德育原理的研究方式可以分为多种类型。如,按照"量"与"质"这一研究范式上的区别,德育原理的研究方式可以分为量化研究与质性研究两类。一般情况下,研究者在研究过程中采用何种研究方式,与其所要研究的具体内容密切相关。因而,在本部分,我们主要依据德育原理研究内容的性质,分析德育原理的主要研究方式。

从实然与应然两个层面上进行划分,德育原理的研究内容可以分为两种类型:一是社会事实型研究内容。如,德育的历史发展阶段与发展水平、个体的道德发展状况与基本规律等。这种类型的研究内容回答"是什么"之类的问题,其所形成的是一种社会事实型的陈述。二是价值导向型研究内容。如,德育应该在个体的道德成长过程中发挥什么样的作用、个体的道德发展应该走向何方等。这种类型的研究内容所要回答的是"应怎样"之类的问题,其所形成的是一种价值导向型的陈述。

研究内容上的差异,自然导致研究方式上的区别。对于社会事实型的研究内容,研究者主要采取的研究方式是描述型方式。即,对于"是什么"这种问题的回答,研究者借助于各种具体的调查方法,挖掘德育方面的各种社会事实,并将其揭示出来。在这个过程中,研究者面对的主要是一些客观存在的内容,他们的任务是将这些事实描述出来。因此,描述是该种研究方式的主要手段与特征。基于此,我们可以将这种研究方式称之为描述型研究方式。对于价值导向型的研究内容,研究者主要采取的研究方式则是推论型方式。具体言之,对于"应怎样"这类问题的解答,研究者则是通过各种理论研究,思考德育方面的多种应然走向,并加以合理地论证。在这一过程中,研究的论证往往是基于一定社会实践的。按照亚里士多德(Aristotle)的理解,这种思考活动可以称之为"推理地思考"。因此,这种研究方式可以被称之为推论型研究方式。

归纳言之,从德育原理研究内容的性质出发,德育原理具有"描述型"和"推论型"两种研究方式。但需要注意的是,这两种研究方式并非截然对立、不可兼容的。在一个具体的研究中,这两种方式极有可能同时存在。

第三节　德育原理的学科归属

现代科学研究发展的重要标志之一就是建立了系统的学科体系。按照知识结构的分类标准,人们划分了若干的学科门类,每一具体的研究内容都可以归属到相应的学科门类之下,由此构建成一个组织严密的学科体系。德育原理作为以道德教育为主要研究内容的一门学科,在学科归属上隶属于教育学这一学科门类。要想厘清德育原理的学科性质和学科特点,需要从德育原理与教育学的关系、德育原理与邻近学科的关系进行分析。

一、德育原理与教育学

从教育学的学科发展史来看,在古代社会孕育的教育思想之中就包含了大量的有关道德教育的认识和观点,这可以说是德育原理的"萌芽"。比如,儒家对"君子"理想人格的论述主要是侧重于道德方面,古希腊哲学家"知识即德性"的说法也体现了知识学习对于道德教育的重要性。随着社会的发展和知识的分化,教育学逐渐演变为一门独立的学科。以赫尔巴特(J. F. Herbart)为代表的教育学家致力于建立教育学的独特的知识体系,他们同样将道德教育放置于教育学的重要位置。在赫尔巴特的《普通教育学》中,他突出强调了教育的德育价值,使教育为了德育的目标而努力。随着教育学自身学科体系的不断发展与完善,德育原理作为教育学的重要内容,也逐渐开始独立分化出来。在19世纪末20世纪初,涂尔干(Émile Durkheim)、杜威(John Dewey)和凯兴斯泰纳(Kerschensteiner)等教育学家开始出版有关道德教育的著作,成为德育原理开始独立的重要标志。时至今日,德育原理已然成为教育学研究中的重要分支学科,形成了自己独特的知识结构和研究领域。

从学科发展的现实角度来说,德育原理与教育学之间的内在关联主要表现在两个方面:首先,教育学作为德育原理的学科母体,为德育原理的发展提供了坚实的学科支撑。依托哲学、心理学、社会学、政治学等基础学科,教育学日益发展成为一门理论性与实践性兼备的学科体系,为德育原理提供了厚实的学科基础。德育原理贯穿了教育学研究中教育学原理、课程与教学论、教师教育等二级学科内容,也得益于这些学科的进步与提升。其次,德育原理作为教育学的学科分支,为教育学的发展贡献自身的力量。德育原理致力于解决道德教育的理论与实践问题,并努力构建自身的知识体系。道德教育在教育中的重要地位不言而喻,德育原理的发展势必会推动教育学的整体学科发展。

总的来说,德育原理与教育学之间存在着十分重要的相关关系,二者相互影响、相互促进,共同推进学科的进步。

二、德育原理与伦理学

德育原理在学科归属上属于教育学,但是,德育原理的形成与发展却离不开伦理学的支撑。不管是从应然层面还是实然层面,德育原理与伦理学之间的关系都是十分密切的。从应然层面来说,德育原理的发展理应建立在伦理学的基础之上。伦理学主要以道德为研究对象,是关于人类的道德规范和道德行动的知识体系。其中,应用伦理学作为伦理学的分支,是关于如何应用一般伦理原则和道德规范,解决人们在现实生活中所产生的伦理冲突,以便调节人与周遭关系的学科。德育原理同样旨在解决如何将道德规范传递给年轻一代,解决道德教育的现实问题。从这个意义上说,德育原理的发展离不开伦理学特别是应用伦理学的推进。伦理学和德育原理在实践层面上共同指向现实中的道德问题。从实然层面来说,伦理学为德育原理的发展提供了诸多的思想资源和研究方法。在德育原理的发展过程中,从古代亚里士多德的古典伦理学到近代康德(I. Kant)的义务论伦理学以至现代诺丁斯(Nel Noddings)的关怀伦理学都是德育原理不断汲取营养的重要思想资源。伦理学中对道德的反思和对伦理的分析,同样为德育原理研究重要理论问题和现实问题提供了方法论基础。

从未来德育原理的发展来说,德育原理应该从更大范围和更深层次上吸收伦理学的有益成果。首先,在德育目标的设计上,对于"培养什么样的人"的反思应当建立在伦理学的基础之上,做出伦理学意义上的理论说明。其次,在德育内容的选择和组织上,应当建立一套同时合乎伦理学和教育学的逻辑体系。最后,在德育教师队伍建设上,推动教师德育专业化更应将伦理学纳入教师职前教育和职后培训的知识结构中。

三、德育原理与其他相关学科

德育原理研究以德育基本问题为研究对象,这样德育原理就在"德""育"两个方面关联了许多学科。除了伦理学、教育学之外,德育原理至少还涉及政治学、法学、哲学、经济学以及心理学、社会学、文化学、人类学、技术科学等学科。德育原理的研究当然也要充分吸收以上学科与德育活动相关的最前沿的研究成果。

在中国大陆,德育还与"思想政治教育"活动及其学科高度相关。但狭义的德育主要聚焦于道德人格的培育,后者主要着力于特定政治品质的培养。在学科归属上,德育原理属于教育学一级学科,而"思想政治教育"则属于政治学(现已改属"马克思主义理论")一级学科。

总体而言,德育原理在学科归属上属于教育学学科,与伦理学之间存在着密切的关联,与思想政治教育既有联系又有区别。随着学科的不断深化和进一步发展,德育原理与诸多学科之间的关系会进一步密切,也会逐渐形成自己独特的学科特性。

第二章　德育学科的历史发展

历史是认识现实的"一面镜子",也是了解事物的"一束阳光",以史为鉴可以明辨现实,以史为轴可以通晓事理。若想了解一个学科,就必须了解研究对象的发展历史和学科的发展历史。一方面,了解研究对象的发展历史可以更好地了解研究对象的基本概况;另一方面,了解学科历史可以更好地认识到学科的发展脉络。"德育学"(包括德育原理)是近代之后才开始建立并逐步完善的,而"德育"则是古已有之、几乎与人类社会的出现同步的人类教育实践。如何认识德育和德育学在历史上的这种"差别"？如何看待不同历史阶段的德育状况和德育研究？这些问题都将在本章中逐一探索。

第一节　德育的历史发展

作为教育的一部分,德育的发展一方面与整个教育的发展紧密相关,另一方面与整体社会的发展密不可分。因此,对于德育历史发展的阶段划分,可以依据社会阶段的划分标准,大致分为古代德育与现代德育。当然,古代德育与现代德育作为德育历史发展的两个阶段既不是截然分离的,也不是毫无关联的,而是两个连续的、有机的组成部分。从古代德育向现代德育的转变也不是一蹴而就、全部转型,而是经历了漫长的、徘徊的发展阶段。总体而言,古代社会大致包括原始社会、奴隶社会和封建社会三种社会形态,现代社会主要是指资本主义社会和社会主义社会两种社会形态。

一、古代社会与古代德育

每一种教育形式都反映了社会发展的要求,对于德育的考察依然要从社会背景开始。可以说,古代德育的特点同样反映了以农业文明为主的古代社会的要求。

（一）古代社会与古代教育

除了原始社会，古代社会主要是以农业文明为主的社会阶段，其社会基本特征为：生产工具以手工工具为主，农业成为主导性或支柱性产业；私有制开始出现并逐渐占主导地位；社会日益分化为两个对立的阶级，阶级压迫和阶级斗争成为社会发展的重要动力；人与人之间的关系多为人身依附关系甚至是直接占有关系。

古代社会的教育主要有以下特征：第一，古代学校的出现和发展。学校的出现意味着人类正规教育制度的诞生，是人类教育文明发展的一个质的飞跃。第二，教育的阶级性的出现和强化。教育的阶级性不仅体现在教育权和受教育权上，而且还体现在教育目的、教育内容、教育方法、教师选择与任用等方面。

事实上，在等级制为基础的古代社会，教育体系同样展现出了强烈的阶级性，并形成了特殊的官学教育体系。以我国古代社会为例，在封建社会中形成和发展起来的学校教育制度，是为封建官僚统治集团和地主阶级的子弟设置的，即使有少数下层人民的子弟入学，也不过是点缀而已。这主要是因为封建教育的根本目的是把统治阶级的子弟培养成为各级官吏。所以历代封建统治者，为了培养这批封建专制的统治人才，都拨出专款兴办学校。自汉朝以来，凡入官立学校读书的人，都享受"公费"待遇，生活费和学习用品都由政府供给。从宋朝开始，又颁置学田，作为学校办学的基金，此后即为历代所仿效。书院官学化后，入书院读书的学生，也享受着官立学校的相同待遇。正由于学校有了办学经费，所以，我国封建社会的学校教育相对发达。特别是从隋朝开始，国家实行科举取士制度后，官立学校教育制度是与科举制度相配合的，学校教育受科举制度的影响极大。到明、清时期，科举制度更加盛行，学校教育基本上成为科举制度的预备场所，学校教育制度只不过是科举制度的一种附庸，从而使封建教育制度逐步走向衰亡的道路。伴随着封建制度的灭亡，为封建制度服务的学校教育制度也一同被废除了。

（二）古代德育

整体看来，无论是在古代的学校教育还是在古代的家庭教育中，道德教育都是教育的最重要的内容,知识传授的最重要目的也是为了培养"有道德"的人。不论是我国古代以培养"君子"为目的的教育,还是西方古代社会以培养"绅士"为目的的教育都印证了这一观点。具体到道德教育的内容,既有存在于人类社会早期的习俗性德育,也有长期占据统治地位的古代学校德育。以下将分别呈现这两种最重要的德育形态。

1. 习俗性德育

在古代社会的日常生活中,习俗占据了十分重要的位置。习俗既维持了社会的日常运转,又不断地调节个体的行为方式和思想观念,从这一角度上来说,古代社会的习俗具有道德规范的教育功能。所谓习俗性德育也就是人类社会早期以习俗性道德为教育内容并通过习俗与生活去实施的道德教育形态。习俗性德育主要存在于原始社会阶段,所以又被称为"原始德育"。

习俗性德育主要有两个特点:第一,在原始社会,维护氏族、部落的团结或存在是整个社会的最重要的任务之一,道德教育作为调解社会成员之间关系的有效手段成为维护社会存在的重要组成部分,因此当时的道德教育是教育的核心内容,并具有人人参与的全民性。第二,在原始社会,由于劳动、生活、教育是一体的,道德教育以培养年轻一代对神灵、首领的虔敬、对年长者的尊敬、对氏族与部落的责任的理解、对原始宗教仪式的掌握以及形成其他社会习俗所鼓励的道德品质等为主要目标,因此,德育是在习俗中存在并以习俗的传承为主要内容的。如儿童通过日常生活以及参加宗教或节庆的仪式、歌舞、竞赛等形式接受道德教育。在史诗《伊利亚特》和《奥德赛》中,希腊人歌颂了诸如虔敬、孝顺、好客、勇敢、节欲、自制等品德,而其中最受重视的是虔敬和对父母的孝顺。

习俗性德育形态在学校教育产生之后仍然以不同形式得以延续。美国教育学家布鲁柏克(J. S. Brubacher)曾经指出:"古罗马的道德教育同样是一种民俗性或习俗性的品德教育……那些强化道德品质的宗教仪式主要以家庭中的守护神和家神为主要对象,由于这类要求都十分严格,因而家庭中的宗教教育对儿童的影响很大。"[1]与此相似,中国的先秦时期学校教育中所开

---

[1] [美]约翰·S.布鲁柏克.教育问题史[M].吴元训,译.合肥:安徽教育出版社,1991:298.

设的课程"六艺"——礼、乐、射、御、书、数中,与道德教育关系密切的礼、乐之教实际上也具有非常浓重的仪式、习俗的色彩。《周礼·师氏》中记载,国学要教国子以"三德""三行"。其中"三行"是:"一曰孝行,以亲父母;二曰友行,以尊贤良;三曰顺行,以事师长。"乡学中则实行父子、兄弟、夫妇、君臣、长幼、朋友、宾客等七项人伦之教。不难看出,这些都是出自日常生活习俗的内容。在当代社会,肇始于原始社会的习俗性德育也以"民间德育""生活德育"的形式而广泛存在。如家庭生活及其故事对儿童的自然德育,庙会、节庆等群体性民俗活动等,都带有习俗性德育的特征。不过,由于人们往往将较多兴趣聚焦于学校德育,"民间德育""生活德育"等习俗性德育形态常常被教育研究忽略。

习俗性德育或者原始德育的突出特点就是它的"生活化"。由于它与生活的一体、一致,其潜移默化的德育效果往往是体制化的现代学校德育所难以望其项背的。与此同时,习俗性德育往往非常生动,不少活动具有生活的美感。正如布鲁柏克所说:"希腊时期的宗教在人们心目中留下的美感要多于敬畏,它在教育上的影响力与其说是教条性的或道德性的,不如说是仪典性或调解性的。"①在中国,西周教育以礼教为中心,但也是礼、乐互补,正如《礼记·文王世子》所说的实行所谓"乐,所以修内也;礼,所以修外也"的美育策略。今天在节庆、聚会中实现的德育也同样具有生活化和生动活泼的特点。因此"有效""有趣",是习俗性德育的突出优点。但这一形态的道德教育的缺点也是十分明显的,其缺点也恰恰来源于它的"生活化"特点。即除了德育的自觉性、系统性较差之外,习俗性德育的缺点主要是实际上的强制性和非批判性。由于习俗道德是道德教育的内容,它具有全社会认同、"天经地义"不容置疑的性质。在古希腊,智者们受到排挤、打击,苏格拉底(Socrates)甚至因"煽动青年"的罪名被处死就是明证。除了不容许批评之外,对那些不合规矩的行为实施惩罚被认为是理所当然的。"尽管宗教并没有令人敬畏的性质,然而希腊人却毫不犹豫地把敬畏与肉体惩罚当作了一种有益的手段,借以帮助人们使个人符合道德的社会准则。"②所以,习俗性德育只能算是德育发展的一个原初的起点。

---

① 〔美〕约翰·S.布鲁柏克.教育问题史[M].吴元训,译.合肥:安徽教育出版社,1991:298.
② 同上.

2. 古代学校德育

这里的古代学校德育是指奴隶社会、封建社会的学校德育。这是一个具有神秘性、等级性、经验性的德育发展阶段。

神秘性是指学校德育有或多或少的"宗教或类宗教特性"。所谓"宗教或类宗教特性"是指包括德育在内的全部学校教育在世界的许多地区完全从属于宗教组织。在欧洲,"随着基督教成为官方宗教,最终它拥有了这样的权力:可以使异教学校要么关闭,要么被纳入教会系统中来"。在印度,在伊斯兰世界,学校德育的情况也与欧洲基本相似。古代中国是一个例外,但人们也已将孔孟之道神圣化,将"儒学"变为"儒教",也有"类宗教"的性质。"宗教或类宗教特性"还指道德教育内容和方式上的宗教性。由于学校教育受制于教会等宗教势力,将信仰与道德联系起来,在信仰的前提下谈道德学习成为这一时期学校道德教育的特征。在欧洲,世俗道德教育的目的是要使人完善,为进入天堂做好准备。在中国,人们将道德规范的合理性归结于"天理",道德教育最终成为一种"存天理,灭人欲"的窠臼。所以在德育方式上古代的道德教育具有某种神秘性质。一个有趣的例子是中国的大儒王守仁,为了"明天理"而到了"格竹致病"的程度。正是觉得"格物"的路子不对,王守仁才毅然另辟蹊径走向"复归本心"的心学理路,但心学同样具有神秘的性质。

等级性是指在古代社会,学校德育从教育者、受教育者到整个教育目的、教育过程都受制于上流社会或统治阶级的利益需要。由于生产力低下等原因,这一时期的学校教育的主体、目的和内容都从属于统治阶级。只有上流社会的子弟才有受教育的权利;只有属于统治阶级的僧侣、官员或从属于统治者的知识分子才有施教的权力;教育目的就是培养神职人员和官员等"治才",教育内容也是围绕这一目的去组织的。由于维护等级性的统治秩序的需要,也由于个人德性在统治效率上的作用(号令天下与表率天下正相关),导致了对道德教育的高度重视。其结果是,古代教育几乎等同于道德教育。在基督教世界,教育的目的是皈依上帝和人性的救赎,读、写、算等只是修养以及与上帝沟通的工具;在中国,德性始终是学校教育的首要主题,极端的时期还出现过"举孝廉"的例子;在印度,一个儿童能否被古儒接受,取决于孩子的德性——因为只有品德优良的人才有条件学习《吠陀经》;

如此等等。

经验性包括两个方面:一是从德育实践的角度看,这一时期的道德教育较多采取不成规模的师徒授受方式进行,道德教育的内容也主要是对宗教或圣贤经典思想的解释、理解与实践。二是从教育思想的角度看,由于心理学、教育学时代尚未到来,有关德育的思想虽然很多,但是理念、猜想的成分很多,缺乏"科学"的证明。加上"第一是信仰,第二才是理性"[1]的特性,这一时期的学校德育有更多的专制色彩,而逐渐失去了习俗性德育原本存在的生动性。儿童往往被认为是"欺骗上帝的小滑头",因此"为了不让孩子堕落,把他们的意志彻底粉碎吧!只要他刚刚能够说话——或者甚至在他还根本不能说话的时候——就要粉碎他的意志。一定要强迫他按命令行事,哪怕因此而不得不连续鞭打他十次。"[2]因此牺牲理解、强调记诵是全部教育也是这一时期德育的主要特征之一。

二、现代社会与现代德育

自西方工业革命以来,机器大工业的生产方式逐渐代替了手工劳作的生产方式,人类社会逐渐由农业社会向工业社会过渡。现代社会发展至今,愈来愈展现出其复杂性和多样性,经济发展的现代化只是现代化过程中的一个方面,文化发展的现代化、政治体制的现代化逐渐被重视,但归根结底都要实现人的现代化。"人的现代化"这一最终目的的实现终究要依靠教育,尤其是要依靠道德教育。因此,在现代社会中,德育内容和德育目标又有了新的变化,这些变化将在这一部分的论述中逐一展开。

(一) 现代社会与现代教育

现代社会主要是以工业文明为主的社会阶段,其基本特征是:生产工具以机器大工业为主,科学技术的进步成为工业生产的基本动力;社会关系从人身依附关系逐渐转变为物的依赖基础上的人的独立个性之间的交往关系;日益健全的法律与道德或宗教一起成为社会生活的基本行为准则;科学

---

[1] [美]约翰·S.布鲁柏克.教育问题史[M].吴元训,译.合肥:安徽教育出版社,1991:305.
[2] 同上书,308.

技术得到了巨大的发展,成为一种推动社会进步的革命性力量。

现代社会的教育主要有以下特征:第一,现代学校的出现与发展。现代学校在体系上更加完备,类型上更加多样,层次上更加清晰,性质上也更加世俗化。就教学组织形式而言,现代学校普遍实行了班级授课制的集体教学形式,极大地提高了教学效率。第二,教育的生产性日益突出。教育对经济发展的贡献日益显著,教育的生产性和经济功能得到了世界各国政府的充分重视,教育改革作为经济发展的战略性条件逐渐被重视。第三,教育的公共性日益突出。教育逐渐成为社会的公共事业,师生关系也由古代社会的不平等关系转变为工业社会的民主关系。由绝对的教师中心走向教师指导和帮助下的学生自治。第四,教育的终身化和全民化理念成为指导教育改革的基本理念。教育不只是局限于学龄阶段,而是贯穿人的一生;教育也不再只是年轻一代的专利,而是所有社会成员的基本需要。

(二) 现代德育

现代学校德育主要是指 18 世纪西方资产阶级革命完成以来的学校德育。现代学校德育具有世俗化、民主化、科学化的特征。

学校德育的世俗化,主要是指宗教教育与学校德育的分离。在中世纪或古代教育中,学校德育往往受制于宗教势力。道德教育的目标、内容、方法等都带有宗教性质。近代以来,一方面由于资产阶级政治革命导致政教分离原则的产生,国家夺回了对于教育的控制权;另一方面的原因是宗教本身,在欧洲和美国都存在着基督教的不同流派,促使宗教与学校教育分离的部分原因起源于不同教派的冲突。就像政治上公民教育不允许偏向某一个政治团体一样,为了避免教派冲突对学校教育的干扰,欧美各国的公立学校在不同程度上实行了宗教与教育的分离——其实质性的内容之一就是宗教教育与道德教育的分离。道德教育与宗教教育的分离对于学校德育具有划时代的意义。学校德育无须再到上帝那里去寻找根据;原罪说等宗教意识对德育的消极影响也有了被削弱的可能性。这为学校德育的民主化与科学化提供了重要的基础。

学校德育的民主化与整个政治的民主化、教育自身的民主化是联系在一起的。近代以来教育的重要特征之一是学校教育的普及、高等教育入学率不断提高、终身教育体制的建立等,即宏观上作为宪法中政治民主的重要内容之一——平等受教育权的落实。此外,德育的民主化还包括教育过程之中的微观民主的实现,即对于学校德育目标、内容、方法、途径等方面民主化的追求。后者促进了平等受教育权等宪法权利的具体实现。现代教育的培养目标已经主要不是上层阶级——神职人员、管理人才等,而是民主社会的全体公民。参与教育活动的主体——教与学双方都已经平民化、平等化。教育的依据不再是天命或者上帝,而是社会发展、个体成长的现实需要。从卢梭(J. J. Rousseau)、裴斯泰洛齐(J. H. Pestalozzi)、福禄贝尔(F. W. Fröbel)到杜威,许多教育家都为这一进程做出了杰出的贡献。人们最终认识到,民主政治应当比任何一种社会更热心道德教育。这是因为一个民主的政府,除非选举人和被统治者都接受过良好的教育,否则民主政治将无从实现;民主不仅是一种政府的组织形式,更是一种联合生活的、一种共同交流经验的生活方式。[①]

　　科学化是真正自觉德育时代的必然前提,对于德育的历史发展具有划时代的意义。学校德育的科学化的内涵主要有三个方面。一是由于学校德育的世俗化,德育的合理性、德育理论的依据避免了神学化的命运。道德教育成为人们关心的现实领域,不再具有古代社会的神秘性质。二是指伦理学、心理学、社会学等近代科学的发展为学校德育问题的解释与解决提供了崭新的思路与可能,德育成为科学实践的组成部分之一。学校德育的组织化则是德育科学化的第三个表征,主要是指以班级授课制为代表的近代教育体制给德育带来的影响。以班级授课制为契机,学校德育不仅在效率上比过去的"学校"教育有了较大的提高,而且使学校成为一个与家庭和社会都不相同的学习集体生活的特殊场所。这为道德教育带来了积极社会化的意义,但也带来了德育忽视个性,过度理性化的弊端。

　　从社会历史发展的角度分析教育的历史变迁状况和德育的历史发展过程,可以让我们更加清晰地认识到影响德育形态的社会历史因素。事实上,对德育历史形态的分析有着重要的意义。

　　首先,对德育历史形态的分析有助于对习俗性德育形态的深入研究。

---

① 〔美〕杜威.民主主义与教育[M]. 王承绪,译.北京:人民教育出版社,1990:92.

与学校德育相对,原始德育及其当代形态——"民间德育""生活德育"实际上是范围更广、意义更为深远的德育形态。将习俗性德育与学校德育进行比较分析,在学术上有利于完整追溯学校德育发展的理论与现实的源头,全面解释学校德育及其发展。因此,开展民俗学、文化学意义上的德育研究有现实的理论意义。此外,虽然习俗性德育有其实际上的强制性和非批判性等明显的缺陷,与体制性的学校德育相比其教育的科学性、系统性也存在很多问题,但是习俗性德育也同时具有生活化和美感的特征,并具有"有效""有趣"等突出优点。当代社会,各国学校教育普遍面临如何克服德育体制化、唯智化、呆板化等缺点的时代课题,对习俗性德育形态的深入研究有助于当代学校德育从历史和现实的习俗性德育中吸取生活气息与教育灵感,扬长避短,提升其实际效能。从另一方面看,在当代社会,世界各国还普遍面临学校德育与社会、家庭德育结合的诸多困难。而如果我们能够对习俗性德育这一形态有深入的理解,则学校德育与社会德育和家庭德育机械、强制的结合方式(如勉强成立家校合作委员会、社区德育委员会,强制性开展德育合作)就应当转化为学校德育对社会德育、家庭德育资源更为顺其自然的衔接、发掘和开发利用。因为在校园之外,家庭、社会生活中德育本来就一直存在,始终发挥着习俗性德育的教育影响。

其次,对德育历史形态的分析有助于对学校德育的古代与现代形态进行深入的比较研究。如前所述,古代学校德育具有神秘性、等级性、经验性特征,现代社会的学校德育则是处在不断世俗化、民主化和科学化的进程之中。现代社会实际上并存资本主义、社会主义两种社会形态,尽管两种社会的德育形态存在巨大的差异,但不断实现世俗化、民主化、科学化是所有现代学校德育形态及其发展的共性。中国作为一个发展中的东方国家,一方面有着深厚的儒家伦理等传统文化积累,另一方面则在致力于中国特色的社会主义建设,这些因素都使得中国当代德育形态具有独特个性。在走向现代化的征途中,德育从神秘性逐步走向世俗化,从等级性逐步走向民主化,从经验性逐步走向科学化是其发展的关键和必然趋势。虽然我国德育在民主化、科学化的道路上已经取得了不少进步,但是更高程度的民主化、科学化仍然是今后我国德育发展的努力方向。

第二节　德育学科的历史发展

纵观德育学科的历史发展,有两个重要特点需要我们特别注意:第一,由于社会文化和历史背景的不同,我国德育学科发展与西方德育学科发展的不同步,造成了二者的发展轨迹的差异;第二,德育学科与德育思想的不同步,德育学科的建立与教育学科的建立紧密相关,是近一二百年之事,而德育思想的出现则更为久远。基于这两个方面的原因,在本节的论述中,一方面将德育学科的历史发展划分为国外的德育学科的历史发展和我国德育学科的历史发展两个部分,以作区分;另一方面在论述德育学科的历史发展时,既结合当时德育情况的描述,同时也着重德育思想的呈现。

一、国外德育学科的历史发展

从国外古代德育思想发展的脉络来看,从苏格拉底、柏拉图(Plato)、亚里士多德,一直到奥古斯丁(Augustinus)、托马斯·阿奎那(Thomas Aquinas)和马丁·路德(Martin Luther)等,许多杰出的思想家、教育家都对德育的重要性以及德育的基本理论问题有过卓越的论述。近代教育思想家如夸美纽斯(J. A. Comenius)、洛克(J. Locke)、卢梭、康德、赫尔巴特等人更是在自己的教育著作中对德育重大课题进行了十分集中的论述。但是这些论述一般都存在于其教育论述的大框架之内,德育研究尚未完全成为独立学科形态。

德育学从教育学科群中分化出来、成为独立的教育理论形态发生在19世纪末20世纪初。涂尔干的《道德教育论》(1902,又译作《道德教育》)、杜威的《教育上的道德原理》(1909)、凯兴斯泰纳的《品格概念与品德教育》(1912)等都是独立形态德育学的重要代表。此后,由于教育学、心理学以及伦理学、政治学、社会学等相关学科的迅猛发展,现当代德育研究也逐步分化出众多的交叉学科和分支学科,德育学已经演化成一个包括众多具体学科的学科群或学科体系。现代德育学科既包括德育政策学、德育课程与教学论、德育活动设计理论、德育管理学、德育技术学等分支学科,也包括德育哲学、德育心理学、德育社会学、德育美学、德育思想史、比较德育学等交叉学科。未来德育学科仍然将在分化、交叉、综合中不断发展。

总体来看,可以把国外德育学科的历史发展划分为萌芽期、发展期和繁荣期三个大的历史阶段。

(一)萌芽期(前学科时期)

每一个学科在独立之前都经历了漫长的"前学科时期",这一时期德育理论的形态主要是以德育思想的样貌呈现。比如古代许多思想家和政治家都从价值判断和选择的角度对德育的理想与方式等提出了自己的见解,这样的见解往往以片段化的论述和"语录式"的表达为主。当然,德育学科发展经历漫长的"前学科时期",也为后来德育学科的独立与发展奠定了良好的基础。

苏格拉底是古希腊最重要的德育思想家之一。在苏格拉底看来,教育的首要任务是培养道德,即教人学会做人。苏格拉底劝人敦品笃行,把精力用在高尚和善良的事上,努力成为有德性的人。他认为道德不是天生的,正确的行为基于正确的判断,教人道德就是教人智慧,教人辨别是非、善恶,正确地行动。智慧即德行,美德即知识,这是苏格拉底的著名论断。柏拉图在道德教育上则特别重视智慧与理性、勇敢与意志、勤劳与节制等美德的培育,希望建设一个正义的理想国。亚里士多德在道德教育思想上卓有成就,他将幸福作为人的一切行为的最高目的,并认为德性就是"中道",美德就是适度、恰如其分、恰到好处。他认为,自然给了人类接受德性的能力,但成为有德性的人必须要经过实践,美德在于实践。只有在实践德性的过程中,人们才能做到动机与效果的统一,知与行的统一,主观与客观的统一。

古罗马时期的奥古斯丁在道德教育上有着独到的见解。基于基督教哲学,在道德品质上,他强调宽容、温良、慈善待人、谦逊和顺从等。中世纪具有代表性的德育思想家是托马斯·阿奎那。他将德性分为理智的德性、实践的德性和神学的德性三种类型,认为德性是使一个人的善行达到完善的一种习性。他从现实的世俗情境出发,承认人的物质欲求,从而引导人性达到基督教义所指明的最终的归宿,调和人性与神性,最后归于神性,教育则是引导人性达到至善的工具或手段。

17世纪捷克著名教育家夸美纽斯在《大教学论》和《母育学校》中都有专门论述道德教育的章节。他非常重视道德教育,把培养德行看作学校的主要任务之一。夸美纽斯还将世俗道德的培养从宗教教育中分离出来,成为一个独立的部分。在道德教育内容上,将智慧、勇敢、节制、公正作为重要内容,并且提出了劳动教育。在德育方法上,他指出要尽早开始正面教育,从行动中养成道德行为的习惯,重视榜样的作用。

英国教育家洛克认为道德观念来自教育和生活环境,道德标准也就随时代、民族风俗的不同而有差别,否认了天赋观念和神的启示。他论述了诚实、智慧、勇敢、仁爱等美德,尤其重视"礼仪",德行终于学问。

自然主义教育的代表人物卢梭批评了在儿童期向学生灌输理性教育的做法,主张让儿童凭天性自我教育成长。卢梭认为要在青春期(15—20岁)开始道德教育,道德价值主要是心灵的内在满足,道德教育应从发展人的自爱自尊开始,在方法上不应该一味道德说教。

18世纪末19世纪初,德国教育家赫尔巴特较为系统地论述了道德教育思想,他认为,教育的根本目的就是要养成内心自由、完善、仁慈、正义和公平等五种道德观念,提出了教育性教学原则,认为教育(道德教育)是通过教学,而且只有通过教学才能真正产生实际作用,教学是道德教育的基本途径。他还提出了"训育"的思想,训育的目的在于形成性格的道德力量,训育可以划分为四个阶段:道德判断、道德热情、道德决定和道德自制。

总体来看,在德育学科的萌芽阶段,众多先贤哲人、教育名家在道德教育方面已经积攒了丰富的认识和见解,这些或理性或感性的认识为后来德育学科的正式建立和完善都积累了丰厚的基础,成为我们思考道德教育问题的思想起点。

(二) 发展期

纵观这一时期道德教育理论的发展,与欧洲的"新教育运动"和美国的"进步教育运动"紧密相关。这场教育变革是西方几千年教育史上最重要的教育变革之一。在这场教育变革运动中,一切传统的、旧的教育思想得到彻底的反省和检验,一切陈腐的、机械的教育形式都遭到最无情的批判和清理,其中孕育和发展起来的新的教育思想和观念不仅极大地冲击了旧的教育形式,而且确立了整个20世纪教育发展的主格调。从这种意义上说,走在这场运动前列的教育理论家、思想家乃是20世纪道德教育历史的真正揭幕

者和奠基者。

无论是欧洲,还是在美国,教育改革家们所面对的、所致力于改革的都是历史上长期延续下来的旧的、传统的道德教育。这种教育的基本特点:在性质上,它是一种强制的、灌输式的教育;在目的上,它试图使用一切可能的方法和措施使学生接受并最终形成特定社会所要求的固定的道德价值观念和道德行为习惯;在内容上,所要传授给学生的乃是人们推崇并为大多数人一致认可的、具体的道德规则、规范或宗教教条;在方法上,通常诉诸直接的问答式教学、规劝、说服、纪律、强迫执行、训诫、奖励和惩罚以及榜样等。

在欧洲和美国几乎同时兴起的"新教育运动"就是针对上述旧教育或传统教育提出的。在19世纪末20世纪初提倡进步教育的思想家中,有英国的雷迪(C. Reddie),意大利的蒙台梭利(M. Montessori),比利时的德可乐利(L. Decroly),德国的凯兴斯泰纳,美国的帕克(F. W. Parker)、杜威等人。他们共同的教育思想是:尊重个人的各种能力、兴趣和经验;充分的外在的自由和非正规性使教师们能按照儿童的真正面貌来熟悉儿童;尊重自我指导的学习;强调儿童的个性和自由而不是机械地说教和强制,强调的是儿童的天性和经验而不是外部的教材和标准。具体到道德教育上来,杜威的观点极具代表性:在杜威看来,根本不存在一种绝对的道德真理,任何道德都必须服从于不断变化的社会需要,所以道德从本质上乃是一种解决社会问题的过程而不是某种固定的观念和习惯;道德教育的核心是培养儿童的批评性研究的能力而不是机械的品格训练;教育的道德功能不是通过教给学生特殊的道德规则,而是通过发展他们的理智来实现的;道德不是教来的,而是儿童在参与实际生活的过程中、在与他人的合作和交往中发展起来的。

在进步教育兴起和发展的同时,对儿童道德和道德发展所进行的心理学研究也日益增多。这些心理学研究的成果一方面支持了进步教育对传统道德教育的批判,另一方面则为新道德教育观的产生提供了科学的理论基础。19世纪末至20世纪30年代,具有代表性的与道德教育有关的心理学研究有巴恩斯(Barnes)的儿童惩罚观的研究、麦考莱(Macaulay)和瓦特金斯(S. H. Watkins)关于环境对儿童道德价值理解影响的研究,以及皮亚杰(Jean Piaget)关于儿童道德判断的研究,在美国主要有霍尔(G. S. Hall)的儿童心理学研究、詹姆士(William James)对个体心理特别是习惯在教育中的作用的研究,以及哈特肖恩(Hugh Hartshorne)和梅(Mark May)的"品格教育研究"。其中,尤以皮亚杰的"道德发展理论"和"品格教育研究"对当代道德教育理论的影响最大。

20世纪初以进步教育为核心的现代教育产生之后,很快对学校道德教育产生了强有力的影响。从20世纪20年代到第二次世界大战结束,以杜威为代表的进步主义道德教育思想在美国道德教育实践中占支配性地位。然而,"二战"的爆发从根本上转变了学校教育的职能和方向,国家的需要、权力而不是个人的教养越来越成为衡量教育是否优秀的标准。"二战"之后,欧美国家教育的重点转向了科学技术和职业教育,道德教育这样的"软"领域受到了冷落。在"不需要道德教育"的社会氛围之下,道德教育的思想和理论的贫乏也就合乎情理了。

总体而言,这一时期是一个充满活力与生机的时期,它在人类道德教育发展史上的地位不仅在于它试图对维持了几千年的道德教育传统进行彻底清算,而且描绘了20世纪道德教育的蓝图。从某种意义上说,以杜威、皮亚杰等为代表的20世纪思想家在道德教育上的努力是新旧教育的分水岭,是道德教育理论发展史上的一个"蓄水池"——几千年来的道德教育理论和实践在这里汇聚、净化,而未来一个世纪的道德教育思想则从这里源源流出。

(三) 繁荣期

20世纪60年代对于西方国家来说是一个"多事之秋"。抗议越南战争、要求公民权利、反对种族歧视、少数民族叛乱等使得社会陷入混乱之中。而随之席卷欧美大陆的学生风潮更是让教育行政部门、学校和家长感到震惊。学生中间弥漫着对一切传统价值的蔑视,并且认为"暴力是解决社会问题的唯一手段"。在这种背景之下,社会、家庭、学校要求加强道德教育的呼声便日渐高涨。在美国,人们习惯把培养儿童的品格看成是家庭和宗教机构的责任,但是在20世纪70年代多数的美国人认为这一责任应该从家庭和宗教机构转移到学校。

正是在这种背景之下,在20世纪60年代末到70年代末短短十年之内,英美等主要的西方国家就涌现出了大批的道德教育理论家和关于道德教育的理论和学说。在英国,有牛津大学的道德哲学家约翰·威尔逊(John Wilson)、道德心理学家诺曼·威廉姆斯(Norman Williams)、社会学家巴里·舒格曼(Barry Sugarman)的研究;在剑桥大学,有道德哲学家赫斯特(Paul H. Hirst)的研究;在伦敦大学有道德哲学家、教育哲学家彼得斯(R. S. Peters)的研究。另外,还有以麦克菲尔(P. Mcphail)等人为主的"学校道德教育课程设置委员会"的研究。在美国,除了最负盛名的价值澄清学派和道德教育认知发展理论,还有社会行动模式、理论建构模式、价值分析模式等等。一时间一度备受冷落的道德教育得到人们空前的关心,道德教育领域出现了空前的繁荣。当然,这次道德教育复兴运动与20世纪初的道德教育改革运动有诸多相似之处:都是针对传统道德教育提出的、都把尊重儿童的个性自由和理智能力作为教育的重要指导思想,都反对直接的、说教式的道德教学,强调个体的经验、活动在道德发展中的作用。

这场道德教育的复兴运动不局限于理论、学说的剧增,它实际上体现了人们对道德教育的普遍关心。研究、探讨和实施道德教育已经成为各领域、各学科、各种不同类型、不同层次的教育工作者共同感兴趣的问题。有关道德教育的著作、论文、研究报告、杂志、各种不同形式的道德教育计划、师资培训计划、各种道德教育的研讨班、全国性和国际性会议等汗牛充栋、目不暇接。以道德教育的理论研究为主要宗旨的专业性杂志《道德教育杂志》(Journal of Moral Education)和《道德教育论坛》(Moral Education Forum)就是分别于20世纪70年代初期(1971年)和70年代中期(1976年)创刊的。根据《道德教育论坛》的研究统计,自1977年以来,在西方每年有近25部有关道德教育的著作出版,200篇学术论文发表,另外各种杂志中有6期有关道德教育的专号。另据《国际博士论文摘要》一书记载,在1964—1971年间,每年完成有关道德教育的博士论文为3—15篇,从1972年开始,有关道德教育方面的博士论文从每年20篇增长至1979年的82篇。

从20世纪80年代初至今,虽然不像20世纪六七十年代有众多的模式和学派出现,但对道德教育研究的热情丝毫未减。各种著作、论文、杂志反而呈日趋上升的趋势。而且,这一阶段道德教育理论发展的一个重要特点就是各理论的研究得到进一步深化。威尔逊在1967年出版的《道德教育导论》的基础上于1991年推出了《道德教育导论新编》一书,在内容、体例、思想上较之20多年前都有了很大的变化;科尔伯格(L. Kohlberg)在80年代上半期写成的《道德发展的哲学》(1981年)、《道德发展的心理学》(1984年)以及《道德发展与道德教育》不仅系统总结了他近20年的研究成果,而且对他早期的许多思想进行了修正,使之更臻完善。许多研究者对道德教育问题的讨论较之前也更加深入、视野更加开阔。品德教育(Character Education)及关怀理论逐步兴起,更成为当代德育理论最新的代表性主张。

二、我国德育学科的历史发展

中国德育思想的发展有着与五千年文明几乎同步的发展脉络。从先秦时期的诸子百家的德育思想,儒释道德育理论,到宋明理学关于德育的有关论述,一直到蔡元培、晏阳初、陶行知等人关于公民道德教育的思想,以及中华人民共和国成立后社会主义德育理论与实践的建构,中国德育思想源远流长且丰富多彩,一直是世界德育思想宝库的重要组成部分之一。但是就严格意义上的学科知识而言,由于教育学本身就是近代科学分化的产物,作为教育学分支学科的德育学科的历史又是十分年轻的。

(一) 初创时期(20世纪初—1949年)

学科建立一般以专门论著出现为标志,德育学科也不例外。在中国,20世纪上半叶随着近代科学的传入,一批专门的德育学专著才开始出现。受西学东渐思潮的影响,除了本土专著的出版,还有一批经典译著的出现。因此,在德育学科的初创时期,德育学科的发展主要表现在两个方面:一是德育专著的出现,二是德育译著的出版。

1. 本土德育专著

20世纪上半叶,比较有代表性的德育学著作有梁启超的《德育鉴》(1905)、蒋拙诚的《道德教育论》(1919)、余家菊的《训育论》(1925)、李相勋的《训育论》(1935)、吴俊升的《德育原理》(1935)、姜琦的《德育原理》(1944)、汪少伦的《训育原理与实施》(1946)等。其中,梁启超的《德育鉴》分"辨术""立志""知本""存养""省克""应用"6篇,辑录古代先贤道德修养学说予以评析,与其"新民说"一起在当时产生了重要影响。蒋拙诚的《道德教育论》则开始吸收现代伦理及欧美各国德育思想并初步形成了现代意义上的道德教育思想体系。这两部著作可以视为独立的德育学在中国产生的标志。而吴俊升的《德育原理》试图将德育理论建立在心理学、伦理学和社会学的基础上，初步建立了有关德育的基础理论，可视为"德育原理"在我国产生的标志。

2. 西方德育译著

在西学东渐思潮的影响下，随着新文化运动、五四运动等一系列"破旧立新"文化运动的开展，西方的一些道德理论和道德学说开始传入我国。从影响面上来看，以赫尔巴特、杜威和涂尔干的学说最为著名。

赫尔巴特的学说早期是通过当时留学日本的学者从日文著作翻译或根据理解编写有关介绍文献传入中国的。早期的译著有吉日熊次著、蒋维乔编译的《新教育学》（商务印书馆，1913年8月），其中第四编为《训育论》；大濑甚太郎著、宗嘉钊译的《中华教育学教科书》（上海中华书局，1913年），其中第三章为《教育与道德》；泽柳政太郎著、彭清鹏译的《实际教育学》（教育杂志社，1914年7月），第三编为《德性之教育》，包括训练总论、训练方法、训练与教育者等五章。还有一些其他的日本学者编著的书籍中也提到了赫尔巴特的德育思想。直到1936年3月，我国学者尚仲衣才根据英国学者的英译本翻译了赫尔巴特的《普通教育学》（商务印书馆），比较直接地在中国介绍赫尔巴特的学说。

相对于赫尔巴特，杜威的影响更为直接，杜威曾长时间来华讲学，并为国内教育界培养了胡适、陶行知、蒋梦麟等一批著名学者。作为美国著名的实用主义教育家，杜威关于德育的论述，主要反映在《民主主义与教育》和《道德教育原理》两部著作中。杜威本人曾于1919年5月1日受中国学术文化团体之聘来华讲学，赴13个省市发表16次演讲，1921年7月11日离开中国。1919年7月6日，蒋梦麟在《民国日报·觉悟》发表《杜威的道德教育》，概况性地介绍了杜威的德育思想。1912年8月，上海中华书局出版了由袁尚仁翻译的系统反映杜威德育理论的专著《德育原理》；1930年2月，张铭鼎重新翻译了此书，并在商务印书馆发行。杜威的道德教育理论对中国的影响广泛而持久，著名教育家胡适的实用主义教育哲学、陶行知的生活教育理论、陈鹤琴的"活教育"理论、蒋梦麟的人生道德哲学都明显带有杜威的印迹。

法国著名社会学家涂尔干的论著《道德教育论》，1925年在法国出版，

1929年即由崔载阳将其译为中文,并在上海民智书局出版。涂尔干的《道德教育论》体系完整、论证严密、内容清晰,有学者将其看作是德育学从教育学分化出来的标志。

当然,除了赫尔巴特、杜威和涂尔干的论著,还有一些其他西方德育著作和论文被译介过来。像康德的《康德教育论》由瞿菊农翻译并于1926年出版,罗素(B. Russell)的《教育与群治》由赵演翻译并于1934年出版,等等。

(二)新建时期(1949—1956年)

中华人民共和国成立后,学校德育工作和德育学科发展都面临着新环境和新局面。从德育学科发展的历史脉络来看,新中国成立后德育学科的发展与社会政治背景密切相关,并呈现出了较强的阶段性。在介绍这一时期的学科发展之前,宜先了解这一时期学校德育发展的总体状况。

1. 学校德育发展状况

1949—1956年新中国学校德育主要开展了五个方面的工作:一是国家颁布了一系列法令、方针、政策,并推行各种巩固和发展社会主义政权、打击国内外敌对势力的政治运动,尤其是开展了社会主义改造运动,学校德育是政治工作的一个方面;二是在学校中推行老解放区的优良思想政治教育经验,继承和弘扬革命传统;三是采取多种途径、方法,通过批判来改造旧学校德育;四是制定新的德育工作规章以及开展形式多样的政治思想教育运动;五是全面学习苏联学校德育的经验。

当然,处于摸索时期的新中国学校德育的确面临着不少的问题,主要体现在以下三个方面:第一,对旧德育持完全否定的态度,以为"只要是旧的,一切都要不得",排斥可以批判性吸收的东西。第二,学习苏联的德育理论与经验中有简单化、教条化和泛化的现象。第三,一段时间过度强调德育为当前的政治、经济服务,只考虑社会目前的需要,忽视德育的长效性,忽视德育自身的特点和规律。

2. 德育学科发展状况

新中国成立初期,在德育学科的发展上主要是引进和学习苏联的德育理论,表现在以下两个方面。

(1)全面引用苏联学校德育的指导思想,翻译了加里宁和马卡连柯的

《论共产主义教育》等一系列著作。这一德育体系的突出特征是特别强调阶级观点,坚持共产主义的立场,强调进行系统的政治理论学习,开设完整的政治课程,同时强调在各科教学中进行德育,强调学校工作德育化,特别强调劳动教育,并大力推行英雄主义教育。

全面推行凯洛夫《教育学》中的德育理论与工作体系。由于在整个教育学科中推行凯洛夫的《教育学》,并将其作为教育研究的唯一教科书,在德育理论上也基本上延续了凯洛夫的教育理论体系。凯洛夫《教育学》专门论述德育的章节共有五章,对共产主义道德教育原理、方法,辩证唯物主义世界观形成,苏维埃爱国主义教育,自觉纪律教育等课题进行了较为全面的论述。其中,凯洛夫系统阐述了苏维埃学校大力推行共产主义教育的基本观点和主要方法,但在课程设置中却不设德育课,甚至没有劳动课,主张"书本中心,课堂中心,教师中心",尤其强调智育的地位和作用。在具体的德育方法上,凯洛夫特别强调教学的教育性,极力突出教师在德育中的中心作用。

全面引介马卡连柯的德育思想。新中国成立后,在引介苏联教育时,较全面地引介了马卡连柯的德育思想,出版了包括《教育诗篇》《塔上旗》和《论共产主义教育》等多卷本的《马卡连柯全集》。总结起来,马卡连柯的德育思想主要包括三个方面:一是通过集体进行教育的思想,二是对学生尊重爱护与严格要求相统一的思想,三是坚持劳动教育的思想。

(2)翻译了一批德育方面的专门著作,比较有代表性的是叶西波夫、龚察罗夫合著,柏园译的《苏联的新道德教育》(三联书店,1949年)。全书对道德教育的任务、原则,尤其是苏维埃爱国主义教育、社会主义人道主义教育、集体主义教育、纪律教育、意志力教育以及列宁和斯大林的道德教育论述都有较好的阐释。

与此同时,早在新中国成立之初,徐特立就在《人民教育》上分期发表《论国民公德》,论述"爱祖国、爱人民、爱科学、爱劳动、爱护公共财物"的国民公德教育,体现出新中国德育理论建设的新气象。20世纪50年代末期,中国教育学界开始讨论教育学"中国化"问题,逐步开始独立自主的德育学探索。如王焕勋的《论新中国的道德教育》、胡守棻的《中小学共产主义道德教育的内容与方法》等,均开始依据中国自己的思想资源和社会主义教育实践探索德育的基本问题、本质与规律。

（三）徘徊时期(1956—1976 年)

从 1956 年开始,一直到"文化大革命"结束的 1976 年,我国社会经历了 20 年的特殊时期。这一阶段的中国教育事业基本上处于一种"徘徊状态",学校德育也大抵如此。

1. 全面建设时期的德育

十年社会主义建设时期(1956—1966 年)学校德育的主要内容有以下几个方面。

（1）坚持无产阶级政治挂帅,用阶级斗争观点指导德育。学校德育的最大特点就是坚持贯彻党的教育方针,德育工作突出无产阶级政治挂帅,把政治教育作为德育工作的核心。

（2）开设较多的政治课程。这一时期的政治课强调教育内容的系统性和科学性,初步形成了完整的学科体系,为后来的政治课的完善奠定了基础,同时成为中国学校德育基本模式的一个重要部分,政治课程的设置被保留下来,并在实践中不断地得到发展,得到丰富。

（3）加强生产劳动教育。生产劳动在教育中的作用被空前强化,主要是强调理论与实际相结合,脑力劳动与体力劳动相结合,知识分子与工农相结合,逐步消灭体力劳动和脑力劳动的差别,加速社会主义建设向共产主义过渡。

（4）加强党对学校德育的领导。主要表现在:一是学校德育工作要贯彻党的指示,服从党的领导;二是学校德育必须由党的成员来推行;三是学校德育的工作方案要经过党委讨论决定。

2. 十年"文化大革命"时期的德育异化

"文化大革命"期间,学校教育受到了破坏和干扰,这在德育方面表现得尤为突出,可以说,十年"文化大革命"时期的学校德育是对德育的异化。这里所说的德育异化,主要是指学校德育已经背离培养健全人格和促进人类社会进步这一本质规定,走向相反的方面,起了阻止社会进步和摧残人才的作用。主要表现在以下几个方面。

（1）"文化大革命"期间,德育丧失了培养人、塑造人的教育工作特性而被纳入了政治运动的轨道,德育的主要任务变成为当前的政治斗争服务。德育的方法就是"灌、批、查",对学生中存在的一些认识问题,不是做细致的思想工作,而是搞"大批判",上纲上线。

(2)"文化大革命"时期的德育,禁止学生的合理欲望,将个人的情感、欲望以及利益等统统划入"革命"或"反革命"的范围。学生的生命活动就是在"灵魂深处爆发革命","狠斗私字一闪念"。

(3)"文化大革命"开始后,贬低文化知识的作用,把知识和革命对立起来,认为"知识越多越反动"。学校德育出现反知识的潮流。

(4)德育不再是科学民主的教育,不再为维护和发展科学民主的社会而育人,也不再以科学民主的方法来教育学生,而是成为阶级斗争的工具。

以上两个阶段只介绍了德育状况,而对德育学科发展未做介绍。原因在于这段时间,尤其是"文化大革命"时期,整个教育学都被作为"伪科学"而失去了健康发展的可能性。当然,20世纪50年代末期,我国教育学也曾开展了关于"教育学中国化"等方面的讨论,开始了有关德育理论"中国化"的探索,这些探索无疑有重要意义。

(四) 重建时期(1976—1990年)

"文化大革命"结束之后,学校教育迅速恢复正常教学秩序,学校德育也逐渐回归正常轨道。德育学科在20世纪70年代末到90年代初,一直处于重建阶段,为之后的学科发展奠定了重要基础。

1. 学校德育概况

学校德育在"文化大革命"结束后,面临的一个重要问题就是"拨乱反正",解决在"文化大革命"中出现的种种问题。具体而言,在"拨乱反正"过程中的学校德育主要做了以下几个方面的工作:第一,批判"四人帮"集团在教育上推行的反动路线;第二,大力倡导德育,重新确立学校德育的重要地位;第三,积极整顿、恢复学校德育工作秩序;第四,大力开展基础文明教育。

在1978年之后,我国开始了改革开放的历史进程,学校德育也随之进入了一个新的阶段,在改革开放初期,学校德育主要从以下四点着手:首先,努力建立规范化的德育。教育部制定了《小学生守则》《中学生守则》和《高等学校学生守则》等一系列学生行为规范,并出台了《小学德育纲要》和《中学德育大纲》,有力促进了学校德育走向科学化、规范化和序列化。其次,加强政治课改革,不断完善德育教材。不断优化和完善政治课的课程结构,推进政治教学改革,组织专家学者编写一系列的德育教材,建立较为完整的德育教材体系。再次,开展"四个坚持"的教育,即坚持无产阶级专政,坚持社会主义道路,坚持共产党的领导,坚持马列主义毛泽东思想。最后,开展爱国主义教育运动。

2. 德育学科的发展

这一阶段的德育学科的发展主要表现在两大方面:一是德育方面研究成果的出版;二是德育研究组织机构的成立。

首先,从德育研究成果方面来看,既有教材、专著,又有论文、项目,形式多样。以德育教材为例,这一时期比较有代表性的教材是胡守棻主编的《德育原理》(详见:第五章—第二节—德育原理的代表性教材)。这是新中国第一部德育原理教材,也是中国德育原理学科恢复与重建的重要标志,在中国德育原理学科发展上具有重要意义。

除了教材,20世纪80年代的研究者还翻译出版了一批当代西方德育论著作,除80年代初傅统先、陆有铨翻译出版了皮亚杰的《儿童的道德判断》(1984)外,还有陈欣银、李伯黍翻译出版了班杜拉(Albert Bandura)的《社会学习论》(1989),傅维利翻译出版了美国哈什(Richard H. Hersh)的《道德教育模式》(1989)等。此外还有瞿葆奎先生主编的《教育学文集》(1989)的第二卷、第七卷均收入了一定数量的德育译著。

其次,从研究组织机构来看,出现了专门针对德育的研究组织和研究机构。1985年6月下旬,为了讨论(改革开放)新时期青少年思想品德面貌以及新时期德育目标、内容、方法等重要课题,全国德育论领域的专家齐聚南京,举行"新时期青少年德育学术讨论会",并于会议期间建立了"全国教育学研究会德育专业委员会"(全国德育学术委员会前身),作为协调全国德育研究、开展学术交流活动的组织机构。在高校,不仅开始开设德育的专业课程,德育研究者的队伍也逐步扩大。

（五）繁荣时期（1990 年至今）

讲入 20 世纪 90 年代之后,德育学科开始出现繁荣迹象:相关研究成果日益增多,德育专业队伍日益壮大,德育研究机构逐渐增设。这与我国基础教育和高等教育的快速发展紧密相关,基础教育的普及使得德育成为重要的研究课题,高等教育的发展使得德育研究队伍等外在条件日益成熟。总体而言,可以从研究成果、人才培养和组织机构三个方面来归纳这一时期的德育学科发展状况。

1. 研究成果

这一时期的德育研究成果层出不穷,涉及德育的各个研究领域,不管是形式还是内容都较前一阶段有较大程度的提高。

首先,在教材建设方面,魏贤超的《现代德育原理》(1993),鲁洁、王逢贤共同主编的《德育新论》(1994),班华主编的《现代德育论》(1996),戚万学、杜时忠编著的《现代德育论》(1997),檀传宝著的《学校道德教育原理》(2000),黄向阳著的《德育原理》(2000),郑航著的《学校德育概论》(2007)等一系列教材陆续出版。其中,鲁洁、王逢贤主编的《德育新论》在 1994 年出版,其重要特色是对新时期德育研究成果进行了高水平的整合、提升。该书针对当时社会转型期出现的新特点、新问题,力图构建适应社会变革与发展的新的德育基本理论,为德育原理以及整个德育学科的发展提供了许多新的思路。檀传宝著的《学校道德教育原理》、黄向阳著的《德育原理》等教材在个性化追求上具有突出的特色。

其次,在著作出版方面,一方面,许多学者出版了介绍西方德育思想理论的著作,如冯增俊的《当代西方学校道德教育》(1993),魏贤超的《现代德育理论与实践》(1994)、《道德心理学与道德教育学》(1995),戚万学的《冲突与整合——20 世纪西方道德教育理论》(1995),袁桂林的《当代西方道德教育理论》(1995)。另一方面,国内学者在各自的德育研究领域也陆续出版专著,如朱小蔓著《情感教育论纲》(1993),张志勇著《情感教育论》(1993),戚万学著《活动道德教育论》(1994),班华主编的《心育论》(1994),檀传宝著《德育美学观》(1996)、《信仰教育与道德教育》(1998)等。这些专著的出版不仅仅解释了我国德育研究中的一些重要基本问题,还开拓了德育研究的研究视野和研究领域。

进入21世纪,德育学科不断完善,研究领域日益扩大,更多的学术著作如雨后春笋不断涌现。总体而言,我们可以把这些著作分为四类:德育分支学科研究,德育交叉学科研究,德育问题研究,德育学科译著。

(1) 学科不断分化是学科研究不断深入和成熟的重要标志。近年来,德育分支学科研究得到了很大的发展,取得了一系列重要成果。这些成果主要以丛书的形式呈现。代表性的作品有张澍军教授2008年主编的"德育哲学研究丛书"。主要包括:张澍军的《德育哲学引论》、赵志军的《德育管理论》、郭凤志的《德育文化论》、范树成的《德育过程论》。除了丛书形式的成果,这方面的著作还有黄富峰的《德育思维论》(2006)等。

(2) 学科的发展动力之一是不断回应并解决各种现实问题。德育学科的发展在很大程度上得益于对各种现实德育问题的不断研究和探索,其成果表现为一系列丛书的出版与发行。比较有代表性的作品有以下一些。

① 鲁洁教授于2005年领衔的"德育新路向丛书"。主要包括:鲁洁著《道德教育的当代论域》、汪凤炎著《德化的生活》、高德胜著《生活德育论》、郑富兴著《现代性视角下的美国新品格教育》以及孙彩平著《道德教育的伦理谱系》等。

② 檀传宝教授2005年主编的"当代中国德育问题研究"丛书。主要包括:王啸的《全球化时代的中国公民教育》、魏曼华等的《当代社会问题与青少年成长》、刘志山的《移民社区的思想道德教育》、檀传宝等的《网络环境与青少年德育》和《大众传媒的价值影响与青少年德育》。檀传宝教授2009年主编的"德育新视界理论丛书"。主要包括:檀传宝等的《问题与出路:若干德育问题的调查与专题研究》、王小飞的《道德教育文本研究》、徐萍的《校长和他的学校:校长道德领导研究》、苏静的《被关怀者道德品质的培育》、曹辉的《道德教育与人的经济生活》。

③ 杨小微、黄向阳2009年主编的"多元文化与学校德育重建研究丛书"。主要包括:靖国平的《价值多元化背景下学校德育环境建设》、卜玉华的《班级生活与公共精神的养成》、杜时忠、卢旭的《多元化背景下的德育课程建设》、黄书光的《价值观念变迁中的中国德育改革》、黄向阳的《价值多元化背景下的道德教学:课例研究》、杨小微的《价值多元化背景下的课堂重

建:课例研究》、王凯的《教学作为德性实践——价值多元背景下的思考》、余维武的《冲突与和谐——价值多元背景下的西方德育改革》和朱晓宏的《儿童的成长:另一种记忆——学校道德氛围的改造与重建》。

除了以上丛书,相关的著作还有李太平的《全球问题与德育》(2002)、毕世响的《乡村生活的道德文化智慧》(2002)、杜时忠的《德育十论》、刘济良的《青少年价值观教育研究》(2003)、易连云的《重建学校精神家园》(2003)、郑航的《中国近代德育课程史》(2004)、陈桂生的《中国德育问题》(2006)、胡斌武的《社会转型时期学校德育的现代化》(2006)、高德胜的《道德教育的时代遭遇》(2008)、李菲的《学校德育的意义关怀研究》(2009)等。

(3) 学科的发展除了自身理论建构,还需要广泛借鉴相关学科的理论资源进行多学科、跨学科的研究。"十一五"期间,德育的交叉学科研究取得了较大的成果,主要有:朱小蔓教授 2005 年主编的"当代德育新理论丛书"。主要包括:朱小蔓的《情感德育论》、侯晶晶的《关怀德育论》、刘慧的《生命德育论》、丁锦宏的《品格教育论》。郭本禹、杨韶刚教授 2007 年主编的"德育心理学丛书",主要包括:杨韶刚的《道德教育心理学》和《西方道德心理学新进展》(2007)、汪凤炎的《中国传统德育心理学思想及其现代意义》(2007)、岑国桢的《青少年主流价值观:心理学的探索》(2007)、万增奎的《道德同一性的心理学研究》(2009)。

除了这些丛书,相关的研究成果还有彭未名的《交往德育论》(2005)、高德胜的《生活德育论》、刘超良的《制度德育论》(2007)、王仕民的《德育文化论》(2007)等。

(4) 积极、主动与学科发展的国际与时代潮流相接轨,是学科发展的重要方向。这离不开对国外相应学科成果的引进和介绍。近年来,在学科发展的国际视野方面,国内学者所做的主要工作是翻译了一批国际德育前沿著作,有代表性的成果包括以下一些。

① 魏贤超主编的"20 世纪国际德育理论名著文库",其中收录了杜威的《道德教育原理》、拉思斯(L. E. Raths)的《价值与教学》、科尔伯格的《道德教育的哲学》等六部名著。

② 杨韶刚、郭本禹主编的"道德教育心理学译丛"(2003),其中包括了马丁·里奇(John Martin Rich)和约瑟佛·戴维提斯(Joseph L. Devitis)的

《道德发展的理论》、唐纳德·里德(Donald R. C. Reed)的《追随科尔伯格》、马丁·霍夫曼(Martin L. Hoffman)的《移情与道德发展》、拉瑞·纳希(Larry P. Nucci)的《道德领域中的教育》等著作。

③ 檀传宝教授主编的"当代德育理论译丛",该丛书目前已经出版的著作有:内尔·诺丁斯的《始于家庭——关怀与社会政策》(2006)、罗伯特·纳什(Robert J. Nash)的《德性的探询:关于品德教育的道德对话》(2007)和路易·勒格朗(Louis Legrand)的《今日道德教育》(2009)。

从以上著作可以看出,当前德育学科发展的重要特征是:德育学科群日益庞大;德育的交叉学科研究日益增多;德育学科对现实德育问题的观照日益凸显;国外德育学科发展的最新成果不断引入。

最后,从学术期刊上来看,拥有专门的学术刊物是衡量一个学科发展成熟的重要标志。长期以来,德育作为一门学科虽然在大学课程体系中已经占据了不可或缺的地位,但是,在学术出版领域,以德育命名的学术期刊一直没有。教育部基础教育司委托、华南师范大学主办,1985年创办的《小学德育》杂志于2011年改刊名为《中小学德育》,是我国德育领域面向实践的重要理论刊物。2005年6月,经原国家新闻出版总署(新出报刊[2005]345号)批准,《中国德育》在国内公开发行。《中国德育》是中华人民共和国教育部主管、中央教育科学研究所(2011年更名为中国教育科学研究院)主办的国家级学术性德育理论刊物,是全国德育学术委员会会刊,也是全国教育科学规划领导小组办公室指定的课题成果发表刊物,在德育理论和实践领域都产生了积极的影响。除了《中国德育》《中小学德育》,南京师范大学道德教育研究所从2006年开始,出版"道德教育评论"系列丛书,丛书每年出版一本,主要是道德教育研究的论文集。这一形式的出版物还包括北京师范大学公民与道德教育研究中心组织出版的《中国公民教育评论》、华中师范大学道德教育研究所组织出版的《中国德育评论》等。

2. 人才培养

人才培养是学科建设的重要方面,尤其是高层次人才培养状况更能反映学科发展的现状。最早招收德育方向博士研究生的是南京师范大学的鲁洁教授。十余年来,鲁洁教授培养了一批卓有成就的德育研究者,他们逐渐成为国内德育研究的中坚力量。至今,招收德育方向博士研究生的高校已经有十余所:北京师范大学、华东师范大学、南京师范大学、东北师范大学、浙江大学、西南大学、华中师范大学、陕西师范大学、山东师范大学以及河南大学等。从地理分布看,目前德育方向博士点已经涵盖华北、华东、西北、华中、西南地区。从人员的结构看,尽管少数德育博士点负责人因为退休或工作调动等原因已经不再招生或在其他学校招生,但一些优秀的中青年德育学者已经拿起了接力棒,从而保持了德育博士点招生和建设的延续性。

3. 组织机构

从研究组织机构来看,一方面是德育论学术委员会的不断发展壮大,并与国际同行交流日益频繁,另一方面是有关德育的专业研究机构日益增多。

首先,"全国德育(论)学术委员会"(原德育专业委员会,现全称"中国教育学会教育学分会德育学术委员会")自1985年成立以来,影响力不断扩大。到2019年,已经连续召开了28届学术年会,在2017年的第26届学术年会上,参会人数已达500余人,为历届新高。委员会制定了委员会章程,完善了委员会的制度建设;设立了常务秘书处,负责日常组织运转和学术交流;成立了专门的网站(http://www.cacme.net),及时更新有关学术信息。至今,全国德育(论)学术委员会已经成为全国德育研究者交流的重要平台之一。

其次,多所高校设立专门的德育研究机构。从20世纪90年代开始,高等院校中开始设置专门的德育研究机构,德育研究呈现出"百花齐放"的局面。在德育研究方面,较早成立的研究机构有南京师范大学道德教育研究所(1994年成立)和北京师范大学公民与道德教育研究中心(2003年成立)。近年来,华中师范大学道德教育研究所(2013年成立)和西南大学少年儿童组织与思想意识发展研究中心(2013年成立)等德育研究机构也先后成立。

第三章 德育原理的基本概念

德育的基础概念有哪些,核心概念是什么,新兴概念又是如何发展的? 它不仅记录着德育原理的发展历史,也昭示着德育原理的发展前景;它不仅决定着德育理论体系的建设,也深刻影响着德育实践的开展。所以,对德育基本概念的把握是认识和了解德育原理的起点。

第一节 德育的基础概念

每一学科都有它的基础概念,正是这些概念构成了这一学科的基石,德育原理也不例外。德育原理作为一门与道德、教育、德性等关键词紧密相连的学科,自然离不开对这些概念的探讨。

一、道德

考察和梳理中国德育发展的脉络,大多数研究者的共识是德育就是道德教育。那么,"道"与"德"各自的含义是什么,作为二者结合的"道德"又有着怎样独特的意义?

(一) 道德的语义

在古代中国,从词源上考据,"德"字先于"道"字出现,"德"最早出现于殷墟甲骨文中,"道"字的首次出现则是在甲骨文之后的金文里。在先秦文献中,"道"与"德"多分开使用。"道"的最初含义是指道路,如《易经·履卦》说:"履道坦坦",意为行走的大路平坦。而"德"的本初意义为人的一种动作、行为,如《尚书》中说:"无若殷王受之迷乱,酗于酒德哉!"随着人相对独立于自然天地之外的自我意识逐渐加强,"道"与"德"的含义也逐渐得到引申。"道"的含义从行走之路引申为轨道、法则之意,"道"为事物运动变化的规律及人的行为原则和规范。如《左传》中子产说:"天道远,人道迩,非所及也,何以知之?"意谓行星运行的轨道与人事变动的法则一远一近,互不相干,人不会通过天道知晓人事。"德"的含义也在最初的直视而行的基础上加入心的参与和领悟,进一步发展为一切正直的行为,所以也就有了"自得于内谓之德"的说法。

"道""德"二字的连用始见于春秋战国时期。根据最早的文献记载,《左传》《论语》《墨子》《老子》《孟子》等先秦古籍中,都多次单独使用"道"字与"德"字,但均没有"道"与"德"二字的连用之例。就现有文献而言,较早将"道"与"德"两个字合并在一起使用的是《周易·说卦》。"观变于阴阳而立卦,发挥于刚柔而生爻,和顺于道德而理于义,穷理尽性以至于命。""道"与"德"并举为"道德",是源于"阴阳""刚柔"二词的相连并举,实际上为二词,并非现代所指的"道德"意义。中国传统文化中的"道德"涵盖了"道""德"的所有含义,具有丰富的内涵及层次性和结构性。"道德"的层次反映了中国古代思想家对于自然、人生和社会秩序与规律的把握和理解。而单指"道德规范"的现代意义之"道德"与之相比实在是相差甚远。直到"罢黜百家,独尊儒术"的文教政策结束了先秦百家争鸣的学术局面之后,"道德"才成为一个专有名词,特指人们日常生活所需遵从的行为规范。

在西方,现代英语中的 moral(道德)一词源于拉丁语 mores(风俗、习惯、作用、品格)。后来西塞罗(Marcus Tullius Cicero)根据古希腊生活的经验,从 mores 一词创造了一个形容词 moralis,以表示国家生活的道德风俗与人们的道德品性。值得特别指出的是,在英语早期的文献中,"'道德'(the moral)都表示该文献所要教导的实践性的训诫。在这些早期用法中,'道德的'既不与'谨慎的'或'自私的'相对照,也不与'合法的'或'宗教的'相对照。当时,与这一词汇的意义最为接近的词可能仅是'实践的'。随后,在这一词汇的用法史中,它首先通常被作为'道德德性'的一部分,接着,因其意义变得越来越窄,而自身成为一个谓语。到了 16 和 17 世纪,它才开始具有现代意义"。从 1630 年到 1850 年,"道德"一词获得了一种既普遍又特殊的意义,它才"成为一个特殊领域的名称,在这一领域中,既非宗教神学或法律方面的,亦非美学的行为规则,被承认为一块属于自身的文化空间"①。道德所表示的这种实践性特征,即是康德、黑格尔(G. Hegel)所说的道德的实践理性精神。

(二)道德的起源

关于道德的起源,有以下几种观点。

1. 神启论

"神启论"是最早提出的一种道德起源论,其基本主张就是认为道德起源于上帝的启示或"天"的旨意,认为道德依据是上帝或"天"的意志创造的。例如,中国古代的孔子就阐明了道德来源于上天的思想,后来汉代的董仲舒又进一步阐述了这一思想。古代西方的柏拉图认为道德即善的理念是由神所产生的。至中世纪,经院哲学家托马斯·阿奎那认为,人们所具有的所有美德,都来源于上帝的启示。这种观点看到了道德同人的本性之间的联系,并且模糊地认识到了道德起源的自然基础,对道德的自然属性有了一定的阐述。但是并没有真正揭示出道德起源的现实的客观基础,而将道德起源归结为一种宗教神秘主义。

2. 天赋论

此种观点认为,道德起源于人类的天性或自然本性,道德是人与生俱来的东西。中国古代的孟子就持有这种观点。他说:"仁义礼智根于心","非由外铄我也,我固有之也"。因此,人人具有的恻隐之心、羞恶之心、恭敬之心、是非之心都根源于人的本性。德国古代哲学家康德也持有这样的观点。他认为,道德原则既不是来自于外部经验世界,也不是来自于上帝,而是起源于人类固有的"纯粹理性"。这种观点看到了道德产生的深刻基础就在人的本性之中,因此将道德起源归结为人的本性,把道德本身与人的自然本性联系起来考虑,是具有一定的合理性的。但是,将道德视为人的心理意识即"心""纯粹理性""感觉"等的产物,就不可避免地陷入了主观唯心主义的泥潭之中。

---

① 〔美〕麦金太尔.德性之后[M].龚群,戴扬毅,等译.北京:中国社会科学出版社,1995:51-52.

3. 社会本能论

这种观点认为,人类的道德观念、道德情感和道德意识均起源于动物的社会本能。在这一观点看来,动物之间同种或居住在一起的异种群之间,具有一种互助的精神,其重要性要远远地高于它们之间的生存竞争,因为它对于种群的生存和发展来说,是必需的和必要的。而人类的道德正是这种动物之间合群性、互助性等社会本能的延续和复杂化。例如,达尔文(C. R. Darwin)曾说过:"道德原本发生于社会本能。"后来的克鲁泡特金进一步发挥了他的观点,而考茨基(K. Kautsky)则在其名著《社会主义伦理学》中就表述了"道德律不外是动物的本能"的观点。这种观点发现了动物本能活动中所蕴藏着的人类道德活动的萌芽这一客观事实,因此认识到了人的道德活动与动物本能活动之间的共同性。但是,它抹杀了人的道德活动的意识性和目的性,忽视了人的道德与动物本能之间所具有的本质的区别。

4. 情感论

持有这种观点的学者认为,道德起源于人类固有的情感之中。休谟认为,道德是"人们具有的一种感到赞同或者不赞同的情感倾向"和"沉思人类的幸福或不幸时就激起人们的这种赞同或者不赞同的情感倾向"[①]。亚当·斯密(Adam Smith)也认为,人类具有天然的同情本性,这是道德起源的情感基础。因此,道德是人类社会生活中慢慢地发展起来的一种社会感情,是对同胞的同情心发展的必然结果。卢梭也认为,人天生就具有"自爱"本性,所以人就可以在"自爱"的基础上形成"同情心",而道德就是人类"同情心"的产物。这种观点发现了道德之所以产生的心理学基础,看到了心理因素在道德起源问题上的基础作用。但是,试图在意识现象中找到道德产生的根源是无法成功的,因为它无法认识到道德起源的真正基础。

5. 社会生成论

马克思主义认为,道德作为一种意识形态,是一定的社会经济关系的产物,它根源于人类社会的物质生产过程中,是各种物质利益的反映。道德是人类在脱离了动物世界并形成人类社会的过程中,基于维护社会总体利益、

---

① [德]哈贝马斯.公共领域的结构转型[M].曹卫东,等译.上海:学林出版社,1999:20.

维护社会秩序的目的,在不断地调整人与人、人与社会以及人与自然关系的基础上所形成的一系列的规范。换言之,社会实践是道德产生的根源,社会分工的出现则是道德产生的关键。当代的美国学者罗尔斯(J. Rawls)也持有类似的观点。马克思主义关于道德起源的基本论述,客观解释了道德起源的基础和基本过程,是一种唯物辩证的观点。

(三) 道德的本质

道德的本质就是指道德区别于其他社会现象的根本性质,是道德基本要素的内在联系和道德内部所包含的一系列必然性、规律性的总和。道德不仅具有一般社会意识和社会关系的根本性质,而且具有作为一种实践精神和行为规范体系的特殊本质,即道德区别于其他社会意识、社会关系和行为规范的基本特征。

1. 道德是人的存在方式

人是什么?迄今为止无数哲人对人下了无数定义:人是理性的动物,人是政治的动物,人是社会的动物,等等。因此,认识维度的不同,对人的认识也存在着很大的不同。可以说,各种认识均有其合理性依据,它们的共同之处就在于试图通过在与动物的区别中理解与规定人及人性。依照此等理解,对人及人性的理解可以若干乃至无穷,其表达式是"人是……的动物"。只要在空白处填上适当的替换词,就可以形成对人的一种理解。然而,这种种对人及人性的认识仍然是现象枚举的,并不具有统摄性。那么,在对人的诸多具体理解与规定中,是否存在着某种贯穿始终的、能够作为人与动物相区别的人性的根本性特质呢?答案是肯定的,这个特质之一就是道德。根据亚里士多德、孔子、康德、黑格尔等人的思想,道德就是"恰当的做"(行为),这正是人与动物的区别。动物也能做,但动物的行为只是本能,缺少人所固有的理性能力及蕴涵其中的价值精神,无恰当可言。所以,道德的实践理性品格所表明、标志的是人具有道德的理性能力,并有将道德贯彻于日常生活所有领域的身体力行的特质,即以人的方式去做,以人的方式存在。

2. 道德是人的应然存在方式

道德作为人的存在方式并不是现象实存的,而是反思性的。这样,"道德是人的存在方式"这一命题,实质上就应当被准确表达为"道德是人的应然存在方式"。简言之,道德所指示的是"应当":作为一个人,应当怎样。"应当"是人类反思性把握自身存在的结果,具体地说,是人类在自己的长期生活实践中所形成的一种理想交往方式、存在样式的主观表达。应当既是一种义务又是一种责任,同时亦隐含着某种权利。可以说,一方面,"应当"的内涵是流变的。这是因为,每一个具体时代都对其赋予具体内容;伴随着社会的发展,"应当"又不断自我否定。它是开放的,不断自我超越的。另一方面,"应当"的内涵又是稳固的。它指向人之所以为人的本质的内在规定,是人共同性的表达。道德作为人是其所是的应然存在方式,具有理想性的普遍性。尽管不同的生活时代乃至同一生活时代中不同利益集团对人的理想有不同的认识,但是人(类)之所以能作为社会性存在着,就在于对人的各种特殊性"应然"理解中关注了一种一元普遍的关于人的某种共同理解的某些方面,这是人类作为共同体存在的内在价值精神。

3. 道德是人的智慧生活方式

道德智慧是人生命中的大智慧,是对人生意义、价值、道路有通透的睿智,是对人们相互关系及其规律的洞悉,对社会发展规律与趋势的明察,并能审时度势,恰当地选择自己的行为目的与行为手段,做其所该做的。在这个意义上,道德智慧,就是人在特定时空条件下的恰当行为能力,就是亚里士多德所说的"中道"、孔子所说的"中庸"。这种生活的智慧既是个体自律,也是社会共同体自律。个体自律是个人良心与意志自律,它内在包含了如同亚里士多德所说的"明智";共同体自律则既体现为社会心理、舆论、习惯的自律,亦体现为对某些必要规范的刚性强制,它以社会公正为核心。当代在西方思想界有着重要影响的哈贝马斯的"对话""商谈"伦理,罗尔斯的"社会主义"思想,桑德尔等的"共同体主义"以及某种向东方古老文明寻求现代性解蔽之道的做法等,均是以不同方式表达了当今人类对于智慧生活方式的严肃追求。东西方文明均有自己特有的智慧生活方式,西方以古希腊文明为发源地,更多地注重理性的"智"的方面,在人类存在及其行为方面更多注重实证技术与可操作性——这也是一种特殊的人文精神;相比之下,东方则主要是一种大化原理之下的人文精神。当然,真正的道德作为一种生活智慧,应当是人文精神与科学精神的交相辉映。

二、教育

德育当然是一种"教育"。但什么是教育？不同的教育家有各自的解说。

(一) 教育含义的历史考察

对教育的认识，首先要追溯到古今中外的思想家和教育家的阐释。

从词源看，有人说甲骨文中就有"教"和"育"的象形文字，象征着执鞭监督和养育孩子之形。但"教育"一词在中国最早见于《孟子·尽心上》中的一句话："君子有三乐，而王天下者不与存焉。父母俱存，兄弟无故，一乐也；仰不愧于天，俯不怍于人，二乐也；得天下英才而教育之，三乐也。"在古希腊语中，"教育"一词与教仆相关，教仆是陪送奴隶主子弟上下学的奴隶的专门称呼。

中国古代思想家和教育家在许多典籍中对"教育"有多种解说。《中庸》："天命之谓性，率性之谓道，修道之谓教。道也者，不可须臾离也，可离非道也。"又说："自诚明，谓之性。自明诚，谓之教。"《荀子·修身》："以善先人者谓之教。"《学记》："教也者，长善而救其失者也。"许慎《说文解字》："教，上所施，下所效也"，"育，养子使作善也"。

这里的"教"指的是教育者的教诲和受教育者的效法；"育"就是使受教育者向好的方向发展。可见，我国古代把"教"看作是教育者和受教育者的共同活动，"育"则被看作是由"教"而引起的受教育者的变化。

西方思想家和教育家对教育则有如下认识。柏拉图认为：教育是为了以后的生活所进行的训练，它能使人变善，从而高尚地行动。卢梭认为"教育应当依照儿童自然发展的程序，培养儿童所固有的观察、思维和感受的能力"。教育的目标"就是自然的目标"。夸美纽斯则说："假如要形成一个人，就必须由教育去形成。"[①]在他看来，教育在于培养和谐发展的人。瑞士的裴斯泰洛齐认为，教育就是"依照自然的法则，发展儿童道德、智慧和身体各方面的能力"。英国的斯宾塞(H. Spencer)认为：教育就是"为我们的完美生活

---

① [捷克]夸美纽斯.大教学论[M].傅任敢，译.北京：教育科学出版社，1999：2.

做好准备"①。美国的杜威认为"教育即生长","教育即改造","学校即社会";"教育是生活的过程,而不是将来生活的预备","教育是经验的改造或改组"②。20世纪30年代,要素主义教育的主要代表巴格莱(Bagley)认为,在人类遗产中有着文化教育上各式各样最好的东西,学校的任务就是要把这些文化的共同要素传授给年轻一代。教育是传递人类知识的过程,或者说教育是传递人类积累的知识中具有永久不朽价值的那部分的过程。德国教育家、哲学家斯普朗格(Spranger)重视文化及历史对人类道德行为的影响,认为教育是一种文化过程。

上述种种论断,虽然还不是教育的科学定义,但也都在一定程度上揭示了教育是"培养人的活动",具有在尊重人的主体性的基础上帮助人"实现社会化"这一本质属性。

(二) 教育含义的现实分析

教育作为培养人的一种社会活动,总是受一定的政治、经济和文化等多种因素的制约。各国教育既有共性特点,又有各自的特殊性。所以,在教育科学的研究上,既要借鉴世界各国教育科学的共性先进经验,更要重点研究本国教育的历史和现实。由于历史的原因,我们曾一度全面学习苏联凯洛夫的《教育学》,这对中国教育理论的发展带来极为深远的影响。即便在今天,国内学者对教育的讨论也不能不联系苏联教育家对教育的认识。

凯洛夫的教育定义是从苏维埃的现实条件和新生一代教育的主要特征出发的。他说:"对儿童进行的共产主义教育是有目的有计划地发展儿童的体力和智力,用知识和实际技能武装他们,形成他们科学的、唯物主义的世界观和共产主义的人格特点;教育是在组织儿童进行多种多样的个别活动和集体活动的过程中实现的。"并说:"上述定义是指整个的教育,其中也包括人格形成这样一个内容丰富而重要的部分——教养。"③凯洛夫对教育的定义,不仅揭示了教育的目的性和计划性,也回答了教育应培养什么人和如

---

① 张焕庭.西方资产阶级教育论著选[M].北京:人民教育出版社,1979:206,419.
② 华东师范大学教育系,杭州大学教育系.现代西方资产阶级教育思想流派论著选[M].北京:人民教育出版社,1981:6-35.
③ [苏联]凯洛夫.教育学[M].陈侠,等译.北京:人民教育出版社,1957:14.

何培养人等问题,还揭示了教育的阶级性等教育的本质特征。但其仅仅把教育的范围限定在儿童阶段,局限性显而易见。

自20世纪80年代以来,国内出版了几百本《教育学》,每本《教育学》都对教育下了定义。但应该说这些《教育学》有似曾相识、千人一面的特点,教育的定义也都是大同小异的。许多定义都与《中国大百科全书·教育》相似:"教育是培养人的一种社会活动,它同社会的发展、人的发展有着密切的联系。从广义上说,凡是增进人们的知识和技能、影响人们的思想品德的活动,都是教育。狭义的教育,主要指学校教育,其含义是教育者根据一定社会(或阶级)的要求,有目的、有计划、有组织地对受教育者的身心施加影响,把他们培养成一定社会(或阶级)所需要的人的活动。教育这个词有时还作为思想品德教育的同义语使用。"[1]

一般说来,从教育同其他社会现象的区别来看,教育就是有目的地培养人的社会活动。广义的教育也包括人们在社会上、家庭里、学校中受到的各种有目的的影响。就是说,广义的教育既包括制度化的教育,也包括非制度化的教育,它是一切教育的总称。因此,教育的概念应具有如下几点特质。

(1)教育作为以培养人为终极目的的社会过程,必须根据一定社会要求进行。

(2)教育是根据受教育者身心发展规律进行的,对人的培养既不能脱离社会,也不能无视或违背个体的身心发展规律。

(3)教育具有明确的目的性、计划性和组织性。教育的实施是有目的、有计划、有组织地进行的。

(4)教育总是教育者和受教育者的共同活动过程,具有双边互动性。教育是教育者积极施教和受教育者积极主动参与的统一活动过程。

(5)教育对人的培养是全方位的,指向人身心发展的方方面面,对人的影响是全面和系统的。

三、德性

德育是培养德性的教育活动,抽离了德性内涵的德育将走向异化,德育

---

[1] 中国大百科全书编辑委员会《教育》编辑委员会,中国大百科全书出版社编辑部.中国大百科全书·教育[M].北京:中国大百科全书出版社,1985:1.

及基本范式的选择需要认真审视并建立其德性之基。东西方传统道德伦理对德性本质内涵有着不同的理解和阐释,并以此为逻辑起点推动了德育思想的启蒙与发展。伦理学和道德教育的历史已经证明,有什么样的德性观就会有什么样的道德教育的思想和形态选择。

(一) 中国传统儒家德性观

"德性"一词最早见于《中庸》,曰:"故君子尊德性而道问学",认为德性是人的道德本性,是人生而具有的向善的本性。《论语·阳货》:"性相近也,习相远也。"虽然孔子对人性没有更具体详细的说明,但《论语·颜渊》《论语·述而》之"子欲善,而民善矣""仁远乎哉?我欲仁,斯仁至矣"等语句却表达了倾向于人性本善的观点。孔子的后继者孟子极力主张性善论,《孟子·公孙丑上》所谓恻隐之心,是儒家德性论产生的人性论基础;《孟子·告子上》之"仁、义、礼、智根于心",指人人皆有的四种"善端"。孟子认为人之性就是人和动物根本区别的本质规定性,只有道德才是人所独具而不同于动物禽兽的本质所在。由此可见,德性是人与生俱来的本性,德性就是人性。总之,中国传统儒家伦理"德性"论既将人性论作为其伦理基础,又视之为人与动物的本质区别,主张人类共同具有"性善"的本能,形成了"德性"在本质上就是"人性"的观点,以此为基点构建"生生之德""天人合一"的形而上德性伦理哲学。

(二) 西方经典德性本质观

西方传统人性观倾向于人是理性的存在物,理性是德性的起源和基础,"真正的道德德性出自于人所独有的纯粹的理性"[①]。

苏格拉底作为第一个把古希腊的道德伦理化的思想家,终生探讨美德的本性,把道德问题归结为知识问题,以"美德即知识"的著名命题来证明"一切德性都是智慧",知识就是美德,无知即是恶。柏拉图则提出了"正义"的德性观。

亚里士多德则认为:"人的德性,就一定是那种既能使人成为善人,又能

[①] 成伯清.走出现代性——当代西方社会学理论的重新定向[M].北京:社会科学文献出版社,2006:58.

使人圆满地完成其功能的品性。"①并从灵魂中三者(指感受、潜能、品质)生成的"种"上区分"德性",认为"德性既不是感受,也不是潜能,那么它只有是品质了","人的德性就是种使人成为善良,并获得其优秀成果的品质"②。

麦金太尔(A. MacIntyre)认为:"德性是一种获得性人类品质,这种德性的拥有和践行,使我们能够获得实践的内在利益,缺乏这种德性,就无从获得这些利益。"③因此需要将德性置于与实践和人的美好生活相关的情形中。

(三) 德育的德性特质

随着德育作为一种新的人性提升范式在中国的研究渐趋深入,它的"德性"特质越来越受到重视。

在一般情况下,德育应该按照道德的生长机制和内化机制,从人的自我肯定、自我升华和自我超越出发,使人摆脱动物性,不断提升社会性。具体表现为,从基本理念上讲,"德性"是德育应着眼于人的道德发展的长期目标和公民普遍关注的德育使命来开展德育活动。由此,衡量德育活动是否达到德性提升的基本标准是,人们是否按照道德规律来生活,人们是否听从良心的命令,违背了它就会遭遇精神上的痛苦和折磨等。从实践层面上讲,"德性"的提升应是每一位德育工作者和全社会的价值取向、观念和信仰。它要求道德实践者以此信念来竭诚丰富和充实人的内心世界,使人性发扬光大,使人更像一个人,同时明确德育必须满足德性提升的基本要求,并在政策制定和执行过程中注重人们内在道德信念的培养。

德育是促进人们在道德价值的理解和实践能力等方面不断建构和提升的实践活动。这种实践活动的德性内涵可以归结为以下四个方面:一是德育主体(主要指教育者)的德性。这表现在德育主体必须具有坚定的道德信念和优良的德行,否则德育只能变成骗人的空洞说教。二是德育价值观的德性。德育价值观的德性更主要地体现在德育内容对人性的提升。德育内容的安排要有利于促进个性的自由发展,培养具有完整道德人格的人。三是德育手段的德性。德育过程是一个由诸多要素组成的巨大系统,德育手

---

① 周辅成.西方伦理学名著选辑(上卷)[M].北京:商务印书馆,1964:11.
② 黄光书.全球化时代的学校德育思考[J].思想理论教育,2002(2).
③ [法]布尔迪厄.文化资本与社会炼金术[M].包亚明,译.上海:上海人民出版社,1997:241.

段的决定有时会使人有一种面对抉择目不暇接的感觉,需要建立一种综合起来的抉择标准。这一标准可以表达为最为经济地达成最大最佳的预期德育效果。四是德育对象及目标的德性。人是道德的主体,道德实际上是"人给自己立法",是人的自我约束。道德只有为人所认同、所信仰,才能真正成为道德。同时,德育主体进行德育首先从德性问题入手,德性问题成了德育的逻辑起点。又由于德育最终要达到的目标或者宗旨是实现人与社会的德性的提升,因此,德性升华已是德育的应有之义。

第二节 德育的核心概念

德育的核心概念是德育原理理论体系中带有基础性和根本性的理论元素,它不仅具体阐明了德育的本质、功能、主体、目标、课程、过程、模式,更为重要的是,它揭示了德育运行的基本规律、主要原则和价值取向。

一、德育本质

德育本质是德育原理的最基本问题之一,它要回答德育是什么的问题,只有明确了德育是什么,才能正确地制定德育目标和德育内容,才能科学地揭示德育规律,选择科学有效的德育途径和方法。所以,德育本质问题在德育原理中具有牵一发而动全身的影响。

通过梳理,中国目前存在以下几种比较有代表性的关于德育本质的理论阐述。

(一) 转化论

"转化论"是一种出现较早的德育本质观,较早对德育本质进行探索的是李道仁先生,他认为探讨德育的本质就是构成德育过程必须具备的教育者、思想言行规范、受教育者三个基本要素相互发生联系,产生特殊矛盾的运动形式。① 这种理论学说比较具有代表性的观点是,德育的本质就是"把

---

① 李道仁.德育本质问题的探讨[J].华中师院学报:哲学社会科学版,1982(6).

一定社会思想道德规范转化为受教育者个体的思想品德"①。"德育是教育者将品德规范转化为受教育者品德的教育。"②"德育是教育者按照一定社会或阶级的要求,有目的、有计划、系统地对受教育者施加思想、政治、道德影响,通过受教育者积极的认识、体验、身体力行,以形成他们的品德和自我修养能力的教育活动。"③"德育是教育者根据一定社会和受教育者的需要,遵循品德形成规律,采用言教、身教等有效手段,通过内化和外化,发展受教育者的思想、政治、法制和道德几方面素质的系统活动过程。"④

(二) 超越论

鲁洁教授认为,道德教育的要旨在于使受教育者掌握"人们的行为可能是怎样的？应该是怎样的？道德的理想是什么？人何以接近这种理想？"⑤鲁洁教授从实践唯物主义出发,提出教育从本质上讲,是为了人的解放而存在的。教育是指向未来的,从这个意义上说,教育的任何组成部分都具有超越现实的本性。道德作为人类的一种精神活动,它是对可能世界的一种把握,道德所反映的不是实是而是应是。"道德具有超越性的特征,以此带来道德教育具有超越的本质。"⑥

(三) 主体发展论

这是班华教授的观点。他认为:现代德育以促进人的德性现代化为中心,或者说是以促进主体现代德性发展为根本的。主体性、发展性是现代德育的本质规定。⑦"主体发展论"的内涵是:以人为本,突出教育活动对于学习主体德性发展的积极作用。

二、德育功能

德育功能解释德育能够干什么的问题,是实现德育价值和目的的保障,

---

① 胡守棻.德育原理[M].北京:北京师范大学出版社,1989:36.
② 华中师范大学教育系,等.德育学[M].西安:陕西人民教育出版社,1986:17.
③ 王道俊,王汉澜.教育学[M].北京:人民教育出版社,1999:330.
④ 鲁洁,王逢贤.德育新论[M].南京:江苏教育出版社,2010:105.
⑤ 鲁洁.当代德育基本理论探讨[M].南京:江苏教育出版社,2003:17.
⑥ 鲁洁.道德教育:一种超越[J].中国教育学刊,1994(6).
⑦ 班华.现代德育论[M].合肥:安徽人民出版社,2001:12.

是制定德育目标、规划德育内容和选择德育方法的前提和基础。德育功能总体上由社会性功能、个体性功能和教育性功能构成。

(一) 德育的社会性功能

德育的社会性功能指德育对社会发展所能产生的客观作用,即德育的经济功能、政治功能、文化功能和自然性功能等。德育的经济功能就是德育通过培养受教育者特定思想政治道德素质来实现对经济发展的推动作用。具体而言,德育对经济的宏观作用是通过德育形成一定经济文化、经济思想、经济道德,以此影响社会经济生活、经济行为的价值取向;微观作用是培养劳动者主体意识、科技立国、全球观点、竞争意识、效益观念、时间观念及劳动积极性等等。① 德育的政治功能就是德育通过培养受教育者特定思想政治道德素质来实现对政治发展的推动作用。德育的文化功能体现在两个方面:德育的文化维系功能指德育具有使文化各要素发生协同作用,维持原有文化及其结构,保持文化相对稳定性的功能。德育的文化变异功能指德育能改变社会文化的内容与结构,促其不断发展;能对文化主体进行改造,改变其深层思想文化,最终引起文化变迁。② 德育的自然性功能指德育在保护自然、保护环境中的独特作用。

(二) 德育的个体性功能

德育的个体性功能指德育对受教育者个体成长和发展所能够产生的实际影响。概括地说,德育对个体具有生存、发展和享用三个方面的功能。德育个体生存功能是德育具有提升个体生存质量的作用。德育最根本目标是赋予每个个体以科学世界观、人生观和价值观,使人具有"德性"和"德行",这是人在社会生活中生存的基本需要。"所以从类的角度看,伦理规范乃是人自己为自己立法,是内在而非外在的东西。"③德育个体发展功能是德育对个体品德结构发展所起的作用。德育个体享用功能就是德育能使个体获得一种精神上的享受,是个体满足、快乐、幸福的体验过程。德育是让个体在

---

① 鲁洁,王逢贤.德育新论[M].南京:江苏教育出版社,2010:232.
② 同上书,247.
③ 檀传宝.学校道德教育原理[M].北京:教育科学出版社,2000:31.

道德学习和生活中阅读、领会并体验道德人生的幸福与崇高,人格的尊严与优越,因而具有审美的性质;学生践行道德,也可看成是道德人生的立美创造。个体享用性的发挥要求德育建立一种审美和立美教育模式。① 德育是一种道德追求活动,它内部更深层的价值表现在不断发展和完善人的各种德性与道德人格过程中,使人得到一种自我肯定、自我完善的满足,这要求德育实践尊重受教主体的自我价值,提高他们对社会需要的水平,指导他们从追求社会价值中去实现自我价值,使他们在学习、锻炼中得到成功的愉悦。

(三) 德育的教育性功能

德育是做人的教育。促进人德性现代化是对现代德育最简洁的表述,也是关于现代德育的核心思想,它体现了以人为本的精神,即把人作为道德主体培养,促进人的德性发展。② 所谓德育的教育性功能,就是德育的价值教育属性,实质是整个德育活动精神本质的实现。也就是通过教人做人,引导人学习做人,最终使人会做人。从教人做人的德育理念出发,不存在完全脱离教育价值的德育与教学,也不存在没有德育任务的智育、体育和美育。教育活动的价值意味着德、智、体、美诸育相互融通一体,共同承担着育人重任。在各育关系中,德育为各育提供动力、方向和方法上的支持。显而易见,德育的教育性功能,具体表现在教人做人的总目标和支持智体美诸育具体任务完成两个方面。

三、德育主体

谁是教育的主体?谁是德育的主体?这是教育理论和德育理论中争议较大的一个问题。

传统的观点认为教育者是德育的主体,受教育者是客体,德育是教育者根据自己的道德理想改造受教育者道德观念的过程。学生的主观能动性仅仅影响着道德成熟的水平,仅仅在德育影响的范围内和方向上发挥作用。

---

① 檀传宝.学校道德教育原理[M].北京:教育科学出版社,2000:33.
② 班华.近十年来德育思想现代化的进展[J].教育研究,1999(2).

由于这种"教师中心论"观点完全忽视了受教育者的主体作用而招致了许多批评,学者们纷纷提出了其他一些看法。

一是所谓"学生单一主体论"。这种观点认为,德育实质上是学生以"理想自我"为目的的自我建构、自我发展的过程。在德育过程中,"学生"是主体,"教育资料"是客体,所谓教育资料就是人类创造的文化成果,其核心是精神文化,即价值观、知识等。这种观点在一定程度上忽视了教育者在德育过程中的地位和作用。

二是所谓"互为主体论"。即师生之间互为主、客体。从教授的角度来说,教师是主体,学生是客体;从学习的角度来说,学生是主体,教师是客体。教育者主体性与受教育者主体性是并列平行的,是同一过程的不同方面。

三是所谓"主体转化论"。这种观点虽然认为师生都可以作为德育的主体,但不同意"互为主体论"。他们强调教育者在德育过程开始时是主体,但受教育者只有将教育者的德育要求内化为自己的思想并付诸行动,才是一个完整的德育过程。因此,德育的主体就有一个从教育者向受教育者转化的过程。教育者与受教育者不能同时作为德育过程的主体而存在。

四是所谓"主体自我规定论"。这种观点认为主客体关系是在相互规定中确立的,主体可以自我规定主、客体关系,教育者的主体性和受教育者的主体性都可以先于德育过程而自我规定。目前赞同这种观点的学者不多。

五是"新保守主义"德育主体论。檀传宝在其《学校道德教育原理》(2000)中主张,从人类教育经验事实不难看出,教师是整个教育及德育活动的主体,但并不否定教育对象的主体性,而且教师作为德育主体的主体性应以教育对象的主体性发挥为存在的前提和检验的标准。

德育主体实际上是一个相对的概念,它随着过程不同、环节不同而有所不同。另外,德育过程与环节本身的动态性与复杂性,也使得德育的主体因素在不同过程中经常发生变异与交融。"不同主体理论之所以出现,最主要的是关注我国教育活动中忽视学生主体的理论和实践所带来的问题,从而对单一主体中教师主体的怀疑和否定的结果。'其实质就是反对传统教育观念中的教师中心论,本身具有积极意义'。"①

---

① 檀传宝.学校道德教育原理[M].北京:教育科学出版社,2000:170.

四、德育目标

德育是培育人的品德的活动,培育什么样的品德,这是德育目标的问题。德育目标是德育活动的出发点和最终归宿,是确定德育内容、选择德育方法、评价德育效果的依据。因此,确定德育目标是开展德育工作的首要问题和根本问题。

(一) 德育目标的内涵

关于德育目标是什么,许多研究者都给出了各自的定义,但总体来看,大家意见比较统一。例如,德育目标是教育目标在人的思想品德方面的总体规格要求,是预期的德育结果。[①] 德育目标是教育目标的重要组成部分,是教育目标的具体化,是教育目标在德育方面的具体要求;所谓德育目标,就是指一定社会对教育所要造就的社会个体在品德方面的质量和规格的总的设想或规定。[②] 德育目标是教育者通过德育活动在促进受教育者品德形成发展上所要达到的规格要求或质量标准。[③] 德育目标是对一定的德育活动所要培养学生的思想品德所做的规定。[④] ……可见,有关德育目标的论述,尽管文字表述有些差异,但基本精神是一致的。首先,德育目标是一种预期的要求、设想或规定,是需要通过活动去达到的价值追求;其次,德育目标关注的是个体的总体发展规格,是对个体的人的发展的品德素质要求,同时也以对个体的理解与把握为前提;再次,它具有社会性,体现了社会发展的基本要求;最后,在形式上,它表现为德育观念或德育思想,并通过观念影响和指引人们的德育实践。

在探讨德育目标的过程中,经常遇到德育目的与德育目标两个概念。也有学者对德育目的进行研究。德育目的就是德育活动预先设定的结果和德育活动追求的终极目标,是德育活动所要生成或培养的品德规格。[⑤] 在日常生活中,人们通常把德育目的和德育目标等同使用。但严格说来,两者之

---

① 胡守棻.德育原理[M].北京:北京师范大学出版社,1989:83.
② 鲁洁,王逢贤.德育新论[M].南京:江苏教育出版社,2010:143.
③ 胡厚福.德育学原理[M].北京:北京师范大学出版社,1997:188.
④ 储培君.德育论[M].福州:福建教育出版社,1997:83.
⑤ 檀传宝.德育原理[M].北京:北京师范大学出版社,2007:123.

间还是有差异的。德育目的是指依据一定社会的需要,拟对德育对象思想品德应达到的终极目标;而德育目标则是德育实践过程中为了实现德育目的而设置的具体标准。德育目的具有指导性,是原则、是方向;而德育目标则是德育目的的具体化,具有可操作性、标准性、层次性。

(二) 德育目标的分类

由于德育面对的对象具有复杂性,存在着不同类型的人群,存在着不同层次的人群,这就需要对德育目标进行科学分类(横向)与分层(纵向)研究。

在分类研究中,有学者认为:"在一定的德育观和方法论指导下确定的各类具体德育目标,相互关联,形成德育目标体系。"[①]"德育目标的分类,是指按照一定德育理论的指导,根据目标分类的原则和德育过程的要求,对德育目标的分解和划分。它包括把总目标分解成类目标,如把总目标分解成思想教育目标、政治教育目标、法纪教育目标、道德教育目标等;把类目标分解成它的亚层次目标,如把法纪教育目标分解成法制观念教育目标,知法、守法、护法教育目标,利用法律保护自己正当权益的教育目标,以及遵纪教育目标等。"[②]

五、德育课程

德育课程是德育目标得以实现的中介和载体,而德育内容体系的科学建构,最终也要体现在德育课程之中。因此,德育课程理论是德育原理的一个核心内容。

(一) 德育课程的含义

对德育课程进行广泛而深刻的研究始于20世纪60年代的西方国家,而在中国,对德育课程的研究起步较晚,一些早期的德育著作和教材都没有对德育课程进行专题研究。到了20世纪90年代,德育课程才作为一个重要问题进入学者的研究视域,一些德育著作开始在书中专章论述此问题。

---

① 胡守棻.德育原理[M].北京:北京师范大学出版社,1989:85.
② 鲁洁,王逢贤.德育新论[M].南京:江苏教育出版社,2010:159.

(1)"德育课程具有育德性质和功能,因而是对受教育者思想品德发展有影响作用的教育因素,是整个教育课程的有机组成部分。"①

(2)"德育课程是道德教育内容或教育影响的形式方面,是学校道德教育内容与学习经验的组织形式。"②

(3)"德育课程是指一切具有道德教育性质、道德教育意义和作用、对学生品德发展有影响力的那些教育因素。"③德育课程就是"为了促使学生形成某种品德,由一切对学生品德发展有影响力的教育因素组成的规划和内容的综合。"④

综合以上,可知对德育课程的理解分为广义和狭义两个方面:广义的德育课程是指一切具有道德教育性质、道德教育意义和作用、对学生品德发展有影响的教育因素;狭义的德育课程是指学校为实现德育目标,有组织、有计划地以各种方式和方法,对受教育者思想品德产生影响的各种教育因素的总和。

(二)德育课程的分类

由于研究者们采用的分类标准不同,进而产生了各种德育课程名称。综合各家观点,有关德育课程的下列概念十分重要。

(1)认识性德育课程。认识性德育课程,是学校于正式课程之中规定的德育课程,是系统传授和学习有关道德的、思想政治的知识、观念、理论,以促进受教育者思想道德认识、观念、理想乃至道德情感、意志、行为习惯的形成与发展的课程。⑤ 认识性德育课程的主要功能在于传授道德知识,发展道德认识能力。

(2)活动性德育课程。活动性德育课程又称为实践性德育课程,是"以学生为中心,实践活动为载体,以学生直接经验获得为主要内容的一种课程形式,是以学生在实践活动中接受综合知识或经验为主要内容的一种组合

---

① 班华.现代德育论[M].合肥:安徽人民出版社,2001:157.
② 檀传宝.学校道德教育原理[M].北京:教育科学出版社,2000:116.
③ 戚万学,杜时忠.现代德育论[M].济南:山东教育出版社,1997:289.
④ 戚万学,唐汉卫.学校德育原理[M].北京:北京师范大学出版社,2012:178.
⑤ 班华.现代德育论[M].合肥:安徽人民出版社,2001:163.

方式"①。

（3）学科德育课程。学科德育课程是以学科为中心来编制的课程。学科德育课程是中国唯一的有专门的教材、教师、固定的时空环境的一种课程类型，它是学校道德教育的基础和主要的课程类型。其主要任务是通过正规的课堂教学，帮助学生系统地把握、内化基本的道德知识、价值规范，提高道德认知能力，激发丰富道德情感体验，促进他们形成良好、积极的世界观、人生观和价值观。从世界现当代德育发展的趋势来说，学科德育课程越来越得到肯定。②

（4）隐性德育课程。隐性德育课程是指广泛存在于课内外、校内外教育活动中间接的、内隐的，通过社会角色无意识的、非特定心理反应发生作用的德育影响因素。简单说就是学校通过或创设一定的教育环境，对学生进行一种间接的教育性经验的传递与渗透。"道德教育如不关心隐蔽课程，期望得到满意效果是不可能的。"③

（5）校本德育课程。校本德育课程又称"学校本位课程"或"学校自编课程"，即由学生所在学校的教师编制、实施和评价的课程。具体地说，校本课程就是某一类学校或某一级学校的个别教师、部分教师或全体教师，根据国家制定的教育目的，在分析本校外部环境和内部环境的基础上，针对本校、本年级或本班级特定的学生群体编制、实施和评价的课程。校本德育课程的研究开发和实施已经发展成为现代课程的一个发展方向。

六、德育过程

德育过程理论是德育理论体系中一个具有基础性和根本性的理论，它不仅阐明德育过程的结构、本质、特点、阶段以及运行机制，而且揭示德育过程的基本规律。

（一）德育过程的概念

关于德育过程的概念，比较有影响和具有代表性的观点有以下几种。

---

① 余双好.实践德育课程建设的基本构想[J].思想·理论·教育,2003(6).
② 檀传宝.学校道德教育原理[M].北京:教育科学出版社,2000:125.
③ 鲁洁.德育社会学[M].福州:福建教育出版社,1998:314.

（1）"德育过程即对学生思想品德教育的过程，是教育者根据一定社会的德育要求和受教育者思想品德形成的规律，对受教育者有目的地施加教育影响，并通过受教育者心理内部矛盾，而使其养成一定的思想品德，也就是把一定社会的思想准则和道德规范转化为受教育者个体思想品德的过程。"①

（2）"德育过程是以形成受教育者一定思想品德为目标，教育者与受教育者共同参与双向互动的教育活动过程。"②

（3）"德育过程是教育者按照一定社会或阶级的要求，有目的、有计划、有组织地对受教育者施加系统的影响，以培养和形成教育者所期望的思想品德的过程。"③

（4）"德育过程是以促进受教育者思想品德形成、发展为目标，教育者与受教育者共同参与双向互动的教育活动过程。"④

（5）"德育过程实际上也是德育对象自身在道德等方面不断自主建构的过程。德育过程是环境与生长的统一，价值引导与个体价值建构的过程。"⑤

（6）"简言之，德育过程是在教育者向受教育者施教传道和受教育者受教修养的相互作用的统一活动中，将一定社会或阶级的'道'转化为受教育者个体品德的过程。"⑥

（二）德育过程的本质

德育过程本质所要回答的是"德育过程究竟是什么"的问题，它所揭示的是德育过程不同于其他过程的特有属性。对于德育过程本质研究的主要观点如下。

（1）造就道德主体或再生产道德主体说。德育过程是教育者、受教育者共同参与的，旨在促进受教育者个体思想品德发展的社会过程，实质上是一

---

① 胡守棻.德育原理[M].北京：北京师范大学出版社，1989：106.
② 鲁洁，王逢贤.德育新论[M].南京：江苏教育出版社，2010：268.
③ 中国大百科全书编辑委员会《教育》编辑委员会，中国大百科全书出版社编辑部.中国大百科全书·教育[M].北京：中国大百科全书出版社，1985：60.
④ 班华.现代德育论[M].合肥：安徽人民出版社，2001：77.
⑤ 檀传宝.德育原理[M].北京：北京师范大学出版社，2007：6.
⑥ 胡厚福.德育学原理[M].北京：北京师范大学出版社，1997：246.

种思想、政治、道德的社会传递和继承过程。① 人类的思想、政治、道德作为精神财富,从一个社会到另一个社会保存、积累、丰富和发展,正是由于这种社会传递与社会继承,其中包括创立、形成新的思想、道德的范畴、原则、规范。德育过程的主要任务是教育者有目的地指导受教育者学习、选择、接受既有的社会思想、政治、道德文化,同时学会自主创立新的思想、道德范畴和道德规范。因此,德育过程的本质就是造就道德主体或再生产道德主体的过程。②

(2) 发展人的活动说。道德和道德教育的根本目的是通过培养人的良好德行,追寻人的价值,不断提升人类的人文精神,从而促进人的全面发展和社会的全面进步。德育理念在其发展历程中大致经历了人性改造型、工具型和发展型的德育本质观三个阶段,进而回归到今天为人们所认可的"德育是发展人的活动"这一观点,完成了一个否定之否定的过程。

(3) 价值引导与自主建构统一说。德育过程是在教育者的价值引导和受教育者的自主建构相统一的活动中形成思想道德主体的过程。没有教育者的价值引导,就不成其为德育过程,而是单纯的自我修养、自我教育;没有受教育者的自主建构,教育者的价值引导也难以发挥作用。③ "德育过程一方面固然是一种价值性的环境或影响,但这一环境或影响起作用的先决条件乃是德育对象接受这一影响的内因。德育过程实际上也是德育对象自身在道德等方面不断自主建构的过程。"④

七、德育模式

德育模式是在一定理论指导下,遵循德育过程规律而形成的比较稳定的教育程序及其方式方法的策略体系。它上承德育一般理论,下启德育具体实践,是连接德育理论与德育实践的桥梁和纽带。

---

① 鲁洁,王逢贤.德育新论[M].南京:江苏教育出版社,2010:278.
② 班华.现代德育论[M].合肥:安徽人民出版社,2001:80.
③ 范树成.德育过程论[M].北京:中国社会科学出版社,2004:32.
④ 檀传宝.德育原理[M].北京:北京师范大学出版社,2007:6.

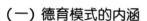

（一）德育模式的内涵

关于德育模式的研究，理查德·哈什等人合著的《德育模式》一书在全球产生了较大的影响。他们认为："德育模式乃是在教育情境中思考关怀、判断和行动之历程的方式。一个模式含有对于人类道德如何发展的理论或观点，以及一套促进道德发展的策略或原则。"①国内关于德育模式比较具有代表性的表述如下。

（1）有学者提出，德育模式其实就是一种教育模式，是运用"模式"研究法，对在德育现象中逐步形成的、相对稳定的、较为系统而具有典型意义的德育经验加以抽象化和结构化，使之形成特殊的理论形态，亦即在一定德育理念支配下，对德育过程及其组织方式、操作手段、评价机制等作出特征鲜明的简要表述。②

（2）有学者认为，德育模式实际是指在德育实施过程中道德理论与德育理论、德育内容、德育手段、德育方法、德育途径的某种组合方式，它为人们观察、理解和思考德育提供了种种综合方式。③

（3）也有学者认为，道德教育模式是在理性认识上形成的，是一种由道德教育过程中诸多内外因素所构成的复杂的本质成分折射出来的。这些内外因素主要有各种不同道德教育目的、要求、内容、过程、方法，以及预期性效果。④

从上述德育模式的概念界定可以看出：一方面，德育模式有别于德育方法和德育手段，德育方法和德育手段是构成德育模式的细节，是德育模式具体的操作形式，两者不在同一个层面；另一方面，德育模式也有别于德育理论和德育理念，它不仅蕴涵了德育思想观念和理想追求，而且还内含着结构、程序、原则、方法、策略等实践层面的要素。

---

① 〔美〕R. H. Hersh,等. 德育模式[M]. 刘秋木,吕正雄,译. 台北:五南图书出版公司,1993:7-8.
② 班华. 现代德育论[M]. 合肥:安徽人民出版社,2001:238.
③ 黄向阳. 德育原理[M]. 上海:华东师范大学出版社,2000:211.
④ 李伯黍,岑国桢. 道德发展与德育模式[M]. 上海:华东师范大学出版社,1999:3.

(二)国内外主要德育模式简介

国内的主要德育模式有主体性德育模式、情感德育模式、生活德育模式、制度德育模式、活动德育模式和欣赏型德育模式等,详细内容请参阅:第六章—第二节—德育原理的实践研究领域。

国外的主要德育模式有道德认知发展模式、价值澄清模式、品格教育模式、关怀理论模式等,详细内容请参阅:第五章—第一节—德育原理的经典著作。

第三节 德育的新兴概念

改革开放以来,随着社会加速转型和全球化时代的来临,社会生活和社会结构正在发生着深刻的历史变革,社会环境的复杂多变使德育正面临着前所未有的挑战,德育领域出现了一些新兴概念和实践方式,主要集中在以下几个方面。

一、信仰教育

(一)信仰教育研究的基本情况

当代社会普遍存在的信仰缺失不仅是社会的危机,也直接影响了道德人格建立的基础。以檀传宝《信仰教育与道德教育》一书的出版(教育科学出版社,1999)并获得中国高校人文社科优秀成果一等奖(2003)为标志,信仰教育的重要性已经获得了国内许多研究者的认可。

信仰教育并非给予学习者以信仰,而是在教育过程中切实帮助学习者建构自己的信仰。除了信仰教育本身的研究,从德育原理角度看,信仰与道德、信仰教育与道德教育之间的关系已经形成了一个德育基本理论的论述空间。这一领域的研讨对于我们认识信仰、信仰教育与道德教育的关系,有效利用信仰或信仰教育促进道德教育的开展,提供了一个有益的参考。

（二）信仰教育与道德教育关系的研究

在对文献进行梳理之后,我们发现,当前信仰教育与道德教育研究的主题主要可以分为以下两个方面:一是信仰或信仰教育对于道德教育的重要性及意义;二是具体的信仰或信仰教育对于道德教育的启示或价值。

1. 信仰或信仰教育对于道德教育的意义

在这个方面,研究者着重于探讨信仰或信仰教育在道德教育中的位置、作用、可能的积极意义以及如何在道德教育中重树信仰等问题。

例如,檀传宝指出,信仰对于道德具有论证、聚合、圣化作用,信仰教育对于道德教育亦有内在和外在的补遗作用。因此,克服德育危机的出路之一在于确认信仰教育与道德教育的内在联系,从信仰教育的高度构建新的德育理念。①

相关研究举隅

檀传宝.信仰与人格——信仰教育的道德教育意义及确认[J].高等师范教育研究,1999(1).

秦红岭.认知式德育与信仰式德育的失衡——兼论我国高校德育的困境与出路[J].高教探索,2006(6).

周允.道德教育中道德信仰的缺失与重树[J].教育与职业,2009(24).

彭正梅.道德的力量从哪里来——儒家"万物一体"论对道德教育的"根"的作用[J].教育科学,2010(3).

汪小燕.论信仰教育在职业道德教育中作用的发挥[J].中国职业技术教育,2010(15).

---

2. 具体信仰或信仰教育对于道德教育的启示与价值

在探讨信仰、信仰教育与道德教育的关系时,有些研究者侧重于从某些

---

① 檀传宝.论信仰教育与道德教育[J].北京师范大学学报:社会科学版,1997(2).

具体的信仰出发,着重探讨了某些具体信仰、某类信仰教育与道德教育的关系,对于道德教育的作用与启示等。

例如,檀传宝指出,宗教具有诸多消极意义,但不可否认的是,如果对宗教进行人生关照,我们不难发现其在终极价值关怀上的某些特殊意义。在研究的基础上,他进一步指出,宗教组织在进行信仰与道德培育时往往能最充分地利用人类文化的全部成果。宗教道德教育具有十分突出的神圣性、精神性和文化性。这些内容与特征,对于学校德育的改善具有非常重要的启示意义。① 除了宗教信仰与道德教育的关系,檀传宝在《信仰教育与道德教育》一书中还分别研讨了政治信仰与道德教育、人生信仰与道德教育之间的内在相关性。

相关研究举隅

檀传宝.政治信仰与道德教育——中国古代和现代的两种抉择[J].清华大学教育研究,1999(1).

王仕杰.信仰需要的德育价值——宗教给德育的启示[J].现代大学教育,2009(1).

二、公民教育

中国的公民教育研究虽然起步较晚,但随着全球化时代的来临和全社会公民意识的觉醒,公民教育正在受到更多的重视。近年来关于公民教育的研究主要集中在以下几个方面。

(一) 公民教育的内涵

对于什么是公民教育,国内学者从不同的角度提出了不同的观点。

1. 基于学科视角

政治学角度:公民教育是为了维持政治稳定所必需的公共知识、态度、

---

① 檀传宝.信仰教育与道德教育[M].北京:教育科学出版社,1999:52-70.

价值观和群体认同传承的过程,也是公共知识、态度、价值观和群体认同被赋予个人意义并且内化为行为准则的过程。① 民主社会的公民教育,不在培养一个无主见的"顺民",而在培养能够独立自主地思考、具有批判精神及公民意识、能够承担公民的角色与责任、胜任统治者与被统治者的双重身份的"有责任公民"。②

伦理学角度:"从根本意义上讲,公民是指一个人在公共生活中的角色归属,公民概念则是在公共领域对'我是谁''我应该做什么'之类的问题给予答复。"③"遵纪守法,只能从消极意义上保证一个人的公民资格,而增强公民道德意识,提高公民道德观念,遵守公民道德准则则使人成为积极意义上的好公民。"④

社会学角度:从社会学的角度讲,公民教育就是使个人社会化,成为他所处的政治社团的一名合格成员。⑤ 公民教育突出了公民个体在社会中的责任与使命,用强大的道义力量推动公民参与社会,履行公民价值的使命,由此产生一种更为强大的公共凝聚力。⑥

心理学角度:公民教育承担着引导个体从心理层面上适应公民社会的责任,应通过公正且理性的公民教育培养出健全的公民人格。⑦

教育学角度:公民应该是具有独立、平等、自由精神并积极参与公共生活的主体。"公民(身份)意味着个体在社区、国家、世界等不同层次'有责任的自由身份'",在这个意义上,适切的公民教育应该是"造就公民的教育""对公民的教育""通过公民的教育"⑧。

2. 基于历史维度

一些学者对西方公民教育理论进行了梳理,评介了诸如自由主义、共和主义、新自由主义、社群主义、多元文化主义对公民和公民教育的理解,指

---

① 王文岚.社会科课程中的公民教育新取向及其教学策略[J].教育研究,2007(7).
② 张秀雄.公民教育的理论与实践[M].台北:台北师大书苑公司,1998:129.
③ 焦国成,李萍.公民道德论[M].北京:人民出版社,2004:3.
④ 黄崴,黄晓婷.近十年公民教育研究的回顾与展望[J].清华大学教育研究,2009(1).
⑤ 同上.
⑥ 吕丽艳.现代社会、现代性与公民教育[J].高等教育研究,2007(12).
⑦ 黄崴,黄晓婷.近十年公民教育研究的回顾与展望[J].清华大学教育研究,2009(1).
⑧ 檀传宝,等.公民教育引论:国际经验、历史变迁与中国公民教育的选择[M].北京:人民出版社,2011:203.

出:"当代西方公民教育的核心理念是在于尊重人的主体性,注重个人参与国家政治和社会生活能力的培养,倡导个人价值与社会价值并重。"①因此,应在自由主义(新自由主义)和共和主义(社群主义)的融通中把握公民教育:强调权利与义务的平衡、重视公民德行、强调公民认同、重视公民实践和参与。② 还有学者认为"公民教育"有广义和狭义之分,广义的公民教育近乎于教育,狭义的公民教育是"使儿童和青少年获得有效参与社会公共生活的必备知识、态度与能力"的教育。③

(二) 公民教育的目标

在公民教育基本目标的设定上,虽然责任取向的观点居多,比如,"在教育目标上,要以塑造适应民主政治要求的社会主义公民为指向,实现从权威人格向民主人格的转变,完成社会主义政治价值体系的整体输送"④。但是,注重追求公民权利与义务相统一的公民教育成为新的趋势。代表性观点有:公民教育是"培养青年一代使其履行作为一个公民的权利和义务的教育"⑤,是培养人们具有与公民身份相匹配的权利义务知识、意识和生活方式的过程,"必须把公民教育的理念确定在公民权利与公民义务的有机统一上"⑥。随着公民教育理论和实践的发展,公民参与意识和能力的培养也受到越来越多的关注。有学者认为,公民教育应该培育具有公民意识和公共精神,自觉履行公民义务,勇于承担公民责任,具有维护公民权利、参与社会公共生活建设的能力与素养的现代公民。⑦ 也有学者认为,从权利与参与两个基点出发,中国公民教育的目标应该涵盖独立人格、民主意识、人道情怀、人权理念和公共责任的培养。⑧ "公民教育的目标是培养具有参与公共事务能力的公民,这种参与公共事务的能力需要在社会实践活动中获得,尽管学

---

① 王文岚.当代西方公民教育理论探微[J].兰州大学学报:社会科学版,2005(6).
② 赵晖.当代世界公民教育的理念考察[J].外国教育研究,2003(9).
③ 朱晓宏.公民教育[M].北京:教育科学出版社,2003:12.
④ 陶建钟.公民身份、公民文化与公民教育——一种民主与国家理论的共治[J].浙江学刊,2009(3).
⑤ 牛国卫.成就责任公民:社群主义向度的公民教育[J].思想理论教育,2008(23).
⑥ 赵晖.当代世界公民教育的理念考察[J].外国教育研究,2003(9).
⑦ 杨启华.公民教育:为了和谐而探索[J].中国德育,2007(12).
⑧ 檀传宝,等.公民教育引论:国际经验、历史变迁与中国公民教育的选择[M].北京:人民出版社,2011:213.

习书本知识也是必要的,但更多地需要在公共生活的实践中去体验、积累和锻炼。"①

(三) 公民教育的途径

从世界各国公民教育发展的情况来看,学校教育一直是实施公民教育的主要渠道。从中国当前的实际来看,学校教育也应该是实施公民教育的主渠道。公民教育在学校中的主要载体是公民教育课程。这种课程包括直接、间接和隐性的三种课程形态。"直接的公民教育课程"主要指直接进行公民教育的课程与包括课外活动、服务学习、社区服务等形式的教育活动;"间接的公民教育课程"包括历史、地理、社会等人文社会科学课程和数学、物理、化学等自然科学课程;"隐性教育课程"包括课程教学中的隐性课程、师生互动中的隐性课程、学校生活中的隐性课程。②但很多情况下"家庭、学校风气与教育方法以及社会教育机构都在向学生传递一些与学校的公民教育相容或不相容的政治信仰和价值观"③。因此,我国公民教育应该建立学校、家庭、社会(区)"三位一体"的实践模式。

三、媒介素养教育

美国媒介素养研究学者波特(W. James Potter)在他的《媒介素养》一书中针对媒介与人的关系打了个比方,他说:"媒介传播效果对人的影响就像天气对人的影响一样,它无处不在,无时不有,且存在形式多种多样……无论气象局如何先进,它也控制不了天气的变化。然而个人却能有效地控制气候对自身的影响。比如说,我们可以携带雨具、遮光剂或躲在室内回避它,等阳光明媚时再走出房屋拥抱灿烂的阳光。"④波特的这个比方很浅显,却十分贴切。它让我们直观而形象地感知媒介与人的关系:无论我们走到哪里,都摆脱不了媒介对我们的影响,就像一刻也不能摆脱天气一样。也许我们无法改变媒介,但我们却可以武装自己,那就是:直面现实,批判性地把

---

① 刘伟.马克思主义人学视野下的中国公民教育探索[J].探求,2011(4).
② 檀传宝,等.公民教育引论:国际经验、历史变迁与中国公民教育的选择[M].北京:人民出版社,2011:297.
③ 朱晓宏.公民教育[M].北京:教育科学出版社,2003:122.
④ W. James Potter. Media Literacy: second edition[M]. Sage Publication, 2001:260.

握媒介,使之为我所用。

(一) 媒介素养教育的内涵

媒介素养一般认为是指人们对各种媒介信息的解读和批判能力以及使用媒介信息为个人生活、社会发展所用的能力。所谓媒介素养教育,就是指导学生正确理解、建设性地享用大众传播资源的教育,培养学生具有健康的媒介批评能力,使其能够充分利用媒介资源完善自我,参与社会发展。早在20世纪30年代初期,英国学者就开始倡导媒介素养教育。经过80多年的发展,媒介素养和媒介素养教育有了非常大的进步。但是世界各国媒介素养教育的发展是很不平衡的。在中国大陆,"为了迅速适应新型的媒介环境,更好地利用传播媒介为自己服务,人们逐渐认识到媒介素养教育的开展势在必行,并开始对其进行理论引入与可行性论证,然而由于历史环境和教育理念等原因,通识的媒介素养教育尚处于不自觉的状态"[①]。

媒介素养教育从倡导到付诸教育实践,从萌芽到发展为轰轰烈烈的运动,再到学校正规化、体制化教育,历经80多年的演化已发展成为一种多含义、多角度、多层面的概念,它有着许多名字,其中又以"媒介素养教育"一词用得最多。从国内来看,尽管媒介素养教育仍处于刚刚起步的阶段,不过中国学者也提出了对媒介素养教育的看法。北京师范大学王锎认为:"媒介素养教育是指导学生正确理解、建设性地享用大众传播资源的教育,通过这种教育,培养学生具有健康的媒介批评能力,使其能够充分利用媒介资源完善自我,参与社会发展。"[②]西北师范大学的任志明和宋晓雪认为:"一切与现代大众传播媒介相关的教育活动统统称为媒介教育。"[③]张冠文则提出:"媒介素养教育就是试图解构这些隐藏在媒介信息背后的机制,让人们了解为何会呈现这样的媒介面貌,从而相对更加真实地了解世界的原貌。"[④]为了进一步了解媒介素养教育的内涵,南京师范大学的王帆和张舒予从教育视角比较媒介素养与信息素养的内涵演变过程,解析两者的差异和关联,并从"'概

[①] 毕玉.境外媒介素养教育的理论与实践探究[J].新闻界,2008(1).
[②] 王锎,李伟,庄榕霞.大学生媒介素养教育之教学策略设计[J].现代教育技术,2006(2).
[③] 任志明,宋晓雪.媒介素养教育相关概念的辨析[J].当代传播,2009(6).
[④] 张冠文,于健.浅论媒介素养教育[J].中国远程教育,2003(7).

念的起源'' '内涵的变迁' 以及 '培养的方式' " ①三个方面具体分析了两者之间的差异,并认为两者有相互融合的发展趋势。

(二) 媒介素养教育的目标

在媒介素养教育的目标方面,内容具有多元化的特点,反映了人们在不同阶段对媒介素养教育的认知差异。"国外学者关于媒介素养教育目标的众多论述中,普遍包含了这样一个进阶式目标,即,认识和掌握媒介—运用媒介—思辨地解读传媒—生产制作传播作品—优化媒介,其中,优化媒介是媒介素养教育的更高层次目标。"②

我国学者在梳理国外媒介素养教育概念的基础上,也对媒介素养教育的目标展开了广泛讨论。台湾政治大学广电系吴翠珍认为,"媒介素养教育的目的是培养人们的两种能力:'释放'和'赋权',最终建立'健康媒体社区'"③。大陆学者也从不同角度突出了媒介素养教育的目标。复旦大学的张志安、沈国麟认为"媒介素养教育的直接目的就是培养学生健康的媒介批评能力,从而使其能够充分利用媒介资源完善自我,参与社会发展"④。张学波认为"媒体教育的主要目的是启发学生批判思考的能力,需要参与的成员表达看法、分享观念,甚至讨论辩诘,才能反省启发、净化澄清自己的想法"⑤。李琨基于媒介素养教育的原则提出媒介素养教育的目标是:"提出媒介信息的生产过程问题,检验'现实'对人发生影响的媒介技巧和技术,质疑在媒介生产中'常识'的作用,考察受众如何'解读'和应对媒介内容。"⑥

(三) 媒介素养教育的内容

许多国家和地区经过多年的探索和实践,已经发展了较为系统的媒介素养教育内容。"英国的媒介素养教育十分强调公民对媒体整体的理解,内容涵盖了媒体经济、媒体政治、媒介科技、媒体法律、媒体运行机制、媒介文

---

① 王帆,张舒予.从教育视角解析媒介素养与信息素养[J].电化教育研究,2007(7).
② 毕玉.境外媒介素养教育的理论与实践探究[J].新闻界,2008(1).
③ 袁磊,陈晓慧,霍娟娟.港台地区媒介素养教育现状及其启示[J].中国电化教育,2010(7).
④ 张志安,沈国麟.一个亟待重视的全民教育课题——对中国大陆媒介素养研究的回顾和简评[J].新闻记者,2004(5).
⑤ 张学波.国际媒体教育发展综述[J].比较教育研究,2005(4).
⑥ 李琨.媒介素质教育在中国[J].国际新闻界,2003(5).

化与美学等各层面。"①加拿大把大众媒体的本质特征、大众媒体所使用的技术以及这些技术的影响作为主要内容。美国的媒介素养教育内容同加拿大类似,也是根据不同年龄段的消费者的特点来制定不同的教育内容。国内学者在借鉴西方媒介素养教育研究的基础上,对媒介素养教育的内容进行了研究:吴翠珍根据当地媒介发展和儿童素质现状,提出了台湾电视教育的内容。香港传媒教育学会主席张志伦博士认为:"媒介素养教育的内容包括了解传媒产业,解构传媒语码,学习欣赏传媒出现的讯息,在过程中丰富自己的视野。"②还有学者根据加拿大、美国等国以及我国台湾地区的媒介素养教育,提出了教育内容对象化等建议。例如中南民族大学的曾鸿教授认为儿童媒介素养教育的内容包括:"培养对媒介性质和功能的正确认识,培养对媒介信息、媒介角色的识别能力,培养和提高儿童媒介接触行为的自我管理能力,培养和提高儿童利用媒介来发展和提升自我的能力。"③从实施未成年学生媒介素养教育的课程设计角度考虑,王铟等人认为,媒介素养教育的内容主要"由媒介知识、媒介信息认知能力、媒介信息意识与伦理道德构成"④。张逸军则认为"高校媒介素养教育应该包含正确认识媒介的性质和功能、建立对媒介信息的批判意识、提高对不良信息的免疫力、学会有效地利用大众传媒为个人成长服务等"⑤。

(四) 媒介素养教育的方式

选择与采用什么样的教育方式来进行媒介素养教育,国内外学者对此进行了大量研究,提出了很多独到的观点。从世界各国的情况来看,媒介素养教育的途径主要有"学校教育、短期集训教育、社会团体推广、媒体宣传、政府推动、家庭协作"⑥等。

国内的研究者们从中国社会的现实出发,探究出许多在中国实施媒介素养教育的方式和途径。例如根据受众的文化程度、年龄、城乡差异、区域

---

① 毕玉.境外媒介素养教育的理论与实践探究[J].新闻界,2008(1).
② 同上.
③ 曾鸿.卡通暴力影响下的儿童媒介素养教育[J].现代传播,2008(3).
④ 王铟,李伟,庄榕霞.大学生媒介素养教育之教学策略设计[J].现代教育技术,2006(2).
⑤ 张逸军.从 Web 2.0 看高校媒介素养教育[J].现代教育技术,2007(9).
⑥ 毕玉.境外媒介素养教育的理论与实践探究[J].新闻界,2008(1).

经济与社会发展水平等的不同,采取不同的教育方式;或与其他学科教育相互渗透,或开设独立的课程;或可采取组织教育、社区教育和自我教育互动的模式;等等。"儿童媒介素养教育的实施,必须依赖家庭、学校、社会的共同参与和配合"[1];"对于大学生的媒介素养教育可以建立专门的课程实践体系与多元渗透教育相结合的'纵横模式'"[2]。

四、教师德育专业化

"德育为先,育人为本","人人都是德育工作者"作为口号是耳熟能详的,但在现实中,德育的实效不尽如人意,有时甚至流于形式。那么,把我们的目光放眼到更多的活动,我们有多少的德育活动是精心设计、达到专业水准的呢?作为德育工作者的教师,在从教之前和任教之后,很少有机会对德育工作有关的知识、技能有足够的了解和掌握,这正是导致德育实效普遍低下的一个重要原因。因此,德育实效的提高呼唤教师德育专业化。

(一)教师德育专业化概念的提出

早在2006年,中国教育学会德育专业委员会会议以"德育专业化"为主题进行研讨,引发了与会者的热烈讨论。北京师范大学檀传宝教授以"主动回应时代呼唤——努力推进教师德育专业化"为题做大会发言,并在《教育研究》杂志的支持下,于该杂志2007年第7期组织了有关"教师德育专业化"的笔谈,檀传宝指出"教师专业化≠教学专业化",教师德育专业化是教师专业化的重要内容,这不仅是为了解决现实的教育问题,更多的是回应当今时代对更高品质教育的追求。[3] 事实上,一方面,教师德育专业化是教育本身属性所决定和要求的。另一方面,教师德育专业化也是学生的全面发展所要求和规定的,没有全面专业素养的教师不可能培养出全面发展的学生。那么,何谓教师德育专业化呢? 通俗地讲,是指学校里所有的教师,不论是专门的德育工作者还是非专门的德育工作者都负有对学生实施德育的责任,都需要掌握必要的品德心理、现代德育的基本理论,具备对学生开展

---

[1] 曾鸿.卡通暴力影响下的儿童媒介素养教育[J].现代传播,2008(3).
[2] 覃川,王磊静,张嵩印.当代大学生媒介行为和媒介素养实证研究[J].当代传播,2007(4).
[3] 檀传宝.主动回应时代的呼唤:努力推进"教师德育专业化"[J].人民教育,2012(18).

德育的素养和能力。

此次笔谈之后,檀传宝教授又先后发表《主动回应时代的呼唤:努力推进"教师德育专业化"》(《人民教育》,2012 年第 18 期)、《再论"教师德育专业化"》(《教育研究》,2012 年第 10 期),主持出版《走向德育专业化——学校德育 100 问》(华东师范大学出版社,2012)、《德育的力量——"北京市德育专家大讲堂"实录》(华东师范大学出版社,2012)以及《教师德育专业化读本》(教育科学出版社,2012),以进一步推进对这一概念的研究。目前这一领域已经引起国内研究同行比较广泛的关注,如刘海莲的《教师德育专业化:内涵、途径和方法》(2014)、李敏的《教师德育素养新模型》(2017)、刘争先《中芬教师德育专业化比较与反思》(2017)等。《中小学德育》杂志 2016 年曾经专设"教师德育专业化"栏目,研讨教师德育专业化。

(二)教师德育专业化素养的内涵

关于教师德育专业化素养的内涵,国内很多学者从不同角度思考给出了自己的理解,但是目前还没有达成统一意见。檀传宝教授曾经指出教师德育专业化的内容包括专业伦理与专业知能两个方面。① 其中专业伦理包括现存的教师职业道德规范和在德育专业化阶段确立的更高标准的教师专业伦理;专业知能包括德育观念、德育专业知识与实践能力。蓝维教授指出,德育专业化的关键在于德育教师的专业化,对德育教师存在的合理性进行分析并指出发展标准,她认为德育教师专业标准是综合性的和高水平的,标准中蕴含着专业知识和专业技能,同时还包括教师对学生的热爱,良好的人格特征等无形的要求。从专业知识来看,主要是对德育课程所涉及内容的掌握;对于专业技能,要求教师不仅仅有传授知识的技能,还要有影响学生,帮助学生建构自身道德素养的能力,知识的学习只是第一步,最重要的是通过关心、了解学生,用人格感染学生,帮助学生形成良好德性和道德信念的能力。②

综上所述,教师德育专业化素养的内涵可以概括为专业德育知识、专业

---

① 檀传宝.主动回应时代的呼唤:努力推进"教师德育专业化"[J].人民教育,2012(18).
② 蓝维.德育专业化笔谈[J].教育研究,2007(4).

德育能力以及专业德育情感三个方面。专业德育知识是指教师在职前教育中,除学习本专业学科知识、教育学知识和关于学生的知识外,还应该学习道德哲学、品德与德育心理、德育理论与实践等课程,只有系统地接受德育相关课程,才能具备一定道德哲学和人文社会科学的素养,对德育的本质和规律有具体的认识。正如赫斯特所说的,"专门从事德育工作的教师,应该对道德的本质有所研究,对道德的适当领域有必要而合理的理解,而且在道德教学上受过专门的训练"[①]。专业德育能力既包括教师传授德育知识的能力,还包括在德育课程实施过程中的组织、交流、沟通、表达、示范等方面的能力。专业德育情感主要由德育情感意识、德育情感定势以及德育情感能力组成。德育情感意识是教师的情感意识,是指教师对情感在教育中价值的理解和认识;德育情感定势是教师对德育环境的习惯性的情感反应方式;德育情感能力包括教师对自己的情感内省和调控以及对学生情感的辨别和沟通两个方面。这正如苏霍姆林斯基曾经说过的,"没有情感,道德就会变成枯燥无味的空话,只能培养出伪君子"。

总之,专业德育知识、专业德育能力和专业德育情感构成了教师德育专业素养内容的框架,三者缺一不可,教师应用专业知识启发学生,用专业能力与学生沟通,用专业人格感染学生。只有具备教师德育专业素养,才能提高德育的实效性,促进学生的发展。

---

① Hirst, P. H. Moral Education in a Secular Society[M]. National Children's Inc., 1976:112.

第四章 德育原理的思想资源

人类德育思想史,记载着人们在漫长的岁月中,德育实践和德育理论产生发展的历程,反映了不同历史时期人们的精神面貌,蕴涵着人类丰富的伦理智慧。发掘德育的思想资源,研究历代思想家、教育家的德育思想和实践活动,对当今德育理论研究以及德育实践活动均具有重要的启示意义和借鉴作用。本章主要以时间和空间交织的方式对国内外不同历史时期的重要德育思想进行简要介绍。

第一节 我国的德育思想

中国是一个拥有悠久历史的古老文明国家,不管是在古代还是在近现代,都涌现出了大批贤人智者,对道德教育的思想进行了深入的探讨。这些都成为我国德育学科发展的重要学术资源和思想渊源。在本节中,我们将从古代和近现代两个时间阶段对我国的德育思想史进行梳理,鉴于篇幅原因,在古代部分着重呈现儒家和道家的德育思想,在近现代部分着重呈现公民道德思想和生活德育思想。

一、我国古代的德育思想

我国传统德育思想是以儒家道德规范为主要内容,融合道家、墨家、法家、佛家道德规范和中华民族的传统习俗而形成的一个体系庞大、科目完整的伦理道德教化体系和价值行为标准。[①] 我国传统德育思想之精华集中体现在儒家与道家两大学派,其道德教育思想均形成了丰富完整的体系。因此,本部分主要就儒家和道家的德育思想进行阐述。

---

① 杨尊伟,杨昌勇.全球视野下德育现代化之审视[J].现代教育科学·普教研究,2010(1).

（一）儒家的德育思想

在我国传统德育思想中，儒家德育思想因其拥有丰富的德育思想理论和实践经验，一直占据主流地位。儒家德育思想注重外显性，强调德育在社会发展和现实生活中的实践作用，尤其是在规范和约束人们的思想、维护和稳定社会秩序方面发挥了难以替代的作用。儒家德育学说在先秦时期，就已经成为比较完整的德育思想体系。从先秦儒家到宋明理学，再至近现代新儒学，儒家涌现出了众多学者。儒家的德育思想具有丰富的理论内涵和特征，影响非常深远。

1. 人性论基础

儒家德育思想的理论基础，是其丰富的人性理论。从孔子、孟子到荀子他们虽然具有不同的人性论，但是其共同之处，就是认为人都是可以教化的，人可以通过后天的教化而得到完善或是通过后天的修养保持先天的善性。作为儒家的创始人，孔子的道德教化思想是建立在其"性相近，习相远"的人性理论基础上的。孔子认为人们的先天本能和素质都是相近的，造成个体之间的差异主要在于后天的"习"，通过后天的教化人们可以在道德上得到改善和提高。孟子认为，人在本质上都是"善"的，人天生就有一种"善性"，都有"良知"和"良能"。孟子主张人要进行道德教育，以保存人所固有的"善端"，使"善性"长存。荀子以"人性恶"为出发点，他吸取了孔子关于"性相近，习相远"的合理部分，认为人的天性是基本相同的，其差别主要是后天造成的，是后天环境、教育和人的主观努力程度等因素影响的结果。王守仁提出"心即理"，认为"理"并不在"心"外，而是存于"心"中，他强调"良知即是天理"。"良知"人人都有，与生俱来，但"良知"常常"不能不昏蔽于物欲，故须学以去其昏蔽"，要"致良知"，必须通过求学受教育去除物欲对"良知"的昏蔽。

2. 德育目标

儒家德育思想注重理想人格的树立，"学为圣贤"是道德教育的总体目标。① 孔子把这种理想人格称为"君子""圣贤",提出"君子怀德"②、"君子务本,本立而道生"③,认为教育的目的是培养从政的君子,而成为君子的首要条件是具有高尚的道德品质。"君子"是人们在现实生活中所应达到的目标,而"圣贤"是极少数道德品质极为高尚的人才能达到的境界。孔子认为君子应当具备仁、知、信、直、勇、刚六种道德品质。其中,"仁"是核心,"仁者必有勇,勇者不必仁"④。孟子则把这种理想人格表述为"大丈夫"精神。孟子说:"居天下之广居,立天下之正位,行天下之大道。得志,与民由之;不得志,独行其道。富贵不能淫,贫贱不能移,威武不能屈,此之谓大丈夫。"⑤荀子的理想人格是具有德操的"成人",即要求人们具有坚定的德性和操守,不为利益所诱。以程颢、程颐、朱熹为代表的宋代"程朱理学",主张应培养能够"诚意正心修身齐家治国平天下"的"圣人",使人达到"与天地同德,无物欲之累,大公而无私,极高明而不同污合俗,不偏不倚而无适不中"的道德境界。⑥

3. 德育内容

儒家特别重视伦理道德教育,把道德教育放在首要地位,认为这是教育的根本所在。孔子主张"礼"与"仁"是道德教育的主要内容。"礼"为道德规范,"仁"为最高道德标准,"不学礼,无以立"⑦,只有通过认真学习知识,"知德""知礼""知仁""知道",掌握道德规范,才能具备分辨道德行为是非善恶的能力,立足于社会。孟子明确地提出中国古代学校教育的目的是"明人伦"。孟子说:"教以人伦——父子有亲、君臣有义、夫妇有别、长幼有序、朋友有信。"⑧所谓"'人伦'就是'人道',在孟子看来,'人伦'是人类的本质表现,也表现了人类生活的特点。具体说来,'人伦'就是五对关系,后世称为'五伦'"⑨。以"五伦"为中心,孟子"建立了一个道德规范体系——'五

---

① 檀传宝.论儒家德育思想的三大特色与优势[J].教育研究,2002(8):29.
② 论语·里仁
③ 论语·学而
④ 论语·宪问
⑤ 孟子·滕文公下
⑥ 毛礼锐,沈灌群.中国教育通史(第三卷)[M].济南:山东教育出版社,1987:151.
⑦ 论语·季氏
⑧ 孟子·滕文公上
⑨ 孙培青.中国教育史[M].上海:华东师范大学出版社,2009:69.

常',即仁、义、礼、智、信。仁,事父母;义,从兄长;智,明白以上两者的道理并坚持下去;礼,孝悌在礼节上的表现;信,老老实实地去做"①。自此,明确了我国古代教育的性质为伦理教育。

4. 德育方法

(1) 提倡知行合一

"儒家的德育思想是一种道德上'学'的思想、修养的学问,而所谓的'学'实际上是道德认知与实践的统一。"②在道德教育和修养的方法上,孔子认为"学"是非常重要的,"学"是加强修养、学好礼节、立身做人的前提。主张"学而知之"③、"敏而好学,不耻下问"④。同时,孔子也非常重视道德实践,特别强调"行"的重要性,认为培养德行包含道德认识和道德实践两个方面,具备道德知识,只言不行的人,不是道德高尚的人。孔子主张"力行近乎仁"⑤,即只有努力践行道德规范的人才能接近仁德。他倡导"君子欲讷于言而敏于行"⑥,"言必信,行必果"⑦的道德人格,而"由近及远,推己及人"就是达到这一目标的最好方法,先从自己最亲近的人开始培养仁爱之心,再"推己及人"逐步做到孝、悌、忠、信的要求,就是不同层次的"践仁"要求。王守仁也主张"知行合一",他扬弃了朱熹"知先行后"的观点,强调知中有行,行中有知,"知行原是两个字,说一个工夫","知之真切笃实处即是行,行之明觉精察处即是知,知行工夫本不可离"⑧,反对"知行脱节"和"知而不行"。因而,"知行合一"的实质是"致良知"。为了达到"知行合一",王守仁提出了静处体悟、事上磨炼、省察克治、贵于改过等一些具体的道德修养方法。

(2) 身教胜于言教

儒家重视"身教"在德育过程中的作用,特别强调教育者要以身作则,率先垂范,只有先正己然后才能正人。所谓"正己",就是要求修身主体严于律己,带头实践社会道德规范。孔子主张正人者必先正己,孟子也提出"其身

---

① 孙培青.中国教育史[M].上海:华东师范大学出版社,2009:69.
② 檀传宝.论儒家德育思想的三大特色与优势[J].教育研究,2002(8).
③ 论语·季氏
④ 论语·公冶长
⑤ 礼记·中庸
⑥ 论语·里仁
⑦ 论语·子路
⑧ 传习录

正而天下归之"。孔子说:"政者,正也,子帅以正,孰敢不正!"①"其身正,不令而行;其身不正,虽令不从。"②儒家要求统治者要做道德的表率,树立"圣人"的理想道德,要"出乎其类,拔乎其萃",只有如此,才能"教化万民""化民成俗"。儒家认为教师要为人师表,做学生的道德楷模,对学生要"诲人不倦",只有以自己负责的精神和模范的人生态度,才能教育和感化学生。荀子认为"师以身为正仪"。朱熹更是提出了"有善于己,然后可以责人之善;无恶于己,然后可以正人之恶"。这就是说在道德教化中,教育者只有自己有善行才能要求别人立善行;只有自己戒掉了恶习,然后才有资格帮助别人纠正恶习。

(3) 注重以美育德

儒家十分注重美育,把音乐、诗歌作为陶冶道德情感,培养道德情操,塑造理想道德的途径。孔子将《诗》与《乐》列为德育的必修课程,认为培育完美的德行需要"兴于诗,立于礼,成于乐"③,即认为诗可以起兴,礼可以立人,而乐可以陶冶人,进而造就完美的道德人格。儒家重视乐教对培养道德的意义和作用,《乐记》认为"乐者德之华也",音乐是人的真情的流露,"唯乐不可以为伪"。因此,只注重"礼"的规范教育和训练,忽视人的心理和情感的需求与陶冶是不全面的。

(二) 道家的德育思想

道家学派起于春秋末而盛于战国,因其代表人物老聃、庄周以"道"为学说中心而得名。④ 老子,即李聃,是我国古代伟大的哲学家和思想家、道家学派创始人。庄子,名周,著名的思想家、哲学家和文学家,他是老子思想的继承者和发展者,道家学派的主要代表人物,后世将他与老子并称为"老庄"。道家认识社会和人生的视角完全不同于儒家、墨家和法家,表现出与各家学说的明显对立。道家主张自然主义的德育思想,其德育思想与儒家的主张"不尽相同而且多有相逆,在与儒墨诸家显学的冲突、批判、超越的过程中互

---

① 论语·颜渊
② 论语·子路
③ 论语·泰伯
④ 孙培青.中国教育史[M].上海:华东师范大学出版社,2009:78.

补融汇,以此形成了中国传统德育阴阳互补、刚柔相济、自然无为与社会有为相结合的特色"①。道家德育思想对古代乃至现代德育工作都有重要贡献。

1. 理论基础:天性即道的自然主义人性观

道家德育思想的出发点,迥异于儒家学说。道家强调人是自然的人,主张道德实践应以"自然""无为"为法则,表现出与儒家强调人是社会的人,主张"有为"思想的明显对立。道家崇尚自然,认为人是宇宙间最宝贵的,人以天地自然为法,即所谓"人法地,地法天,天法道,道法自然"②。老子"在'天道无为'自然观基础上,建立了自然主义人性论"③。主张"无知""无欲""无为""绝圣弃智",追求人格的独立和精神的逍遥。老子和庄子都认为,人的本性是无善无恶、无知无欲的,在原始自然的状态下,"善与不善之人,教育者与被教育者,圣人与众人都是无差别的同一种人"④。因而,保持人的原初的自然本性,就是要回归自然,"见素抱朴,少私寡欲"⑤。《淮南子·齐俗训》中说:"率性而行谓之道,得其天性谓之德。"其含义就是,所谓道德即尊重和顺应自然。道家以自然主义人性观为其理论基础,提倡的是摆脱一切束缚个性自由发展的自然主义教育。

2. 德育目标:培养自然逍遥的道德人格

道家对圣贤的标准,即理想人格的主张不同于儒家。道家的人格理想以个人主义为价值取向,主张"个人价值高于社会价值,社会应当造就特立独行的逍遥人格"⑥。庄子认为,"若夫乘天地之正,而御六气之辩,以游无穷者,彼且恶乎待哉? 故曰:至人无己,神人无功,圣人无名。"⑦对自然天性的遵循是衡量圣贤的标准,理想人格应以自然原则来考察,无论至人、神人还是圣人都无所限制地遨游于天地无穷之境,与自然融为一体,顺性命之情自

---

① 杨启亮.先秦道家德育思想辨析[J].教育科学,1995(1).
② 老子·二十五章
③ 黄济,郭齐家.中国教育传统与教育现代化基本问题研究[M].北京:北京师范大学出版社,2003:44.
④ 同上.
⑤ 老子·十九章
⑥ 孙培青.中国教育史[M].上海:华东师范大学出版社,2009:82.
⑦ 庄子·逍遥游

由活动,不受外物牵累,追求无条件的精神自由,即达到无己、无功、无名的至人、神人、圣人的境界①,这才是理想之人格。道家对儒家所主张的"社会价值高于个人价值,个人的价值必须体现于社会价值之中"的圣贤观予以无情的讥讽,认为世俗中的君子和圣人是受仁义所累最为严重的,是自然天性丧失最严重的,所以,不能以他们为人格榜样,而那些不与世俗规范合流的"畸人",即顺乎天性、特立独行的人才是圣人。因此,道家认为,"天之小人,人之君子;人之君子,天之小人也"②。

3. 德育内容:"不争之德"

道家竭力推崇的是"不争之德"③。道家认为最理想的社会道德风尚就是"不争"。老子说:"圣人之道,为而不争。"④所谓"不争",即"不武不怒,不逞强,不暴戾;不自是,无争于人;不争利,无争于民;不争战,无争于世"⑤。最高的道德就是利物利民、不害不争。道家还主张"无为"。老子说:"辅万物之自然而不敢为"⑥,"不敢为"即不"乱其常","不先物为"⑦。所谓"无为",不是不参与,不是无所作为的消极思想,而是指"私志不得入公道,嗜欲不得枉正术,循理而举事,因资而立,权自然之势,百曲故不得容者。事成而身弗伐,功立而名弗有,非谓其感而不应,攻而不动者"⑧,这是道家无为思想的重要内涵。

对于人应如何待人处世的问题,道家主张宽容、谦卑。宽容大度是道家所推崇的道德理想。老子主张对人要"报怨以德"⑨,不计恩怨,"圣人不伤人"⑩,"善者吾善之,不善者吾亦善之"⑪,为人处世,要以德报怨,能容人容物,包容一切,才是美德。道家还非常强调自修,把谦卑作为自身修养目标,

---

① 黄济,郭齐家.中国教育传统与教育现代化基本问题研究[M].北京:北京师范大学出版社,2003:45.
② 庄子·大宗师
③ 道德经·六十八章
④ 道德经·八十一章
⑤ 张世欣.试论"法自然"的道家德育思想[J].浙江师大学报:社会科学版,1996(5).
⑥ 道德经·六十四章
⑦ 淮南子·原道训
⑧ 淮南子·修务训
⑨ 道德经·六十三章
⑩ 道德经·六十章
⑪ 道德经·四十九章

认为"卑让,德之基也"①,倡导君子要以谦卑养德,无私无欲,这样才能达到超越自己的"无己"境界。在《道德经》中往往以低谷、江海来比喻谦容之美德,认为江河能汇集百川,就在于"以其善下也"。老子认为贵以贱为本,高以下为基,要尊重人,特别是尊重下层人。

4. 德育方法:"行不言之教"

道家主张"顺物自然","不言之教"。道家德育思想的基本是顺其自然。庄子说:"顺物自然而无容私焉,而天下治矣。"②道家认为,人的本性素朴而美好,而社会生活使人异化,对人的教育和塑造是对人性的摧残,所谓"为学日益,为道日损,损之又损,以至于无为"③,老子推崇"不言之教",他说:"圣人处无为之事,行不言之教"④,"不言而善应"⑤。道家主张教育应"复归于朴",以扩张人的自然性为目的。顺应人的本性和自然,依靠人内在的动力,不以规范约束,不以法令强制,通过"自正""自朴""自化""自修""无己",达到人性的完善,使人"虚其心,实其腹,弱其志,强其骨"⑥,促进人的自然本性的充分展开,回归自然无为的状态。

道家十分注重教育心理,主张"致虚""守静""贵柔"。老子认为人应以虚待物,要"致虚极,守静笃"⑦,韩非子则说"思虑静,故德不去"⑧。就是说,只有净化心灵,以虚静的心境去观察事物,才能"正""明",达到最高的道德境界。另外,对待不道德的问题,道家主张应"贵柔"。老子说:"重积德则无不克"⑨,"天下之至柔,驰骋天下之至坚"⑩,"守柔曰强"⑪。道家认为,贵柔即"积德",以恒性求恒德,水滴石穿,厚积薄发。

---

① 左传·文公元年
② 庄子·应帝王
③ 道德经·四十八章
④ 道德经·二章
⑤ 道德经·七十三章
⑥ 道德经·三章
⑦ 道德经·十六章
⑧ 韩非子·解老
⑨ 道德经·五十九章
⑩ 道德经·四十三章
⑪ 道德经·五十二章

二、我国近现代的德育思想

综观我国德育思想史,近现代是我国德育思想发展比较活跃的一个时期。这一时期,在大量介绍和引进西方德育理论和教育制度的同时,中国教育领域兴起了一场新教育改革运动。以挽救民族危亡、倡导教育救国、反思现实教育、寻求教育出路为标志,各种教育思潮纷至沓来,其中有代表性的如军国民教育思想、实利主义教育思想、平民教育思想、生活教育思想和公民道德教育思想等。其中,与德育思想密切相关的主要有公民道德教育思想和生活德育思想。

(一) 公民道德教育思想

19世纪末20世纪初,在社会各层面的变革与道德救世思潮的驱动之下,我国传统道德教育发生了转型与重构。以严复、康有为、梁启超等为代表的先进知识分子在与西方思想的接触与碰撞中,面对日益严重的民族危机,纷纷提出改造中国之国民性的问题,他们主张开发民智,凝聚民力,希望通过公民教育的形式唤醒国人的国魂与国性,并以此达到拯救国家的目的。其中,最具代表性的思想当属严复的"三育救国论"和梁启超的"新民说"。

1. 德育目标的转型:从臣民到国民

以严复、梁启超为代表的一些近代知识分子认为我国古代教育注重的是培养效忠君权的臣民,造成了"我之国民,以国为君相之事,其事其权,其荣其辱,皆视为度外之事"[①]的"臣民"性格,而这种性格缺陷是近代中国之所以衰弱不振和受尽欺凌的根本原因。严复对中西方的文化和人性进行了对比,指出中国"民智已下矣,民德已衰矣,民力已困矣"。他主张以提高国民素质、砥砺国民品格为教育的目标,提出了著名的"三育救国论",主张用西方自由、平等、博爱的启蒙思想来取代中国封建宗法制度和伦理道德,进行爱国新民教育,进而达到重塑国民人格的目的。严复还提出了"新民"的标准:"一曰血气体力之强,二曰聪明智虑之强,三曰德行仁义之强"。从国民性变革着手,"鼓民力、开民智、新民德",以拯救民族危亡。梁启超则在借鉴

---

① 梁启超.国民十大元气论[M]//饮冰室合集(文集之三).北京:中华书局,1989:69.

现代国家观念的基础上,提出"以造就国民为目的"的"新民说"。他认为,解决中国问题的根本在于塑造新的国民,"新民"是民族与国家的希望,决定着民族与国家的前途和命运,培养"新民"是"今日中国第一急务",因为,"苟有新民,何患无新制度,无新政府,无新国家?"梁启超指出:"新民云者,非欲吾民尽弃其旧以从人也。新之义有二:一曰淬厉其所本有而新之,二曰采补其所本无而新之。二者缺一,时乃无功。""新民"应该具备国家意识、权利意识、政治意识、冒险精神以及公德、私德、自由、自治、自尊、独立、合群、尚武、生利、民气、毅力等人格特征和道德品质。他认为西方就是因为重视国民个性发展,发挥国民的各种潜质才实现了高度发达的物质文明和精神文明,因而应把国人由于深受传统文化与专制思想影响和控制而形成的"臣民意识"改造为具有自由、平等观念的"公民意识"。

2. 德育内容的转型:从私德到公德

公民道德教育思想的主要内容是围绕着如何为国家"培养国民"而展开的。梁启超在《新民说》中非常强调加强公民的道德建设,改造国民的旧道德,提倡"新道德",主张"私德"与"公德"并修。在梁启超看来,塑造新型国民,首先要有"新民德",教育就是"教人学做人——学做现代人"①。他把道德区分为公德与私德:"人人独善其身者谓之私德,人人相善其群者谓之公德。二者皆人生所不可缺之具也。"②中国旧伦理偏于讲私德,缺少社会公德。梁启超强调"新道德"的核心是公德,要着力培养公民的社会公德、国家意识和群体观念,公德与私德既是人生不可缺少的基本品质,同时也是国家社会得以存在的基础。梁启超认为,"中国道德之发达不可谓不早",但是"偏于私德,而公德殆阙如"。③ 中国之所以衰落,原因在于广大民众缺少公德,只知独善其身,而不知承担利群的义务。他对中国民众自私、屈辱、麻木不争的国民劣根性予以鞭挞,进而提出"新道德"就是要国民既注重"人人相善其群"的公德,又要重视"人人独善其身"的私德,倡导国人应"纵观宇内之大势,静察吾族之所宜,而发明一种新道德,以求所以固吾群、善吾群、进吾

---

① 梁启超.教育与政治[M]//饮冰室合集(文集之三十八).北京:中华书局,1989:68.
② 梁启超.新民说·论公德[M].沈阳:辽宁人民出版社,1994:16.
③ 同上书,17.

群之道;未可以前王先哲所罕言者,遂以自画而不敢进也"①。号召人们应当"为公""利他",提倡"合群""利群""爱群"之德。

3. 德育方式的转型:从教化到教育

严复认为"国性国各不同,而皆成于特别之教化"。国民性成于教化、教育。他批判旧教育为了猎取"富贵功名"而造成"民智"低下,倡导西学,主张在学校中教授理论科学和科学方法论。为了实现培养"新民"的理想,梁启超则倡导废八股、变科举、兴学校、开学会、译西书、办报刊等措施,主张通过教育使人民成为具有国家观念的公民,以实现中国的富强。他根据儿童身心发展的规律,设计了一个国民教育制度体系,并首次提出了实施义务教育的主张。在此基础上,梁启超还借鉴西方资本主义国家的教育方法,对培养"新民"的教育方法给出了自己的具体建议,指出教学必须循序渐进,要重视对学生学习兴趣的培养,运用记忆与理解相结合的方式,更要重视对学生品德的教育培养。蔡元培从"养成共和国民健全之人格"的观点出发,提出"五育"并举的教育思想,这成为制定民国元年教育方针的理论基础。他认为,国民教育方针"应从受教育者本体上着想,有如何能力,方能尽如何责任"②。教育要从受教育者的本体出发,造就健全的人格。具体而言,健全人格的教育应该包括军国民教育、实利主义教育、公民道德教育、世界观教育和美育五个部分。③ 在"五育"中,他特别重视公民道德教育,认为"五者以公民道德为中坚,盖世界观及美育皆所以完成美德,而军国民教育及实利主义,则必以道德为根本"④。

在德育实践中,西方的公民教育思想在晚清、民初开始被引入中国,如在当时的各级学校均设立了修身科,不但注重培养学生私德,而且更注重培养学生的公德与爱国心。1922 年壬戌学制公布之后,作为教育内容之一的"修身科"被"公民科"取代,作为独立学科的"公民科"的课程标准随之制定,"公民科"相关教材编纂完成,学校生活中的公民训练也广泛开展。传统的修身教育真正演变为公民教育,从而在学校教育中实现了从教育宗旨、教

---

① 梁启超. 梁启超选集[M]. 北京:中国文联出版社,2006:598.
② 朱永新. 中国近现代教育思想史[M]. 北京:中国人民大学出版社,2011:91.
③ 同上.
④ 郭齐家. 中国教育思想史[M]. 北京:教育科学出版社,1987:399.

育内容到教育方法的彻底转变。这标志着我国的学校公民教育正式发展起来并进入一个相对系统化、制度化的时期。早期公民教育的主要内容包括社会生活及其组织、宪政原则、中华民国之组织、经济生活、社会问题、国际关系及道德问题等等。以后的公民教育的内容大致以此为框架。①

(二) 生活德育思想

在中国教育思想史上陶行知的生活德育思想具有十分重要的地位。陶行知毕生从事教育事业,重视教育与生活的联系,在充分认识中国教育传统和现实的基础上,他从时代的现实生活出发,批判吸收了各种道德教育理论,对杜威教育思想进行吸取和改造,不断地破旧,确立了符合社会和人的发展的德育目标,形成了思想内涵丰富的生活德育思想。他提出的"生活即教育""社会即学校"的"生活德育"的根本方针是民主的、大众的、科学的、创造的教育。陶行知的生活德育思想影响深远,在20世纪80年代之后,以鲁洁教授为代表的一批德育研究者再次对"生活德育"的问题进行阐发,可谓是"生活德育思想的后续生命"。

1. 生活德育目标:培养"真人""好人"

陶行知重视在"生活教育"中道德的获得,他充分肯定教育在道德获得中的作用,认为教育对于人的道德养成具有举足轻重的作用。对于德育的根本任务和培养目标,陶行知主张"教育就是教人做人,教人做好人,做好国民的意思"②。他认为教育是有价值导向的,"教育是什么?教人变!教人变好的是好教育,教人变坏的是坏教育。活教育教人变活,死教育教人变死。不教人变,教人不变的不是教育"③。陶行知指出:"教员的天职是变化"④,教师的任务是"千教万教,教人求真",学生要"千学万学,学做真人"⑤。他说,"我的主张是:有书读的要做事,有事做的要读书。先生不应该专教书,

---

① 都冬云.20 世纪初中国公民教育探索及启示[J].常熟理工学院学报:哲学社会科学版,2011 (11).
② 何国华.陶行知教育学[M].广州:广东高等教育出版社,1997:42.
③ 江苏省陶行知教育思想研究会,南京晓庄师范陶行知研究会.陶行知文集[M].南京:江苏人民出版社,1981:283.
④ 同上书,217.
⑤ 同上书,821.

他的责任是教人做人。学生不应该专读书,他的责任是学习人生之道。"①陶行知主张"好生活"与"好人"的统一。他说:"教育的根本意义是生活之变化。生活无时不变,即生活无时不含有教育的意义。"有什么样的生活就有什么样的教育,好的教育必须有好的生活,要通过教育去引导生活、改造生活、创造新生活。生活决定教育,教育改造生活。陶行知提出改造学校十分重要,要加强学校与社会的联系,真正把学校摆进社会里面,使整个社会成为学校的教育环境,以增加教育的材料、方法和工具,他鼓励人们在社会中学习,向社会学习。要克服传统的教育与生活、学校与社会相脱节、相隔离的弊病。学校的根本价值,在于使学校在社会生活中发挥更大、更广泛的教育作用,成为推动社会前进的力量。

2. 生活德育内容:"明民德"

陶行知提倡:"大学之道:在明民德,在亲民,在止于人民之幸福。社会大学之道,首先要明白人民的大德。"②他认为,人民的大德有四个方面:"觉悟""联合""解放"和"创造"。所谓"觉悟",是指人民应有主人翁意识和主体自觉性,"中华民国是一个大公司,个个国民都是老板"③,陶行知主张主体意识是道德教育的首要内容。陶行知的生活教育始终贯穿着集体精神,他认为,个人力量是单薄的,只有"联合"起来的自觉的大众力量才能无坚不摧,而在集体精神关照下的个人,才有力量,才有明确的方向,即"在集体之下,发展民主,看重个性"④。陶行知倡导"解放",即为了民族的解放和大众的解放,首先要解放个人,为此他提出要争取六大解放,解放头脑、双手、眼睛、嘴、空间、时间,学习"解放"具有学习"自由"的德育意义。陶行知认为,"解放出来的力量要好好的用,用在创造上,创造新自己,创造新中国,创造新世界"⑤。而"创造"需要民主的原则,"民主"的学习应该在集体生活中进行。教育上的"创造",就是创造自己,"学做真人"。"创造"的学习,即"民主"的学习。陶行知的生活德育所确立的四"大德",其根本之意即为主体意

---

① 何国华.陶行知教育学[M].广州:广东高等教育出版社,1997:146.
② 华中师范学院教育科学研究所.陶行知全集(第三卷)[M].长沙:湖南教育出版社,1985:586.
③ 同上.
④ 同上书,369.
⑤ 同上书,586.

识、集体精神、自由和民主。①

3. 生活德育方法:"教学做合一"

陶行知的道德教育思想非常注重实践,他认为在生活里,对事来说是做,对己的长进来说是学,对人之影响来说是教,要培养真人,就必须遵守"教学做合一"的原则,将行动和思想相联系的教育方式,是最好和最深刻的道德教育,能够产生新的价值。陶行知指出,"教学做是一种生活之三方面,而不是三个各不相谋的过程。同时,教学做合一是生活法,也就是教育法"②。"教学做合一"的原则突出了以"做"为中心,在做中学、做中教,"做"是"教"和"学"的中心和基础。让学生到生活实践中去练习和感受,同时给予适当的指导,才会真正有效。他针对当时学校普遍存在的道德与行为相脱离的现象指出:"修身伦理一类的学问,最应注意的,在乎实行。"绝不能"嘴里讲道德、耳朵听道德,而所行所为却不能合乎道德的标准,无形无影当中,把道德与行为分而为二"③。"嘴里念的是劳动教育的书,耳朵听的是劳动教育的演讲,而平日所过的是双料少爷的生活。"④要革除这种弊端,最有效的方法莫过于"非给学生种种机会,练习道德的行为不可"。所以,要在行动中追求真理,让学生亲自参与和亲身体验,在实践中践行道德行为。另外,他还指出:"我们道德上的发展,全靠着遇了困难问题的时候,有自己解决的机会,就长进了一层判断的经验。问题自己解决得愈多,则经验愈丰富。"⑤所以,陶行知明确指出,"行是知之始,知是行之成"⑥。对于德育而言,单纯说教、机械灌输都是软弱无力的,必须坚持在做中学、在做中教。他特别提倡"学生自治"。他认为学生自治就是给学生练习道德行为的有效方法。通过学生自己,让学生"自负解决问题的责任",就会使他们在自治生活中不断提高评价道德行为和判断是非的能力。

---

① 刘超良. 试探陶行知的生活德育思想[J]. 河北师范大学学报:教育科学版,2004(7).
② 陶行知. 陶行知全集(第二卷)[M]. 长沙:湖南教育出版社,1985:289.
③ 陶行知. 陶行知全集(第一卷)[M]. 成都:四川教育出版社,1991:28-32.
④ 同上书,559.
⑤ 江苏省陶行知教育思想研究会,南京晓庄师范陶行知研究会. 陶行知文集[M]. 南京:江苏人民出版社,1981:21.
⑥ 同上书,183.

第二节 国外的德育思想

国外的德育思想历史悠久,可以追溯到古希腊和古罗马时期。纵观国外教育史,潜心于道德教育理论研究的教育家层出不穷,从苏格拉底、柏拉图、亚里士多德到卢梭、赫尔巴特、杜威和柯尔伯格(L. Kohlberg),众多的德育理论家的德育思想对当代道德教育理论产生了不同程度的影响。本节将在众多的国外德育思想中选取在国外德育思想发展中影响较大的一些理论流派,做一个简要的回顾。

一、古希腊和古罗马的德育思想

(一)古希腊的德育思想

古希腊是西方文明的发祥地,是西方教育思想的摇篮。从公元前6世纪到4世纪,希腊先后涌现了毕达哥拉斯(Pythagoras)、苏格拉底、柏拉图和亚里士多德等著名的哲学家和教育思想家,建立了较为完整的学校教育制度,形成了自然主义、理性主义、理性—自然主义等多种教育思想,对后世产生了广泛和深刻的影响,为西方教育思想的发展奠定了重要的历史基础。① 在古希腊的哲学家和教育思想家中,苏格拉底、柏拉图和亚里士多德被称为古希腊的"三哲",其德育思想一脉相承,有诸多共性,他们对一系列带有根本性和普遍性的德育问题都进行了思考和阐述,共同奠定了后世西方德育思想的理性主义传统。

1. 德育目的:从"追求至善"到"追求幸福"

苏格拉底认为善是人生的最高目的,也应是人们一切行为的目的。他主张教育的任务是培养美德、探求知识以及增进健康,其中培养美德是首要任务,而德育的目的就是发展人的自然禀赋和培养治国人才,因为只有学识渊博而具有"善德"的人才能把城邦治理好。柏拉图则主张把教育与政治紧

---

① 张斌贤.外国教育思想史[M].北京:高等教育出版社,2007:9.

密结合起来,认为教育是建立理想国家的根本手段,应当依据不同的人培养不同的美德,而教育的最高目的就是培养"哲学王"。而亚里士多德除了认为"人是天生的政治动物",还提出幸福是人的一切行为的最高目的,幸福即合乎德行,主张德育的目的在于通过和谐教育促使个人知善能善、实现自我、追求幸福。

2. 德育的价值取向:从"理性主义"到"理性—自然主义"

在德育的价值取向上,古希腊的德育思想充分体现了对理性精神的追求。苏格拉底主张"知德统一",美德即知识。他认为理性是人的灵魂的一种基本属性,它表现为一种智慧,即美德。道德不是天生的,人的行为之善恶,主要取决于他是否具有有关的知识。人因为有了智慧,才能够辨别真假和好坏,从而作出正确选择。柏拉图秉承苏格拉底"知德统一"的思想,进一步提出德行的等级是由受教育者的天赋和受教育程度决定的。亚里士多德则在肯定德育的理性来源之外,明确提出了人的理性之外非理性的情感、欲望等对道德培育的作用,主张美德即知行统一,教育要顺从天性、遵循自然,遵循身心发展规律和个体差异性特征,立足于个人的和谐发展,使人的天性得到充分和多方面的发展,从而使人获得幸福。德性的养成要实现"天赋、习惯及理性"的统一。亚里士多德的德育思想确立了后世西方德育自然主义的思想基础。

3. 德育的内容:"四德目"

苏格拉底提出四种美德,即"智慧、正义、勇敢、节制"。究其内涵,四种美德都属于个人品质范畴。柏拉图继承了苏格拉底的"四德目",在《理想国》中精心设计了一个以培养哲学家为终极目的、完整的公共教育制度,提出一个理想的国家应具有正义、智慧、勇敢和节制四种美德。这四种美德奠定了后世西方德育的基础内容,逐渐成为西方德育个人品质培养的基本内容。

4. 德育的方法:"苏格拉底法"和"四艺"

苏格拉底认为,既然道德以知识或智慧为基础,而不出自于人的天性,那么,对人进行道德教育就是可能的,美德就是可教的,通过传授知识就可以培养具有完善道德的人。基于此,苏格拉底创立了著名的"苏格拉底法",

开启了西方启发式教学的先河。其具体方法是通过师生之间的交谈和辩论,唤醒学生的意识,从而使学生发现真理。柏拉图提出了通过开设"四艺"科目,即算术、几何、天文和音乐来进行道德教育,同时还倡导"寓学习于游戏中",通过游戏培养儿童的道德品质。亚里士多德注重和谐全面发展,主张开展和谐教育,包括体育、德育、智育和美育。柏拉图和亚里士多德所倡导的德育方法,使西方德育实践中的多学科渗透成为可能。

(二) 古罗马的德育思想

在西方教育史上,古代罗马的德育思想也占有非常重要的地位。古罗马德育思想是在古希腊德育思想的影响下形成的。相较于古希腊的理性主义德育思想,古罗马的德育思想以现实主义为特征,对文艺复兴和宗教改革时期的教育思想的影响至为重要。在古罗马德育思想史上,最有影响的教育家是西塞罗和昆体良(Marcus Fabius Quintilianus)。

1. 德育的价值取向:遵从天性的自然主义人性观

昆体良继承了柏拉图、亚里士多德重视人的天性差异的观点,并在他们的基础上做了进一步发挥,主张教育适应自然。他认为,每个人都可以通过教育而培养成人,但是由于人的心性存在着差异,所以要研究了解儿童的天性。具体而言,第一,对儿童的天赋、倾向、才能进行研究,根据其倾向和才能进行教育和教学。第二,教育必须考虑儿童的年龄特点,考虑儿童在不同年龄期的具体接受能力。同时,他还指出重视儿童的天性,并不等于可以忽视教育的作用。

2. 德育的目的:培养具有德行的雄辩家

西塞罗认为,教育的最高目的是培养政治家,只有优秀的雄辩家才能成为真正的政治家。昆体良提出教育的目的就是培养善良而精于雄辩术的人。他认为德行是雄辩家的首要品质,强调雄辩家应当具备崇高的思想、高尚的情操,成为一个善良的人。所谓善良的人,指有识别善恶的能力、遵守法律和坚持正义的人。他提出才能与德行是相互联系,缺一不可的,且在一定意义上,德行比才能更为重要。真正的雄辩家应当是坚持真理、伸张正义的人。善良、有德、坚持正义是雄辩家的基本条件,无德的人不具备成为雄辩家的起码条件。对于善德从何而来,昆体良认为,个人的秉性对于其道德面貌会起某种作用,但更重要的是要靠教育的力量。因此,他坚持把良好道德的培养放在教育任务的首要位置。他认为美德虽然也从自然获得一定的动力,它仍然需要教育使之成为现实的东西。

3. 德育内容:道德原理

昆体良将伦理学视为培养雄辩家的重要课程,主张道德原理应成为学校的主要课程。学生可以从这门课程中学到有关正义、善良、节制、刚毅、明智等品质,成为一个有德行的人。同时,昆体良和西塞罗一样,认为合格的雄辩家必须有宽广深厚的基础知识,他提出了自己培养雄辩家的学科计划,其中包括文法、修辞学、音乐、几何、天文学、哲学(物理、伦理、辩证法)。昆体良对每门课程在培养雄辩家的素质、能力等方面的要求都作了充分的论述,至今仍具有现实意义。

4. 德育方法:家庭教育和学校教育

昆体良提出了一个完整的培养雄辩家的教育过程,包括四个阶段,即家庭教育、初级学校、文法学校和雄辩术学校。昆体良十分重视早期教育,主张从婴幼儿时期就开始对儿童进行道德教育和知识教育。他认为早期教育对人一生的教育都具有深刻的影响,早期教育的形式主要是家庭教育。昆体良强调应充分考虑儿童的年龄特点和接受能力,反对揠苗助长。他主张早期教育应当使儿童快乐,养成对知识的热爱和兴趣,并为学校教育奠定良好的基础。初级学校的教育属于启蒙教育,主要内容是阅读、写作和道德教育,培养无私、自治等品德。文法学校的主要任务是为雄辩术教育做直接的准备,开设的课程大多与雄辩术相关,如文法、天文、哲学等。雄辩术学校是直接培养雄辩家的地方,教授学生与雄辩术有关的广泛知识,其中道德教育是重要内容。此外,昆体良还提出了学校教育优越于家庭教育,启发诱导、提问解答、因材施教、学习和休息交替等理论观点,他强调集体教学,较早提出了分班教学的设想,可视为班级授课制思想的萌芽。

二、欧洲中世纪的德育思想

欧洲中世纪的文化主题和核心是宗教文化与宗教思想。中世纪德育思想受多种文化元素的影响,主要蕴含在基督教哲学以及神学思想之中,呈现出浓厚的神性特征。奥古斯丁和阿奎那分别是教父哲学和经院哲学的集大成者,他们的德育思想具有鲜明的代表性。奥古斯丁的教育思想是中世纪基督教教育的理论基础,是教会学校的指导思想。阿奎那所构建的托马斯主义是经院哲学的最高成果,也是中世纪神学与哲学的最大、最全面的体系,其教育思想蕴含着近代教育思想强调理性、尊崇科学的重要成分,对当时以及近代西方教育的发展都具有重要的影响。[1]

1. 理论基础

奥古斯丁主张原罪说,认为人生而有罪,无法进行自我救赎,只有皈依上帝才能得救。原罪说通过强调人生而有罪,贬低人的地位,提高神的地位,以使人信奉上帝,服从上帝,等待上帝恩典。不同于奥古斯丁的主张,阿奎那受亚里士多德理论影响,认为人的本质是灵魂与肉体组成的一个统一的完满实体,承认人同自然存在物的一致性,强调应当重视人的自然本性。阿奎那指出,人类本性中的自然倾向,其根源都在于上帝,是上帝赋予人类内心的一种行善避恶的道德自然规律。阿奎那的人性论是从现实的世俗的情境出发,承认人的无知欲求,从而引导人性达到基督教义所指明的最终的归宿,调和人性与神性,最后归于神性。阿奎那的人性论是其教育思想的基石,要求教育顺应自然的要求,注意学生的健康,这一点完全不同于早期基督教的禁欲主义。

2. 德育目的

在《忏悔录》中,奥古斯丁明确提出教育要为教会和神学服务,培养的是对上帝充满信仰、虔诚的基督教徒、教会的优秀教士。奥古斯丁所主张的教育目的和道德教育目标已经抛弃了古希腊罗马时期教育的宗旨,本质上是宗教化了的。道德教育以及全部教育的根本目的,就在于培养对上帝的信仰,使人养成一种为善的倾向,使人趋善避恶。只有这样,才能得到上帝所赋予的神性,从而获得拯救。阿奎那主张教育的终极目的和教育的作用即在发展人的理性。他认为,教育是引导人性达于至善的工具或手段,引导人性趋向人类独有的理性生活,追寻真理,克服无知,皈依神性,从而维护基督教义。

---

[1] 张斌贤.外国教育思想史[M].北京:高等教育出版社,2007:96.

3. 德育内容

奥古斯丁提出,为了实现其教育目的,道德教育应居于首位。在知识的学习中,《圣经》最为重要,学习必须以《圣经》为主课。即通过严格的道德教育,使学生养成《圣经》所列的"真福八端",即虚心、哀痛、温柔、饥渴慕义、怜恤、清心、和睦、为义。此外,学生还应当具备宽容、谦虚、热爱真理、正义、爱人、严谨、服从等品质。但是,道德教育不是其目的本身。道德教育是为了使人能够用理智节制欲望,使情感服从理性,专注心灵的修养,形成一种为善的倾向。阿奎那认为,在个人道德的发展中,教育具有非常重要的作用。他对知识和理性给予了高度肯定,认为虽然在人的身上存在着一种倾向为善的自然习性,但这种习性并不"自然"地使人做善事、成善人。只有通过系统的道德教育,个人才能真正成为具有良好品行和情操的、善良的人。在个人所应具备的各项道德品质中,服从上帝、尊敬父母、为国家利益放弃个人利益等,都是非常重要的。道德教育应当努力发展这些品质,使人成为上帝虔诚的信徒和国家的良好公民。由于阿奎那"复兴"了亚里士多德的学说,使亚里士多德的著作成为中世纪西欧学校的重要教学内容和教科书,因而,使得亚里士多德思想中所蕴藏的理性精神得到发扬。这对于西欧学校教育,特别是高等教育的发展,具有非常深刻的影响。

4. 德育方法

奥古斯丁坚持所有的东西都必须经过改造,才能为基督教所利用。他主张重新编写各科教科书,并亲自编写逻辑学、修辞学、哲学等科的入门教材。另外,基于对儿童的本性是罪恶的认识,奥古斯丁主张要想控制儿童邪恶的本性就必须惩罚他们,其观点使得欧洲中世纪教育体罚盛行。阿奎那的教学体现着中世纪独特的经院主义的教学程式,即通过理性的辩论阐明神秘的教义,用哲学解释神学,理性服务于神性。阿奎那非常重视在教学过程中学生个人的潜在的学习能力。他认为,在教学过程中要把人的潜能性变成现实性。教学活动并非教师单纯地传递知识,也不是学生被动地接受教材。学生学习中的成就绝大部分依靠学生个人心智活动的状况。在教学过程中,必须运用"符号"作为媒介,教学离不开语言、文字、图形和实物,知识即寓于这些符号之中。教学的实质是用种种方法引发学生的知识,为学在己,而不由人。可以说,人靠自己来接受教育,而不是由他人来教育。阿奎那哲学和神学中的论证方法,成为西欧大学广泛运用的教学方法,不仅促进了大学教学水平的提高,而且直接推动了中世纪大学的发展。

三、国外现代的德育思想

欧洲经历了漫长的中世纪之后,在工业革命的外部条件推动下,随着启蒙运动和宗教改革运动的发展,思想界开始呈现出纷繁复杂的景象,各种哲学思想不断涌现。启蒙运动中彰显人性的思想,开始从欧洲蔓延,对整个西方社会都产生了深远影响。在这种大背景之下,国外现代的教育思想特别是德育思想也呈现出"百花齐放"的局面。这一时期,主要的德育思想有:自然主义德育思想、理性主义德育思想和集体主义德育思想等。由于这一时期德育思想纷繁复杂,难以一一呈现。因此,我们选取了最具代表性、影响最广泛的代表人物的德育思想,予以介绍。

(一)卢梭的德育思想

卢梭是自然主义德育思想的主要代表人物之一。他提出了内发的自然主义教育观,确立了真正的自然主义教育思想体系。虽然自然主义教育思想的渊源可以追溯到古希腊时期哲学家关于教育问题的论述,但是就自然主义教育理论的探究及其产生的重大影响而言,当属18世纪法国启蒙思想家卢梭的作用最为重要。

1. 德育原则:"回归自然"

卢梭依据人性本善、自然皆善的人性论,提出了遵从自然的道德教育原则,其核心是"归于自然"。他认为儿童生而具有善性,"善良的天性既然已由自然赋予,那么只要不受外界污染,儿童必能健康成长"①。所以,教育应顺应儿童的自然本性,根据儿童的年龄、兴趣、需要、能力的特点,教育引导儿童合乎自然地获得知识,自由自在地成长发展,培养自然的和自由的新人。

---

① 吴式颖.外国教育史教程[M].北京:人民教育出版社,1999:270.

2. 德育目标：培养"自然人"

卢梭在《爱弥儿》中指出，自然教育的培养目标是"自然人"。① 这里所说的"自然人"是相对于"公民"这个概念而言的。卢梭认为自然人是身心协调发展的、广泛适应社会情况的社会"自然人"。相对于公民而言，自然人具有如下特质：第一，自然人是不依赖于专制社会，具有自身的独特价值，能够独立自主的人；第二，自然人之间不存在等级差别，人与人都是平等的；第三，自然人是自由的人，无所不宜，无所不能，不囿于某种专业或职业，虽无专长，但善于取得知识；第四，自然人依靠自己的劳动所得为生，无须依赖他人为生，是自食其力的人。②

3. 德育内容："自然教育"

所谓"自然教育"，是一种"消极教育"，即尽量减少成人世界对儿童世界及其自然发展干预的教育。同时，遵循自然的教育必然是自由的教育，卢梭认为自由是人最重要的自然权利，自然教育要使儿童的善良天性得到发展，必须保障儿童自由发展的权利，尊重儿童的自由，让儿童有充分自由活动的时间和空间。自然教育应是注重儿童个性的教育，应对儿童的本性进行认真了解，关注儿童的个性差异，尊重儿童独有的个性，例如卢梭注意到儿童性别的差异，针对不同性别，提出了不同的教育任务和方法。

4. 德育方法："情感陶冶"

在卢梭看来，只有"归于自然"、遵从天性的教育，才有利于保持人的善良天性。他反对以往说教式的教育方法，主张将情感陶冶作为道德教育的主要方法。他认为教育应避免成人的灌输、压制和强迫，要让儿童在自己的教育和成长中取得主动地位，遵循自然率性发展。对于儿童的不良行为他主张不必训斥惩罚，应采用"自然惩戒法"或"自然结果法"来矫正儿童的不良行为。在教育中教师的作用不是积极的，而是消极的，教师只需创设学习的环境，防范不良的影响，即开展所谓"消极教育"。卢梭提出道德教育应在15岁以后进行，因为道德教育主要是与人的情感相关联，是对人际关系的一

---

① 胡君进博士在其博士论文《自然人和公民——爱弥儿双重面孔的教育建构》(2018)中提出，卢梭实际上主张的是培养自然人和公民。——作者注
② 吴式颖. 外国教育史教程[M]. 北京：人民教育出版社，1999：267-268.

种意识,所以,其实施应相对较晚。

关于卢梭的德育思想,最新的研究认为,卢梭不仅倡导自然教育,也强调公民教育。而自然人的教育本质上是为培养具有立法者气质的公民教育奠定基础的。因此,卢梭的公民教育思想也应引起学习者的高度关注。①

(二) 康德的德育思想

18世纪理性主义思潮在教育领域的体现,主要是康德的理性主义教育观、以要素教育论为核心的裴斯泰洛齐理性主义教育观以及费希特(Johann Gottlieb Fichte)的理性主义教育观。② 其中,康德"开创了教育学史上一个新时代,即哲学教育学的时代"③,开启了道德教育研究的新领域,对近代、现代以及当代西方道德教育理论均产生了重要影响。

1. 理论基础:理性平等、重视人性的人性论

康德主张基于理性平等的人性观,高度推崇人性、人的尊严,充分肯定人的价值,个人尊严体现在对个人人性的尊重上。个人的理性不因知识的多寡、地位的高下、财富的多少而表现出差异。"人是目的"是康德思想体系中最重要的命题之一。康德认为人区别于动物的根本原因在于人有道德。但是,不同于卢梭人性本善的观点,康德认为人性中既有善也有恶,因此,教育必须去恶扬善,要以理性抑制人性中的野性和恶。

2. 德育的目的:培养"道德人"和"社会人"

康德对教育目的和价值极为重视,认为教育是养成人的一种活动。他特别强调道德教育,认为"最高的教育目的不是知识的传授和智力的发达,乃是道德的完善"④。为培养个人的实践理性能力,在多种教育内容中必须注重道德教育的实施和开展。道德教育的目的就在于把儿童和青少年培养成为一种"道德人"和"社会人",即成为一种"有欢喜快乐的气象、坦白宁静的性情,能够忠于本职工作,且常怀仁爱和世界大同情感的人"⑤。

---

① 胡君进.生活在社会中的自然人——爱弥儿的双重面孔[D].北京:北京师范大学博士学位论文,2018.
② 张斌贤.外国教育思想史[M].北京:高等教育出版社,2007:209.
③ 王坤庆.教育学史论纲[M].武汉:湖北教育出版社,2000:99.
④ 同上书,102.
⑤ 张斌贤.外国教育思想史[M].北京:高等教育出版社,2007:215.

3. 德育内容：道德品格

康德认为儿童所需养成的品格包括服从、诚实和社会性。儿童服从品格表现为对师长命令的服从，对自身的善良意志和理性意志的服从。诚实品格的培养是品格教育乃至整个道德教育的基础，不具备诚实品格的人，即便做出善举也是随机的、不稳定的。社会性是儿童品格体系中非常重要的内容，表现为与其他儿童友善和睦地相处，与其他社会成员的合作意识与合作能力，能够作为一个独立的社会成员，在分享社会文明成果的同时，意识到自己对社会及其他社会成员所承担的责任和义务，并努力履行这些责任和义务。[1]

4. 德育方法："自律"和"他律"

康德提出道德教育是由"他律"向"自律"过渡的必由之路。在道德教育的方法上，康德主张要对儿童进行必要的引导，"管束""训导"和"陶冶"是道德教育的三个步骤。他认为，在道德教育中既要注意让儿童自然而自由地成长，又要让他们自觉地接受理性的引导。"如果说道德是某种约束的话，那么，从小对儿童进行道德教育，帮助他解除身上的约束，便是形成自由人的必要环节。"[2]特别是在儿童成长的早期即学龄前阶段，尤其应加以"管束"和"训导"。康德认为对儿童进行道德教育最初要实施"他律"道德，但要让儿童明白，各种管束和纪律最终还是为了让他们有更大的自由，将来成为有良好自律道德的人。而"陶冶"是道德教育的最高境界，是一种"以高尚的情感作用理性、感化理性的活动"[3]。道德陶冶的目的是使儿童分清是非善恶，最终由他律道德转变为自律道德。

（三）赫尔巴特的德育思想

德国著名教育学家赫尔巴特对于教育学的重要贡献之一是他提出了一个较为完整的教育思想体系。他的教育思想具有双重理论基础，即伦理学和心理学，伦理学主要起着价值规范的作用，即为教育目的和原则的确立提

---

[1] 张斌贤.外国教育思想史[M].北京:高等教育出版社,2007:216.
[2] 王坤庆.教育学史论纲[M].武汉:湖北教育出版社,2000:103.
[3] 同上.

供依据,而心理学则为实现教育目的明确方法。他整合康德、费希特等人的理论思想,明确提出把教育学建成一门独立学科的设想,这使他被誉为科学教育学的首创者和奠基人。赫尔巴特的德育思想对一些德育的基本问题进行了具有开创性的探索,对后世德育理论的发展影响深远。

1. 德育的目的:"可能"和"必要"

赫尔巴特认为,教育所要达到的基本目的包括"可能的目的"和"必要的目的"两种。所谓"可能的目的"是指与儿童未来所从事的职业有关的目的,教育要发展儿童多方面的兴趣,使人的各种能力得到和谐的发展。赫尔巴特把兴趣的多方面性称为"教育目的的第一部分",他认为这是非常重要的,是教师必须关注的。所谓"必要的目的",是指教育的最高目的。他说:"道德普遍地被认为是人类的最高目的,因此也是教育的最高目的。"[1]道德教育是教育的"必要目的"。

2. 德育原则:"教育性教学"

赫尔巴特重视教学的作用,对于如何达成教育道德养成的最高目的,他提出了一个重要的原则,即"教育性教学原则",反映了教育活动的内在规律,在教育史上为首创。其含义是指,没有"无教学的教育",道德教育只有通过教学才能真正产生实际的作用,教学是道德教育的基本途径,教学工作的最高目的在于养成德行。也没有"无教育的教学",人只有认识了道德规范,才能产生服从道德规范的意志,从而形成符合道德规范的行为。"德育问题是不能同整个教育分离开来的,而是同其他教育问题必然地、广泛深远地联系在一起的。"[2]因此,"德育应涉及教养的其他部分,这就是说,德育应把其他部分作为先决条件,只有在进行其他方面教养的过程中才能有把握地开展德育"。教育性教学原则是教育的基本原则。

3. 德育内容:五种道德观念

赫尔巴特把直觉判断作为伦理学的基础,提出了五种道德观念,即内心自由、完善、善意、正义和正当。[3] 内心自由指对真善美具有明确的认识,能

---

[1] 张焕庭.西方资产阶级教育论著选[M].北京:人民教育出版社,1979:259-260.
[2] [德]赫尔巴特.普通教育学·教育学讲授纲要[M].李其龙,译.北京:人民教育出版社,1989:36.
[3] 张斌贤.外国教育思想史[M].北京:高等教育出版社,2007:295.

够自觉依据道德规范做事;完善指个体调节自己意志做出判断的一种尺度;善意指绝对的善,无私地助人,与人为善;正义和正当即守法、公正公平地处理问题。赫尔巴特认为这五种道德观念是人心中原初的五种观念,是永恒存在、普遍联系的。德育的根本目的就是要养成这五种道德观念,并由此形成"道德性格"。

4. 德育方法:训育

赫尔巴特非常重视管理作为教育过程的条件,指出管理是教育学的一部分,管理与教育必须是结合的。他提出"有目的地进行的培养"①主要是训育,它兼有管理、教学的特征,直接对儿童心灵产生影响,其目的在于形成性格的道德力量。他认为,训育分为四个阶段,即道德判断、道德热情、道德决定和道德自制。针对训育的具体实施,赫尔巴特还提出了六种基本的方法:① 维持的训育,作用在于巩固儿童管理取得的结果,使儿童懂得行为的界限和对权威的服从;② 起决定作用的训育,作用在于使学生做出选择;③ 调节的训育,作用在于通过说服学生使其回忆以往,分析自省;④ 抑制的训育,旨在使学生保持情绪的平静和头脑的清醒,培养审美和道德品质;⑤ 道德的训育,作用在于以上述四种训育为基础,向学生说明真理,进行真正的道德培养;⑥ 提醒的训育,目的在于及时提醒学生,并纠正其所犯错误。

(四) 马卡连柯的德育思想

集体主义教育理论是马卡连柯教育思想体系的基础和核心,是其长期教育实践探索的经验结晶。集体主义教育思想在马卡连柯道德教育思想中,同样占据重要的位置,马卡连柯把如何组织和培养集体、怎样建设合理的集体、建立集体对个人的影响当作集体教育最为根本的理论问题来研究,并把它贯彻到自己的道德教育思想体系当中去。

1. 德育目的:在集体中培养个人

"集体—个性"的辩证统一观,在马卡连柯的教育思想体系中占有特殊重要的地位。马卡连柯在其具有创新意义的教育实践中,探索一种新的教

---

① 〔德〕赫尔巴特.普通教育学·教育学讲授纲要[M].李其龙,译.北京:人民教育出版社,1989:147.

育方式,"它既是总的和统一的方法,又是使每一单独的个人能发挥自己的特点、保持自己个性的方法"①。这就是集体教育的方法,即组织培养教育性集体。马卡连柯认为,所谓集体不是一群人的偶然集合,而是"以社会主义社会的结合原则为基础的人与人互相接触的总体"②。集体具有以下性质:第一,集体是人们在共同目的和共同劳动中的联合组织;第二,集体是苏维埃社会的一部分,同一切其他集体有机地联系着;第三,集体是社会的有机体,拥有管理机构和协调机构;第四,集体应坚持全世界劳动人民统一的原则性立场,接受共产党的领导。集体是个人的"保护者",个人应当服从集体,作为学生应当具有热爱集体生活的思想、情感和习惯。学校教育应该培养学生集体的责任感与荣誉感,培养学生具有组织集体、领导管理能力和技巧以及自觉自律的精神。

2. 德育原则和方法

马卡连柯对学生集体的形成和发展进行了深入的研究,提出了一套行之有效的集体主义教育的原则和方法。具体包括三个方面。

"平行教育影响"。对于学生集体的培养,马卡连柯主张通过集体来教育个人。"什么是平行教育影响呢?我们只和分队发生关系,我们和个人不发生关系,这就是正式的说法。"③在这里,教育者对集体和集体中每个成员的教育影响是同时的、平行的。这种方式"改变了传统的单一的教育方法,改善了教师和学生之间的关系,充分发挥了学生集体的教育作用"④。

"前景教育"原则。马卡连柯认为,正常的、健康的集体必须不断地向前发展,教师要在教育过程中经常给学生指出美好前景,"建立新的前途,运用已有的前途,逐渐代之以更有价值的前途"⑤,"人的生活的真正刺激是对明天的欢乐。培养人,就是培养他对前途的希望"⑥。

优良作风和传统的养成。马卡连柯指出,培养集体的优良作风和传统,是进行集体主义教育的重要方法。优良作风和传统可以美化和巩固集体,

---

① [苏联]马卡连柯. 马卡连柯教育文集(上卷)[M]. 北京:人民教育出版社,1985:79.
② 同上书,15.
③ 同上书,70.
④ 吴式颖. 外国教育史教程[M]. 北京:人民教育出版社,1999:161.
⑤ [苏联]马卡连柯. 马卡连柯教育文集(上卷)[M]. 北京:人民教育出版社,1985:313.
⑥ 同上.

"只有具有共同的作风,并且这种作风是以经常的集体活动和集体内容为基础的,才能有外表上的有礼貌的形式"①。

3. 德育思想的实践途径:纪律教育和劳动教育

马卡连柯认为,纪律是达到集体的目的的最好方式,纪律教育与集体主义教育是紧密联系的。因为,纪律既是良好集体的外部表现形式,也是每个人充分发展的保障。他提出,为了培养学生的自觉纪律,应在学校里开设道德理论课,采取各种有效方式、有计划地向学生讲授各种道德理论。关于纪律教育,马卡连柯主张应坚持强制性与自觉性相结合,在强制性的基础上,促进学生的认识,进而达到完全的自觉行动。同时,纪律教育必须适当使用奖励和惩罚,适当的奖励可以调动学生的积极性,激励学生努力向上;合理的惩罚有助于培养学生的责任感和坚毅的性格。此外,"马卡连柯在自己的教育实践中,始终坚持生产劳动教育,坚持实行半工半读的学校制度,力图把教育和生产劳动紧密地结合起来"②。劳动教育即人的劳动品质的教育,目的在于发展儿童的体力、智力,并培养其从事生产劳动的技能技巧,最重要的是要使学生在道德上和精神上得到良好的发展。但是,并不是所有的劳动都具有教育意义。在他看来,劳动任务越复杂、越具有独立性,教育意义就越大。他认为现代化的大工业生产是各种劳动中最理想的劳动教育方式。

(五)苏霍姆林斯基的德育思想

苏霍姆林斯基的"个性全面和谐发展"的理论是一个内容非常丰富的德育思想体系,包含着他对教育目的论和方法论的许多独创见解,其核心是使全体学生都得到全面和谐的发展。

1. 德育目的:培养"个性全面和谐发展的人"

苏霍姆林斯基认为,德育的目的是:"培养全面和谐发展的人"。所谓全面和谐的发展"意味着劳动与人在各类活动中的丰富精神的统一,意味着人在品行上以及同他人相互关系上的道德纯洁,意味着体魄的完美、审美需求

---

① 〔苏联〕马卡连柯.马卡连柯教育文集(下卷)[M].北京:人民教育出版社,2005:122.
② 同上书,621.

和趣味的丰富及社会和个人兴趣的多样……意味着人显示为:第一,是社会物质生产领域和精神生活领域中的创造者;第二,是物质和精神财富的享用者;第三,是有道德和文化素养的人,是人类文化财富的鉴赏者和细心的保护者;第四,是积极的社会活动者、公民;最后,是树立于崇高道德基础之上的新家庭的建立者"①。苏霍姆林斯基指出,教育的理想就是要使全体学生得到全面和谐的发展,使每个人都可以成为大写的"我",成为"独一无二"的人。

2. 德育内容:"和谐的教育"

苏霍姆林斯基认为,"和谐的教育"可以为每个学生打开通往全面和谐发展的道路。"所谓和谐的教育,就是如何把人的活动的两种职能配合起来,使两者得到平衡:一种职能就是认识和理解客观世界,另一种职能就是人的自我表现,自己的内在本质的表现,自己的世界观、观点、信念、意志力、性格在积极的劳动中和创造中,以及在集体成员的相互关系中的表现和显示。"②学校要改造教育过程,积极创造有利于学生充分表现自我内在精神和才能的环境和条件。苏霍姆林斯基指出教育应具有整体的观点,以统一的、相互联系和依存的观点来探讨德育、智育、体育、美育、劳动教育的规律性问题,发挥各种教育活动的综合教育作用。"和谐的教育"具体指德育、智育、体育、美育、劳动教育相互联系、相互渗透。"五育"中德育占有主导的地位,学校中的任何工作都应当蕴含道德教育的意义,发挥德育的作用。智育应当包括获得知识、形成科学世界观,发展认识能力和创造能力,养成脑力劳动文明,培养智力情感等方面。而体育不仅本身很重要,它对培养道德、美感和进行智育也有重要的作用。另外,发展学生的智慧与能力,以及进行情感教育,都需要借助于美育。因为,"美育是道德纯洁、精神丰富和体魄健全的有力源泉"③。进行道德教育,造就真正的人——就是在号召做一个"美"的人。苏霍姆林斯基还非常重视劳动教育,他提出了"劳动素养"的概念,其含义不仅包括实际技能、技巧的完善,还包括劳动活动在人的精神生活中的

---

① [苏联]苏霍姆林斯基.帕夫雷什中学[M].赵玮,等译.北京:教育科学出版社,1983:8-9.
② [苏联]苏霍姆林斯基.给教师的建议(上)[M].杜殿坤,译.北京:教育科学出版社,1984:147.
③ [苏联]苏霍姆林斯基.帕夫雷什中学[M].赵玮,等译.北京:教育科学出版社,1983:424.

作用和地位，包括劳动创造活动的智力充实性和完满性、道德丰富性和公民目的性。

3. 德育方法：教育与自我教育相结合

苏霍姆林斯基强调自我教育在学生接受教育过程中所起到的关键性作用。他提出了"可教育性"的概念，认为教育就应当使人成为"可教育的"，"教育就是形成'可受教育的能力'——使一个人关心自己的成就和挫折"①。教育者一个极为重要的任务，就是唤起孩子具有感情上的敏锐性、注意力和感觉上的精细。只有激发学生进行自我教育，才是真正的教育。苏霍姆林斯基主张把独立阅读、劳动纪律、作息制度和身体锻炼等作为培养学生进行自我教育和自我约束的手段，他特别倡导学生个人的自由阅读，认为这是很好的自我教育方式，因为学生可以从书中的杰出人物身上，感受到道德威力和道德的美，是人的精神活动中一个最丰富的内容。从促进学生的自我教育出发，苏霍姆林斯基提出要让学生"拥有可以自由支配的时间，是个性发展的一个重要条件……给学生提供空余时间就是创造宝贵财富"②。

（六）杜威的德育思想

杜威是实用主义教育思想的主要代表人物之一。他立足于现代社会讨论教育问题，以对现代社会问题的关切，以及强调行动和经验的哲学观念改变了传统的经验主义认识论，其理论观点强烈地影响了现代教育。

1. 道德教育的任务：协调个人与社会的关系

杜威认为道德教育的主要任务是协调个人与社会的关系。他反对个人至上论，亦反对社会至上论，认为二者皆具片面性。杜威反对将社会与个人割裂开来，认为个人与社会是可以相得益彰的，个人的充分发展是社会进步的必要条件，社会的进步又可为个人的发展提供更好的基础。杜威反对旧个人主义，倡导新个人主义。在其著作《旧个人主义与新个人主义》中，他对"新个人主义"进行了解读，倡导人与人之间的合作而不是无情的竞争，强调

---

① 〔苏联〕苏霍姆林斯基. 给教师的建议（上）[M]. 杜殿坤，译. 北京：教育科学出版社，1984：147.
② 〔苏联〕苏霍姆林斯基. 帕夫雷什中学[M]. 赵玮，等译. 北京：教育科学出版社，1983：13.

社会责任,重视理智的作用。

2. 道德教育的目的和内容:社会性的道德教育

杜威认为道德教育应该是社会性的,要培养学生适应社会,不是毕业后适应社会,而是在学校教育阶段就应适应社会。他提出的"教育即生活""学校即社会"的观点就是从社会角度出发,将个人与社会统一起来,将学校的生活和学生的生活经验联系起来,使学校生活成为儿童生活和社会生活的契合点,以解决教育与社会的脱离问题。杜威主张道德教育要体现社会精神,应该有社会性的情境、社会性的内容和社会性的目的,而不是停留在口头说教上。首先,学校本身必须是一种社会生活,具有社会生活的全部含义,因为社会的观念和社会的兴趣只有在一个真正的社会环境中才能发展,所以道德教育的目标及内容既要满足儿童的需要和兴趣,也要适应现代社会变化的趋势。其次,"校内学习应与校外学习连接起来。在两者之间应有自由的相互影响"。杜威认为:"学校若与社会隔离,学校里的知识就不能应用于生活,因此也无益于品德。"①所以,只有在与社会生活结合中进行道德教育才能真正培养出儿童良好的品行。道德教育的过程要知行统一,注重在社会生活实践中养成道德行为习惯。另外,道德教育的评价标准也应具有社会性。杜威说:"一切能发展有效地参与社会生活的能力的教育,都是道德的教育。"②他认为:"一个人光做好人还不够,他还必须做一个有用的好人。所谓做一个有用的好人,就是他能生活得像一个社会成员,在和别人的共同生活中,他对社会的贡献和他所得到的好处能保持平衡。"③

3. 道德教育的途径和方法:遵循儿童心理发展规律

杜威认为学校生活、教材、教法为"学校道德之三位一体",是道德教育的重要途径。他认为道德教育应特别关注儿童的本能与冲动、儿童的智力判断以及儿童的情感反应。杜威基于其"从做中学"的教学论原则,提出道德教育的实践主张。首先,在活动中培养儿童的道德品质。从做中学、从经验中学。杜威要求以活动性、经验性的主动作业来取代传统书本式教材的

---

① [美]约翰·杜威.民主主义与教育[M].王承绪,译.北京:人民教育出版社,2001:377.
② 同上书,379.
③ 同上书,378.

统治地位,主张学校要布置活生生的社会环境,让学生生活其间,从而理解人与人相处之道,形成善良的习惯和态度。他们从自己实行做一个好公民中,学习公民学。① 就是说,"好的品格不是依靠单纯的个人告诫、榜样或说服所形成,乃是依靠某种形式组织的或社会的生活施加于人的影响,也就是社会机体以学校为它的器官,来产生道德的效果"②。其次,道德教育应通过各科教学进行。杜威反复提及"道德的目的是各科教学的共同的和首要的目的"。"知道如何把表现道德价值的社会标准加到学校所用的教材上,这是十分重要的。"在杜威看来,地理、历史、数学等学科的教材,都应与生活紧密结合,绝不该和社会现实绝缘,否则教学纵有学术价值,对德育也起不到作用。③ 另外,杜威主张教育最主要的是要抓住学生的情感反应,培养学生爱善和好善的精神力量。他认为儿童禀赋着行善的本能冲动,教育者要因势利导。使儿童有乐善、向善的思想和行为,非有浓重的道德情感不可。④

以上,我们对国外现代德育思想进行了历史回顾。事实上,当代德育思想并未终止,杜威之后已经涌现出一大批极为重要的德育研究流派,如道德认知发展理论、价值澄清理论、品格教育理论、关怀教育理论等。相关内容可参阅:第五章—第一节—德育原理的经典著作,第七章—第二节—德育原理的著名学者。

---

① [美]约翰·杜威.民主主义与教育[M].王承绪,译.北京:人民教育出版社,2001:30.
② 同上书,31.
③ 同上.
④ 同上书,32.

第五章 德育原理的基本文献

在学科发展过程中,基本文献发挥着重要的作用。了解一些基本文献,有助于我们较好地认识与理解德育原理这一学科。基于这样的考虑,我们谨慎选取了德育原理的一些基本文献,加以简要介绍。这些基本文献主要分为三个类型:经典著作、代表性教材与主要学术刊物。

第一节 德育原理的经典著作

德育原理的经典著作,主要是指那些与德育密切相关的重要书籍,它反映着人们对于德育活动的重要认识与思考,是德育原理学科发展的重要思想资源所在。我们按照著作产生的地点、时间,选取了较有代表性的文献进行介绍。

一、古代著作

在传统社会中,思想家关于德育思想的论述主要体现在一些著作中。这些著作虽然并不直接指向德育,但是其中蕴含着丰富的德育思想。本部分选取了国内外比较有代表性的著作予以介绍。

(一)《论语》

1.《论语》简介

《论语》的作者孔子(前551—前479),名丘,字仲尼,春秋末期鲁国陬邑(今山东曲阜东南)人。中国古代伟大的思想家、教育家,儒家学派创始人。

《论语》以语录体的形式,栩栩如生地记录了孔子及其弟子的言行,是研究孔子教育思想的主要依据。全书共二十篇,四百九十二章。其内容涉及多个方面,诸如政治、教育、哲学、文学等。由于孔子较为注重修身养性,因而,教育,尤其是德育思想构成了《论语》的核心内容。

2.《论语》中的德育思想

在《论语》一书中,关乎道德及道德教育的片段看似较为零散,实质上却不然。在很大程度上,《论语》一书勾勒出一个较为完整的道德教育体系。具体而言,其德育思想主要可以分为以下几个方面。

第一,道德教育目标方面。

孔子所持有的德育目标,是与其对于社会的期待密切相关的。众所周知,孔子较为欣赏、推崇周代的社会秩序与风气。就像他自己所说的那样:"周监于二代,郁郁乎文哉!吾从周。"在他的观念里,周代是一个礼制完备、秩序井然的社会。因此,孔子也试图在他所生存的那个时代中建立起类似的一个理想社会。为达到这一目标,个人需要有仁爱之心,同时要遵守相应的礼节。

因而,孔子的德育目标可以简单地表述为"外守礼,内知仁的君子"。"礼"确定了社会结构尊卑分明的等级制度,规定了各个层级成员应该遵守的行为规范,发挥着外部约束作用。而"仁"则要求个体以爱人为出发点,自觉遵照礼的规定来约束自己,做到自己的一言一行都不违背"礼"。可以说,"仁"发挥着一种内部监督的作用。在孔子的观念里,无论是"礼"还是"仁",都是极为重要的。这是由于,礼的遵守有助于仁的养成,而仁的养成也有助于礼的遵守。这一思想反映到个体的教育上,必然是培养"礼""仁"兼有的君子。

第二,道德教育内容方面。

在《论语》中,孔子及其弟子提出了诸多德性,这成为其德育内容的主要构成部分。按照这些德性与血缘关系的亲疏程度,我们可以将这些德性分为两个部分。

一是家庭道德,如孝悌等。有子曾说:"其为人也孝悌,而好犯上者,鲜矣;不好犯上,而好作乱者,未之有也。君子务本,本立而道生。孝悌也者,其为仁之本与!"因此,孔子及其弟子非常重视这些与血缘关系较为密切的德性,并且,论述了这些德性的具体内容。例如,孔子认为"孝"有"无违""父母唯其疾之忧""敬""色难"等具体内容。

二是社会美德。这些德性有的是在其他人际关系中产生的,如"信"。孔子曾说:"人而无信,不知其可也。大车无輗,小车无軏,其何以行之哉?"有的则是与孝悌等德性较为密切,但经过一定抽象化的德性,如"礼"。孔子曾说:"不知礼,无以立。"这些德性虽然与孝悌等德性具有一定的关系,但是它涵盖了更为广泛的内容。在《论语》一书中,诸如此类的德性并不少见。

第三,道德教育方法方面。

在对弟子进行道德教育的时候,孔子所采用的方法基本可以分为两种:一是直接讲授,二是与学生进行讨论。

教师直接讲授的方法,就是孔子对其弟子说出一些确定性的语言,教导其弟子。例如,孔子说:"恭而无礼则劳,慎而无礼则葸,勇而无礼则乱,直而无礼则绞。君子笃于亲,则民兴于仁;故旧不遗,则民不偷。"孔子通过这些解释,呈现出"礼"的重要性,鼓励弟子学礼。

教师与学生进行讨论的方法。例如,司马牛问君子,子曰:"君子不忧不惧。"曰:"不忧不惧,斯谓之君子已乎?"子曰:"内省不疚,夫何忧何惧?"通过这种对话方式,孔子让弟子深入了解一些道德内涵,无形中进行了道德教育。

(二)《孟子》

1.《孟子》简介

《孟子》一书的作者孟子(约前372—前289),名轲,字子舆。战国时期鲁国邹(今山东邹城东南)人,是孔子之孙孔伋的再传弟子,中国古代著名思想家、教育家,战国时期儒家代表人物。

《孟子》一书,是孟子与其门徒"述仲尼之意"而作,其体例如同《论语》,全书共七篇,并以首篇的起始文字或篇中的数个字为题,各篇均分上、下,含若干章。《孟子》一书集中反映了孟子的教育主张,是后人研究孟子教育思想的主要凭据。

2.《孟子》中的德育思想

第一,德育理论基础:性善论。

孟子在《孟子·告子上》中写道:"人性之善也,犹水之就下也;人无有不善,水无有不下。"由此可见,他认为,人性天生是善良的,这是个体成就道德人格的基础,也是孟子道德教育的理论基础。孟子认为,人性之所以是善的,是因为人生本来就具有"善端",即在人的意识中,有一种先验的善的萌芽。孟子将"善端"分为四类。他在《孟子·公孙丑上》中有着明确的论述:"无恻隐之心,非人也;无羞恶之心,非人也;无辞让之心,非人也;无是非之心,非人也。恻隐之心,仁之端也;羞恶之心,义之端也;辞让之心,礼之端也;是非之心,智之端也。人之有是四端也,犹其有四体也。""四心"即四德的萌芽,"四心"发展起来就是"四德",即仁、义、礼、智。

第二,德育目标:"明人伦"与"大丈夫"人格。

在孟子看来,道德教育的目标主要有二:一是让个体"明人伦",二是培养个体的"大丈夫"人格。

孟子所谓的"人伦",主要是"五伦",即,"父子有亲,君臣有义,夫妇有别,长幼有序,朋友有信"。"五伦"从不同侧面体现了仁、义、礼、智、信的道德要求。个体"明人伦",有助于保持"善性"。正如其在《孟子·离娄上》中所阐述的那样:"仁之实,事亲是也;义之实,从兄是也;智之实,知斯二者弗去是也;礼之实,节文斯二者是也。"

与此同时,孟子较为注重个体气质与情操的培养,提出了以"大丈夫"理想人格作为道德修养目标。对于"大丈夫",孟子这样说道:"居天下之广居,立天下之正位,行天下之大道。得志,与民由之,不得志,独行其道。富贵不能淫,贫贱不能移,威武不能屈,此之谓大丈夫。"同时,大丈夫还需要懂得"舍生取义""养吾浩然之气"。

第三,德育核心内容:"仁"与"义"。

对于仁、义、礼、智四种道德,孟子主要强调的是"仁"和"义",常常"仁义"并举。《孟子·离娄下》说:"人之所以异于禽兽者几希,庶民去之,君子存之。舜明于庶物,察于人伦,由仁义行,非行仁义也。"由此可见,仁、义既是道德本性,同时也是道德规范,自然也就成为道德教育的核心内容。

对于仁,孟子进一步强调:"三代之得天下也以仁,其失天下也以不仁。国之所以废兴存亡者亦然。天子不仁,不保四海;诸侯不仁,不保社稷;卿大夫不仁,不保宗庙;士庶人不仁,不保四体。"可以说,"仁"构成了人的本质规定,是最基本的为人之道,是处理人际关系与管理人类社会的基本原则,同时也关乎国家兴废。

第四，德育方式：自我教育。

在道德教育的方式上，孟子在继承孔子"不耻下问""好古敏以求之"的"道问学"路线的同时，更强调"反求诸己"的"尊德性"路线，从而开创了儒家德育思想史上重视个人德性修养的学风。具体而言，主要有以下三个方面：一是"求其放心"。孟子曰："学问之道无他，求其放心而已矣。"二是"反求诸己"。孟子曰："爱人不亲，反其仁；治人不治，反其智；礼人不答，反其敬。行有不得者，皆反求诸己。"三是"反身而诚"。孟子曰："万物皆备于我矣，反身而诚，乐莫大焉！"

（三）《传习录》

1.《传习录》简介

《传习录》一书的作者王守仁(1472—1529)，字伯安，因曾在家乡附近的阳明洞读书，故自号阳明子，世人尊之为阳明先生，死后谥"文成"，后人亦称之为王文成公。王守仁作为一名哲学家、教育家，在我国封建社会后期，占据着非常重要的地位。他的学说以"反传统"的姿态出现，集陆九渊以来心学之大成，世人将其并称为陆王心学。

王守仁一生不著书，他的语录、文录和杂文，都由其弟子汇编成《王文成公文集》，共分三十八卷。其中弟子记录和选摘他论学书札而成的《传习录》，是研究王守仁教育思想的主要资料。《传习录》全书分为上、中、下卷，主要汇集了王守仁的讲学语录及论学书信，书名出自《论语·学而》的"传不习乎？"，"传"意为受之于师，"习"意为学之在己。

2.《传习录》中的德育思想

《传习录》对于道德教育的相关方面进行了阐述，其主要思想可以总结为以下几个方面。

第一，德育思想的理论根源。

"良知"与"致良知"的心学理论，是王阳明心学思想体系的核心，也是其德育思想的理论根源。对于何谓"良知"，王阳明这样阐述："吾心之良知，即所谓天理也"，"见父自然知孝，见兄自然知悌，见孺子入井自然知恻隐，此便是良知，不假外求"。由此可见，王阳明所谓的"良知"是人心固有的善性。

人心固善,但并非人人都表现出了善行。之所以如此,王守仁认为,这是由于除圣人外,一般人容易受到物欲蒙蔽所致。因此,"须学以去其昏蔽"。在这个方面,王阳明反对程朱理学的"格物致知",主张在心上用功夫。王阳明认为,"致良知"是学习主体自觉进行道德修养的过程。他十分强调学习主体对是非价值判断标准的自我把握,反对迷信和盲从,反对失掉自我。他说:"尔那一点良知,是尔自家底准则。尔意念着处,他是便知是,非便知非,更瞒他一些不得。尔只不要欺他,实实落落依着他做去,善便存,恶便去。他这里何等稳当快乐。此便是格物的真诀,致知的实功。"

第二,德育目标。

德育目标是指德育所追求实现的理想人格。王守仁的理想人格主要分为两个层次:一个层次是圣人的人格,另一层次是大人的人格。

王阳明认为,圣人之心是纯乎"天理"的,"盖其心学纯明,而有以全其万物一体之仁,故其精神流贯,志气通达,而无有乎人己之分,物我之间。"由此可见,圣人具有仁民爱物之心,无人己之分,无物我之间。而且,王阳明认为,圣人的境界对任何人来说都是可以达到的,圣人不过是在平凡中见伟大,在道德修养中推行自家的"良知"而已。

要使道德情操达到圣人境界是十分容易的,但这距离"大人"的目标相差甚远。因为内圣只是"明明德",如果就此而止,则是独善。"明明德"不是目的,它必须与"亲民"相结合,然后才能达到至善。因此,道德教育还需要培养"大人"。作为"大人"者,他不能是只知不行的"痴呆汉",也不是庸庸碌碌或因袭典要的保守派,而是自立自信、一往无前的社会改革者和救世英雄。他说:"天下信之不为多,一人信之不为少。"

第三,德育内容。

在古代社会,道德教育内容异常丰富,但王阳明所强调的只有两个字:"孝"与"仁"。

"孝",这是自古以来儒家所反复论证和着力强调的道德规范。王阳明也一再强调道德、政治的根本是"孝"。他认为:"尧舜之道,孝悌而已矣。此所以为惟精惟一之学,放之四海而皆准,施诸后世而无朝夕者也。"因此,"孝"成为其道德教育内容之一。

如果说"孝"在王阳明德育论中是对道德现实性的反映,"仁"则是理想性的反映。王阳明强调,"仁"是对血与肉相连的"心"(良知)的把握,进而来把握人和现实世界之间的价值关系。因此,"仁"能够帮助人们来理解和认识社会环境、人生价值,并促使人们从善与恶的对立中识别和找到自己生存的社会环境中的人际关系,实现自我人生价值。在这种情况下,"仁"自然成为德育内容之一。

第四,德育原则与德育方法。

在《传习录》一书中,王阳明提出了"知行合一"的道德教育原则。从知行关系来看,王阳明认为真知必行,不行不可谓知。"知是行的主意,行是知的功夫;知是行之始,行是知之成。若会得时,只说一个知,已自有行在;只说一个行,已自有知在。""知行合一"原则有两个基本要求:其一,它要求个体一切道德行为均要以真情实感为基础;其二,它要求德育过程的每一阶段和步骤都要自我进行自觉的道德评价。

在德育方法上,王阳明提出了"事上磨炼"的方法。反对离开具体事物和具体环境,悬空去讲道德之学。具体而言,一是良知可以在自然环境中去体验。在王阳明看来,自然环境渗透着人际社会的伦理道德规范。二是良知也应当在具体事物中去体验。

(四)《理想国》

1.《理想国》简介

《理想国》一书的作者柏拉图,是古希腊著名的哲学家、教育家。公元前427年,柏拉图出生于雅典一个奴隶主贵族家庭。他的启蒙老师是奥尼悉亚斯、亚里斯顿和葛老孔。其中奥尼悉亚斯教柏拉图文法、修辞学和写作。在奥尼悉亚斯的培养和教育下,柏拉图对文学创作很感兴趣,这与他后来转入哲学研究,撰写出很多生动活泼的对话体的哲学著作有关。

《理想国》是柏拉图的代表作之一,共十卷。在这部著作中,柏拉图采用对话体的形式,借苏格拉底之口,由浅入深地论述了他的国家观。如国家的起源、职能、国家的统治者,各阶级在国家中的地位及其相互之间的关系,以及他理想中的国家的经济、教育、伦理道德、美学、艺术、哲学等问题。由于其论述了这许多问题,以致有人把他说成是古代早期思想的集大成者。

2.《理想国》中的德育思想

第一,道德教育的作用:"以德治天下"。

"我们责成我国当政者做的这些事并不像或许有人认为的那样,是很多的困难的使命。它们都是容易做得到的。只要当政者注意一件大家常说的所谓大事就行了。"那就是"教育和培养"。① 在柏拉图看来,人们自幼通过音乐、体育的教育养成善良的美德,就能"养成遵守法律的精神,而这种守法的精神又反过来反对不法的娱乐,那么这种守法的精神就会处处支配着孩子们的行为,使他们健康成长。一旦国家发生什么变革,他们就会起而恢复固有的秩序"。柏拉图正是看到了美德对一个国家的重要作用,所以才强调道德教育的重要性。

第二,道德教育的内容:"四德目"。

柏拉图认为,一个理想的国家应由三种人组成:治国者、辅助者(军人)和工农业生产者。并认为这三种人各安其位、各尽其责、相互合作、和谐相处,国家就可以保持永久的安宁,不至于因内部纷争而灭亡。为实现这一理想目标,他提出对国家的所有成员规定相应的美德,并相应地进行教育。关于道德教育的内容,柏拉图继承了苏格拉底提出的"四德目",并对其内容进行具体而详细的论述。

(1)智慧。智慧是专属于治国者的美德。这里的智慧一方面指统治者的治国之术,"一个按照自然建立起来的国家,其所以整个被说成是有智慧的,乃是由于它的人数最少的那个部分和这个部分中的最小一部分,这些领导着和统治着它的人们所具有的知识"。另一方面是指哲学知识,尤其是指对最高的"善"的理念的认识。在柏拉图看来,只有认识"善"的理念才能认识所有的一切理念,达到对一切事物本身实在本质的理解,也才能认识什么是正义与非正义,什么是作为国家"秩序体"的合理秩序。治国者具备这种知识或智慧才能把国家治理好,使之走向和谐发展的坦途。

(2)勇敢。所谓勇敢是指"无论在什么情形下他们都保持着关于可怕事物的信念,相信他们应当害怕的事情乃是立法者在教育中告诫他们的那些事情以及那一类的事情"。换言之,"勇敢就是一种保持。……就是保持

---

① 〔古希腊〕柏拉图. 理想国[M]. 郭斌和,张竹明,译. 北京:商务印书馆,1986:128.

住法律通过教育所建立起来的关于可怕事物——即什么样的事情应当害怕——的信念"。同时柏拉图认为,勇敢是由教育和法律造成的,与兽类的"凶猛",与奴隶的"胆量"不是同一个意思。基于对勇敢的理解,柏拉图特别强调教育对辅助者勇敢这一美德的培养。

(3)节制。节制与前两种美德不同,它不是某个阶层所特有的,而是为所有公民所共有。柏拉图认为节制有两层含义:一是对好秩序或某些快乐与欲望的控制,就是"自己做自己的主人"。所谓"自己做自己的主人"也就是灵魂中较坏的部分(激情和欲望部分)受较好的一部分(理智)的控制。二是"天性优秀和天性低劣的部分在谁应当统治,谁应当被统治——不管是在国家里还是在个人身上——这个问题上所表现出来的这种一致性和协调"。

(4)正义。正义是什么?柏拉图在其著作《理想国》中做了大量的论述,可以说整本书都在回答这一问题。在柏拉图看来,正义是理想国最基本的原则,具体来说就是"只做自己的事而不兼做别人的事","有自己的东西干自己的事情","每个人在国家内做他自己分内的事",即国家里的三种人,统治者、辅助者和工农业生产者各尽其责,互不干扰,这个国家就是和谐的,就是正义的。

第三,德育原则与方法。

(1)及早施教原则——道德教育应从幼年开始。柏拉图重视德育,认为道德教育应从幼年开始。幼年是人的性格形成时期,"无论如何,每个人最初所受教育的方向容易决定以后行为的性质"。

(2)"寓学习于游戏中"——从游戏中培养儿童的道德品质。柏拉图注意到游戏在儿童的教育尤其是道德教育中的作用。游戏不仅是为了娱乐,更是为了发展儿童的道德品质。教育者要对游戏加以选择,使之符合法律精神。它首先要符合正义的原则,防止出现违反纪律和秩序的现象。它还要具备一定规模,这样才能使儿童广泛接受教育。游戏的目的是让儿童在模拟的环境中,在他们易于接受的条件下,自然地养成高贵的品格,成为品行端正、严守法纪的公民。

(3)重视音乐教育和体育在道德教育中的作用。柏拉图认为,修养心性、培养善德和陶冶情操、锻炼身体是互相影响的。"用音乐照顾心灵,用体育照顾身体",音乐教育和体育能使人心灵中的爱智和激情部分得到和谐一致的发展,为青少年品格的形成和进一步接受理性教育打下良好的基础。

(4) 注重算术、几何、天文等学科在道德教育中的作用。算术、几何、天文和音乐一起被称作"四艺"。孩子们在接受音乐教育和体育后,到了十七岁,除了继续接受音乐教育,还要学习初步的科学知识。一般青年到二十岁,就基本完成学业。但少数发展良好的青年仍继续学习,研究高深的科学理论,就是算术、几何、天文和音乐。他们学习这些科学知识不是为了实用,而是为了唤起人的思维能力,改变人的心灵,使其从感性世界转向精神世界。只有提高人的思维能力,才能发展人的理性,才能正确地认识事物,从而免于受无理性部分或欲望部分的干扰,成为有理性的人。

(五)《尼格马可伦理学》

1.《尼格马可伦理学》简介

《尼格马可伦理学》一书的作者亚里士多德,是古希腊哲学家,柏拉图的学生、亚历山大大帝的老师。他的著作包含许多学科,包括物理学、形而上学、诗歌(包括戏剧)、音乐、生物学、逻辑学、政治、政府以及伦理学。他和苏格拉底(柏拉图的老师)、柏拉图一起被誉为西方哲学的奠基者。亚里士多德的著作是西方哲学的第一个广泛系统,包含道德、美学、逻辑、科学、政治和玄学。

《尼格马可伦理学》是古希腊最伟大的思想家亚里士多德的不朽作品。在古希腊雅典文明的鼎盛时期就曾作为教科书,两千多年来为人类文明提供了丰富的理论资源和深厚的思想养料。

2.《尼格马可伦理学》中的德育思想

作为德性伦理学和西方共和主义公民观的代表,亚里士多德的德育思想不容忽视。他从政治学和伦理学出发,高度重视德育的作用。其德育思想主要有以下三个方面的内容。

第一,培育有美德的公民。

亚里士多德从他的政治观出发,提出教育要培养有美德的公民。首先,他认为,人生的目的就是实现人所固有的特性,这就要使人的各种天赋功能都得到发挥。理性的灵魂固然要得到充分的发挥,而非理性的灵魂既然是人性中固有的,也应得到满足,使其在理性的指导下得到发展。道德教育是属于人的灵魂中的情感、欲望等非理性部分的培养,是训练人如何节制自己的欲望和情感,同时使其能得到充分、合理的发挥,从而做到适度、不偏不倚,最终成为一个有美德的人。其次,亚里士多德同柏拉图一样,认为人不是独立的个人,而是城邦的公民,个人的德性只有在城邦中才能实现。相应地,其公民教育的目标就是培养和发展这个城邦公民的人格和品德,使其养成良好的美德,得到全面、和谐、自由的发展。

第二,德育以中庸为基本原则。

亚里士多德认为,道德即中庸,"德性是使得我们在所有这些事务上做得适度的那种品质"。他举例说,对快乐或痛苦的感受,适度是节制,过度则是放纵;在钱财的接受与付出方面,适度是慷慨,过度与不及则分别是挥霍和吝啬。所以,道德德性就是介于过度与不及之间的适度。

中庸并不是一种投机取巧、消极处世的态度。人的美好德行应"既使得一个人好又使得他出色地完成他的活动"。鲁莽和懦弱分别是过分和不足,它们显然会带来麻烦和损害;而勇敢则是一种中道,它既能使人处于良好的状态,又能够使人的行为取得好的结果。这在一定程度上也为道德提供了可行性,因为美德并不会损害自身,而恰恰会使自身处于良好状态。

第三,实践是德育的重要途径。

亚里士多德并不完全赞成苏格拉底的"知识即美德"的学说,他认为知识不等于美德,只有把知识付诸实践,才能真正具备美德。"合乎德行的行为并不因它们具有某种性质就是美德,譬如说,公正的或节制的。除了具有某种性质,一个人还必须是处于某种状态的。首先他必须知道那种行为。其次,他必须是经过选择而那样做,并且是因那行为自身故而选择它的。第三,他必须是出于一种确定了的、稳定的品质而那样选择的。"对于德行而言,对知性的要求较弱,后两条极其重要,因为那种状态本身就是要不断重复公正或节制等行为的结果。只有在具体的情境和实践活动中,才能培养人的良好习惯,形成美德。人应该是具有"实践智慧"的。亚里士多德还强调,"德性不仅产生、养成与毁灭于同样的活动,而且实现于同样的活动"。德育的途径是而且只能是活动,即实践。

二、近代著作

随着社会的发展,道德教育研究逐渐成为一个较为专门的研究领域。因而,在这个时期,专门论述道德教育的著作日益增多。其中一些著作对于道德教育的开展以及后期的不断发展提供了源源不绝的动力。本部分将对相关的著作进行介绍。

(一)《道德教育》

1.《道德教育》简介

《道德教育》一书的作者涂尔干(又译作杜尔凯姆),是法国著名的社会学家,同时是社会学的奠基人之一。1879年,就学于巴黎高等师范学校,1882年毕业。1882—1887年,在省立中学教书。其间赴德国一年,学习教育学、哲学、伦理学,深受W.冯特实验心理学的影响。1887—1902年,在波尔多大学教书,并在那里创建了法国第一个教育学和社会学系。1891年,被任命为法国第一位社会学教授。1898年,创建了法国《社会学年鉴》。围绕这一刊物形成了一批年轻社会学家的团体——法国社会学年鉴派。

《道德教育》一书是根据涂尔干的讲义整理而成的著作,它从社会学视角出发,将"道德"以及"道德教育"作为一种"社会事实",进行了分析与讨论。这对于我们思考社会学视野下的道德教育颇具启示意义。

2.《道德教育》的主要内容

依据写作结构,该书主要分为两个部分:一是道德的构成要素,二是培养儿童道德诸要素的措施。

第一,道德的构成要素。

涂尔干认为,随着社会的发展,我们逐渐从传统社会走向理性化社会。在传统社会中,道德秩序借助于上帝而带有神圣性的特征,但是理性化社会的到来打破了这一切。为了保持道德以及道德秩序的尊严,我们需要科学地了解道德的基本要素。这样做,也是"为了使我们这样大的国家真正处于一种道德健康状态"。在《道德教育》一书中,涂尔干认为道德的基本要素有三种。

道德的首要要素是"纪律精神"。涂尔干指出,一般而言,道德是由规范构成的,但它并非是普遍的规范,而是出于特定情境中的具体规范。其目的是为了规定人们的行为,消除随意性。因此,常规性是道德的一个要素。"为了确保常规性的存在,我们必须让习俗获得强大的基础。"在长期的历史发展过程中,规范已经超越了我们,成为一种具有强制性的行为方式。换言之,规范具有权威性。在人们的生活中,纪律精神恰恰能包含常规与权威这两个部分,这是由于,纪律精神能够保证人们行为方式的规定性,并且具有强制性。因此,"纪律精神"成为道德的首要构成要素。涂尔干一再强调,纪律不仅不会限制人们的自由,反而会增加人们的自由。这是由于,纪律精神能够增强个体的自主性。

道德的次要要素是"对社会群体的依恋"。涂尔干是从回答何谓"道德行为"来论证这一要素的。他认为,道德行为一定是指向社会的,而非指向个体。在指向社会的行为中,仅仅关注一些小群体的行为也并非道德行为,因为这涉及的还是一些特殊利益。由此可见,道德行为所指向的是一种与个人不同的东西,"它们是超个人的",即社会。因此,"只有在社会存在的意义上,我们才是道德的存在"。为了保证个体行为的道德性,我们必须深深地投入到社会的怀抱中,了解社会的本性。与此同时,道德行为的生机和活力也得以保持。由此可见,"对社会群体的依恋"成为道德的必然构成要素之一。

道德的第三个要素是"自主或自决"。如果仅仅依靠外部的强制力量,道德秩序发挥的力量会大打折扣。因此,我们需要了解道德秩序的本性以及我们为什么要遵守道德秩序。正如涂尔干所言,"只有我们获得了有根有据的合意,这些限制才不再会是羞辱和束缚"。换言之,只有我们知道自己为什么需要遵守道德秩序,我们才能更好地遵守道德秩序。也只有在这种情况下,道德秩序才能成为我们的内在之物,与我们融为一体。为了解这一切,我们应该"对我们行为的理由有所了解,尽可能清晰完整地明了这些理由",这就是自主或者自决。

第二,培养儿童道德诸要素的措施。

在分析了道德的构成要素之后,涂尔干与我们分享了他的一些教育思考。即,怎样培养儿童的道德诸要素?在书中,他提出了一些具体的建议。

首先，我们需要了解儿童的心理特征。涂尔干指出，我们如果想在儿童身上培养道德要素，就必须要了解儿童的习性。因此，他非常重视儿童心理学在教育中的作用。儿童心理学的观点认为，儿童"首先，是他具有作为一个受习惯支配的人的特征；其次，是他具有容易受暗示影响的特征，尤其是，他对律令性的暗示是开放的"。因此，我们应该尽量保持其习惯的稳定性，并给予积极的暗示。需要注意的是，在这个方面，学校发挥的作用大于家庭。

其次，惩罚是极有必要的。之所以需要惩罚，是由于道德秩序具有一定的权威性和尊严。儿童违反道德秩序，是对其权威性与尊严的破坏。通过惩罚，我们可以确证道德秩序的正义性与合法性。因此，惩罚在教育过程中是极为必要的。在这个方面，我们需要避免两个误区：其一，惩罚是为了防范不道德行为；其二，惩罚是一种报复行为，是为了让孩子赎罪。

再次，巧妙利用儿童身上的利他主义。涂尔干指出，儿童身上存在天然的利他主义倾向，我们应该加以利用，促进其对社会群体的依恋。这主要有两种方式：一是"我们必须让儿童对他所属的群体有一个最清楚的可能的观念"。也就是让学生对于集体有一个较为清晰的认识。二是让儿童切实过集体生活。正如作者所说的那样："为了对儿童产生这种振奋的效果，班级必须实实在在地分享集体生活。"

最后，重视学科教学的作用。涂尔干在《道德教育》一书中提到了三个学科，分别是科学、艺术和历史。他认为，通过科学教学，我们可以让学生了解这个世界的基本知识，增强学生的理性；通过艺术审美教学，我们可以唤起学生对美的热爱，激发其道德情感；通过历史教学，我们可以让学生了解社会实在以及历史的各种人群关系，增强学生对于社会群体的依赖。

（二）《普通教育学》

1.《普通教育学》简介

《普通教育学》一书的作者赫尔巴特，是德国著名的教育家、心理学家和哲学家。在西方教育史上，他被誉为"科学教育学的奠基人"。

《普通教育学》是赫尔巴特教育理论的代表作，被视为教育史上第一部具有科学体系的教育学著作。在这部著作中，赫尔巴特探讨了他对于道德以及道德教育目的的认识与思考,并分析了道德教育的意义与具体途径。

2.《普通教育学》的主要内容

《普通教育学》一书共分为三编,分别是:第一编,教育的一般目的;第二编,兴趣的多方面性;第三编,道德性格的力量。

在第一编里,赫尔巴特论述了教育活动中管理的作用与具体措施。赫尔巴特沿袭了历史上曾被基督教大力鼓吹的"性恶论",认为儿童"处处都会表现出来不服从的烈性。这种烈性就是不守秩序的根源,它扰乱成人的安排,并把儿童未来的人格本身也置于种种危险之中"。所以,要通过管理这一强有力的手段对儿童的这种"烈性"加以克服。"这种管理并非在儿童心灵中达到任何目的,而仅仅是要创造一种秩序。"因此,赫尔巴特将管理置于教学与训育之前。在书中,赫尔巴特进一步阐述了管理的基本措施,分别是威胁、监督、作业、命令、禁止和惩罚。

在第二编里,赫尔巴特主要论述了教育性教学的相关内容。赫尔巴特认为,要使知识对学生的道德品格产生影响,学生必须对知识发生强烈的兴趣,从而产生坚强的行为意志。而教学能够在很大程度上达到这一目标。关于教育性教学,赫尔巴特指出,教育性教学的条件是注意与统觉,即在教学中引起学生的注意和兴趣,同时必须让学生在原有观念基础上掌握新的观念。教育性教学的途径是分析教学与综合教学。分析教学是从学生及其经验出发进行的,即将学生的杂乱经验分析为各种组成部分或因素。而综合教学是从材料与提示出发展开的,即将学生的一些部分的认识概括成整体、系统。清楚、联合、系统和方法在赫尔巴特看来乃是教学过程的四个主要阶段。

在第三编里,赫尔巴特对于个体的道德性格以及训育进行了论述。按照赫尔巴特的看法,教育是由训育引申出来的。训育就是"对青少年的心灵产生直接影响,即有目的地进行培养"。它是一种持续的诱导工作,通过直接与间接地陶冶儿童的性格在儿童身上培养一种有利于教学的心理状态,以使儿童在心理上得到制约和规范,形成性格的道德力量和良好的道德品格。

根据赫尔巴特本人的看法,训育可以划分为四个阶段:道德判断、道德热情、道德决定和道德自制。由此可见,训育对于道德性格的培养具有维持、决定和调节的三重作用。具体来讲,训育又可分为以下六种:① 维持的训育,旨在巩固儿童管理的效果,使儿童懂得服从;② 起决定作用的训育,主要是要引起学生的选择;③ 调节的训育,主要是要说服学生,使其自觉地剖析自己的内心世界;④ 抑制的训育,旨在使学生克服冲动以保持头脑的清醒从而养成审美的道德品质;⑤ 道德的训育,在于以上面四种训育为基础进行真正的道德培养;⑥ 提醒的训育,其作用在于提醒学生及时纠正他们的错误。它们都是通过直接或间接的方式发生作用的。

要使训育达到养成品格的目的,就必须把训育付诸实施,即注意"行"的方面。赫尔巴特提出了以下四种方法:陶冶——就是要注重那种"延续地、不断地、慢慢地深入人心的和渐渐地停止的"力量;感染——就是教育者要注重在儿童周围增加具有影响力的感情气氛来感染他们,其中教师的人格是非常重要的一个方面;称赞与责备——就是教师要善于把称赞和责备作为艺术来使用以完成训育的目的;兴趣——为了达到训育的目的还需要把学生置于一个位置,开放他的兴趣,那么他就有机会以其兴趣为导向将思想付诸行动。

(三)《道德形而上学原理》

1.《道德形而上学原理》简介

《道德形而上学原理》一书的作者康德,是18世纪杰出的思想家之一,德国古典哲学的奠基人、著名的哲学家,也是有重大贡献的自然科学家。他对西方近代哲学思想和科学思想的影响,远远超出了他的时代。他是德性论伦理学创始人。他对道德教育理论涉及的范围之广泛超过了其以前所有的教育家,开启了道德教育研究的新领域,对后世道德教育理论产生了重要影响。

《道德形而上学原理》一书出版于1785年,在这本著作中,康德对他的德性论的基本原则与基础理论进行了探讨。这部著作被称为一本"真正伟大的小书"。

2.《道德形而上学原理》的主要内容

在《道德形而上学原理》一书中,康德指出:这本书的最主要目的是找出并确立道德的最高原则。因此,在这本书里,康德几乎完全排除了这一原则的应用问题。在逻辑顺序上,作者"分析地从普通认识过渡到对这种认识的最高原则的规定;再反过来综合地从这种原则的验证、从它的源泉回到它在那里得到应用的普通认识"。由此,这本书主要分为以下三章,分别是"第一章:从普通的道德理性知识过渡到哲学的道德理性知识";"第二章:从大众的道德哲学过渡到道德形而上学";"第三章:最后,从道德形而上学过渡到纯粹实践理性批判"。

在该书的第一章中,作者从日常生活出发,分析论证了从日常的道德判断到对道德第一原则的哲学陈述。为了完成这一任务,作者提出了三个命题,分别是:人类行为在道德上的善良,并不是因为出于直接爱好,更不是出于利己之心,而是因为出于责任;一种出于责任的行为,它的道德价值既不来自它所得到的或期望得到的效果,而是来自一种形式原则或准则,也就是实行自己的责任,而不管责任是什么;责任是出于对规律或法律尊重的必然性。

在第二章里,作者主要论证了责任原则是如何先天地落入理性之中的。为此,康德提出了一条定言命令,即"要按照你同时认为也能成为普遍规律的准则去行动"。从这条总的绝对命令中可推出三条派生的命令形式:其一,"你的行动,应该把行为准则通过你的意志变为普遍的自然规律";其二,"你的行动,要把你自己人身中的人性,和其他人身中的人性,在任何时候都同样看作是目的,永远不能只看作是手段";其三,"每个有理性东西的意志的观念都是普遍立法意志的观念"。在定言命令中,作者进一步推出了意志自由原则。这一原则成为道德的最高原则。

第三章,作者试图通过从其纯粹实践理性的源泉引申出道德第一原则的方式,来论证第一原则的正当性。作者指出:"自律原则是先天综合判断,从而只能用第三项来把主语和谓语连接起来才能予以保证。自由的积极概念向我们提供这个第三项,指导我们走向第三项。"经过分析,作者最后得出:由于人是不完全理性的东西,分别属于知性世界和感官世界。知性世界确定了人性的主导方面,虽然受感官世界的种种诱惑,知性世界的人总是以"我应当……"的方式发出定言命令,这种命令就是具有自主性和自律性的自由。

三、现代著作

进入现代社会以后,人们对于道德教育的关注与论述有增无减。面对着新的时代、新的背景以及人类对于自我的崭新认识,相关研究者不断深化着人们对于道德教育活动的认识,提出了一些新的观点与理论,撰写出新的著作。其中,较有代表性的主要有:《道德教育的哲学》《价值与教学》《学会关心:教育的另一种模式》《美式课堂——品质教育的学校方略》。

(一)《道德教育的哲学》

1.《道德教育的哲学》简介

《道德教育的哲学》的作者是劳伦斯·科尔伯格(作者简介请参阅:第七章—第二节—德育原理的著名学者),他在道德教育方面的贡献是基于对儿童、青少年道德发展阶段的认知而提出的"道德两难问题讨论法"和"公正团体法"等。《道德教育的哲学》一书是其代表作,对上述内容进行了较为细致的阐述。

2.《道德教育的哲学》的主要内容

《道德教育的哲学》一书主要呈现了科尔伯格研究所得出的道德发展阶段与水平,并阐释了道德阶段、道德气氛以及责任判断等之间的相互关系。在此基础上,作者提出了一些道德教育的原则与方法。

具体而言,该书可大体分为三个部分。

在第一部分,作者主要呈现其重要的研究成果之一——道德发展水平与阶段。具体内容见表5-1。

表5-1 道德发展水平与阶段

水平一——前习俗水平	阶段1:服从与惩罚的道德定向阶段 阶段2:朴素的享乐主义或功利主义定向阶段
水平二——习俗水平	阶段3:好孩子定向阶段 阶段4:尊重权威和维护社会秩序定向阶段
水平三——后习俗水平	阶段5:社会契约定向阶段 阶段6:良心或普遍原则定向阶段

在第二部分,作者主要阐述了道德氛围以及课堂道德讨论对于道德判断的影响。例如,科尔伯格通过实验证明:"在学校两难题选择方面,民主学校学生要比传统学校中学的控制组学生更加赞赏亲社会责任;在他们的判断方式中,前者要比后者作出更多的责任判断;而前者的判断阶段也要高于

后者。"之所以出现这种情况,科尔伯格认为这些道德判断差异来自民主学校和传统学校的不同道德氛围。

在第三部分,作者主要是将其实验结果与学校教育相结合,探讨了其在学校中的应用,例如,作者对于学校道德教育提出了如下三项基本原则。

(1) 必须首先了解学生们道德发展的水平、阶段。

(2) 必须在儿童中引起真正的道德冲突和意见不一。这与传统的教育强调教给"对的答案"是完全不同的。

(3) 要向儿童揭示出高于他已有发展程度一个阶段的道德思维方式。

此外,该书对于一些道德教育方法,如道德两难问题讨论法、公正团体法也进行了讨论。

表 5-2 为《道德教育的哲学》一书的目录。

表 5-2 《道德教育的哲学》的目录

一、道德教育的认知—发展探讨;	五、道德氛围与责任判断的关系;
二、道德发展与道德教育;	六、课堂道德讨论对儿童道德判断水平的影响;
三、道德阶段与道德化——认知发展探讨;	七、学校的道德环境;
四、道德判断与道德行为的关系;	八、论中学民主与为公正的社会而教

(二)《价值与教学》

1.《价值与教学》简介

《价值与教学》的作者是路易斯·拉思斯,这一著作标志着价值澄清理论作为一个独立的理论流派正式诞生,成为价值澄清学派的奠基性文献和经典性著作。它的出版,对美国乃至整个西方的道德教育理论和实践均产生了巨大影响,成为我们研究价值澄清理论的重要依据。

2.《价值与教学》的主要内容

《价值与教学》一书共分为四个部分,十五章。

第一部分是引言,作者简要说明了价值澄清方法的四个要素:关注生活,价值澄清的注意力主要放在解决学生的生活问题上;接受现实,要求学生在接受自己的过程中帮助别人,与别人真诚相处;勤于思考,要求学生作出明智的选择;培养个人能力。

第二部分是价值理论,作者较为系统地阐述了价值澄清学派的理论。拉思斯认为,学校有必要帮助儿童清理和检查所有这些令人困惑的观点,所以道德教育的目的应该是帮助学生建立清晰的、以明智的和前后一致的方式渗透到生活中的价值。"我们所关注的是做出这种决定的过程。约翰·加德纳说:'我们不该给年轻人留下这样的印象:他们的任务是枯燥乏味地守候那些年代久远的价值。相反,我们应该使他们认识到这一无情而令人振奋的事实:他们的任务是在自己的生活中从不间断地重新创造那些价值。'赋予学生以评价过程就是教授他们终身受益的东西。"所以,拉思斯主张的道德教育的实质就是价值教育,其目的就是通过价值澄清,让学生学会价值评价和选择,从而形成明晰的生活方式。总而言之,价值澄清理论强调在价值多元、变动不居的社会形势下发展儿童的道德意识,注重儿童在品德发展中的主体地位,重视培养其道德判断和选择能力。

第三部分是方法论,作者主要阐述了价值澄清学派在学校德育中的实践策略,包括对话策略、书写策略、讨论策略、提高对结果的认识的策略以及其他19种策略。

第四部分是观点,作者介绍了价值澄清理论的实证研究。其主要目的是帮助该书的阅读者实践该书的思想,并在一定程度上揭示出教师应该如何将这种价值澄清方法与其他教育方法相融合。此外,在附录部分,该书还附有三个价值单与一个实践活动,供读者参考。

表 5-3 为《价值与教学》一书的目录。

表 5-3 《价值与教学》的目录

第一部分	引言	第一章,价值澄清:性质与目标
第二部分	价值理论	第二章,培养价值观之不易;第三章,价值观与评价过程之辨析;第四章,价值澄清:过程与内容
第三部分	方法论	第五章,对话策略;第六章,书写策略;第七章,讨论策略;第八章,提高对结果的认识策略;第九章,其他19种策略
第四部分	观点	第十章,价值观与思维;第十一章,开始:一些问题与回答;第十二章,研究结果;第十三章,进行你自己的研究;第十四章,关于价值澄清理论的观点;第十五章,实施中的价值澄清:实地报告
附录		附录一,适合不完整的价值单的问题;附录二,评价价值单;附录三,补充价值单;附录四,适合于澄清反应的实践活动

(三)《学会关心:教育的另一种模式》

1.《学会关心:教育的另一种模式》简介

《学会关心:教育的另一种模式》一书的作者是内尔·诺丁斯(作者简介请参阅:第七章—第二节—德育原理的著名学者),该书着眼于当前的教育活动,对当前的教育活动进行了批判性思考,并提出了一种新的教育模式:关心教育模式。该书虽然并未完全聚焦于道德教育,但是其中的诸多内容论及道德教育。而且,这一模式本身对于道德教育具有很大的启示意义。

2.《学会关心:教育的另一种模式》的主要内容

《学会关心:教育的另一种模式》一书主要可以分为两个部分。在前半部分,诺丁斯通过对人文教育的批判,反思了当前的整个教育,并在此基础上提出了"关心教育"的模式。在后半部分,诺丁斯详细论述了关心教育的主要内容。

该书指出,第二次世界大战以来,我们的社会发生了急剧的变化。无处不在的变化引发了人与人之间关系的疏离与淡漠,导致了"关心"这一人类道德情感的缺失。面对这一状况,学校"反应迟缓,而且局限于技术层面。添加各种各样的课程或者强调某些狭隘的教学法是最常见的例子"。可是,这些具体的技术并不能从根本上解决当前社会所出现的问题。因此,学校需要思考教育问题的根源所在。

几个世纪以来,传统的人文主义教育主导着西方的学校教育。诺丁斯指出,这种教育主要存在以下三个不足:第一,这种教育将狭隘的理性和推理课程视为完整的人生标志而予以过分的强调。它忽视人的情感历程,忽视具体思维,忽视实际活动和道德行为。第二,这种对思维过程和脑力劳动的过分推崇使那些在这方面成功的学生们相信,他们比那些从事体力劳动的人更加优越。一个更加平衡的课程会帮助所有学生发现自己的特殊才能,也促使他们尊重那些自己不具备的才能。第三,传统人文教育课程基本上是男性生活的反映。历史上与女性联系在一起的活动、态度和价值观被严重地忽视了……长此以往,社会的性别歧视模式得以形成。在弥补人文主义教育的不足时,诺丁斯认为:关心模式的建立是一种有效方式。这种模式着眼于"关心关系"的建立,并注重在教育目的、学校场所、师生关系以及课程上保持连续性。

诺丁斯认为,在每个关心领域,我们都能确认许多主题,这成为关心教育的主要内容。具体而言,其内容主要分为以下几个方面。

(1) 关心自我。身体对于个人至关重要,因此,学生要学会关心自我。而关心自我也是学会关心的开始,因为自我是人的一切活动与关系的中心,人们以个体身份参与到各种职业和娱乐活动之中。对自我的关心主要从以下几个方面着手:自我的物质生活、精神生活、职业生活以及娱乐生活,还有情感和智力生活等。

(2) 关心身边的人。诺丁斯认为,关怀不是孤立的,它存在于人际关系之中。所以孩子不仅要学会关怀自我,也要学会关怀身边的人,这是美好生活的重要方面。身边的人分为两种类型:一是平等关系(如爱人、朋友、同事和邻居);二是不平等关系(如亲子关系、师生关系)。

(3) 关心陌生者和远离自己的人。学生不仅要关心身边的人,还要学会关心陌生者。但是,这存在着诸如非理性以及程式化等问题。在这种情况下,孩子要在对话、交往和沟通中,学会如何关心陌生者和各种人群组织或社会团体。学会给善良的人以爱心,学会与不太可信的人保持距离,学会以理性和建设性的态度对待他人或集团的行为。学会关心他人,意味着学会理解人性中的善与恶、美与丑。

(4) 关心动物、植物和地球。诺丁斯认为,我们生活的质量取决于养育人类和其他生命的自然环境。因此,我们要学会关心动物、植物与环境。在这个方面,学生既要了解相关的指示,又要在与人类世界的关系、在多元的文化背景之下理解这些相关的主题。

(5) 关心人类创造的物质世界。"人类创造的物质世界充满神奇和腐朽、忧虑与希望。它与生物世界紧紧相连,也与社会和精神领域密不可分。"因此应当把关心物质世界看作道德生活的一部分,应当感谢发明、制造这些物品的人们。教育应当使孩子学会正确使用物品,了解物品的安排和摆设,注意物品的维护,学习物品的制造和修理,学会理解与欣赏各种物品,等等。

(6) 关心知识。在讨论了许多关于实际生活、终极命运及一般教育的见解后,诺丁斯就思想和见解本身展开了探讨。这些思想和见解统称为知识。她认为人文教育(学科教育)不应该成为学校课程的核心,而主张引导对某一学科怀有特殊兴趣的学生深入到那个学科特定的领域内,教育的目的应是为不同的学生提供因人而异的尽可能最好的教育,即从学生的兴趣和能力出发因材施教。而学校应该为孩子们创造自主选择和学习的机会与条件。

表 5-4 为《学会关心:教育的另一种模式》一书的目录。

表 5-4 《学会关心:教育的另一种模式》的目录

第一章,社会变化与教育对策;	第七章,关心身边的人;
第二章,关心;	第八章,关心陌生者和远离自己的人;
第三章,超越学科:人文教育批判;	第九章,关心动物、植物和地球;
第四章,一种新模式;	第十章,关心人类创造的物质世界;
第五章,关心和连续性;	第十一章,关心知识;
第六章,关心自我;	第十二章,开始行动:迎接挑战,学会关心

(四)《美式课堂——品质教育的学校方略》

1.《美式课堂——品质①教育的学校方略》简介

《美式课堂——品质教育的学校方略》的作者托马斯·里克纳(Thomas Lickona),是美国当代著名的发展心理学家和教育家,也是国际上很有声望的道德发展与价值观教育的学者,人格完善道德教育理论的主要代表人物。该书是里克纳的代表作。在很大程度上,该书可以被认为是一个有关品德教育的实用手册。作者以西方学者特有的实证精神将有利于个体发展的教育理论融入可重复操作的具体实践中,并尽可能通过案例分析等方式将其具体化,为学校找到一条有效的教育途径,对于德育具有重要的启示意义,也是我们了解品格教育的重要著作之一。

2.《美式课堂——品质教育的学校方略》的主要内容

《美式课堂——品质教育的学校方略》一书共分为三个部分,十九章。

第一部分是价值观与品德教育。这一部分建构了一个品德教育的理论框架。作者思考:为什么学校要进行品德教育;在一个民主社会里学校可以合法传授的价值标准,以及围绕这些价值标准学校应该努力培养的各种品

---

① 品质、品格、品德均为 character 的不同译法,但较多的人将 character 译为"品德"。——作者注

德。在此基础上,里克纳指出,品格教育应当传授给学生的是普遍的道德价值观,其中,尊重和责任是最为重要的两个价值观。尊重是对人或物内在价值的尊敬,包括尊重自己、尊重他人、尊重所有形式的生命以及滋养着它们的环境。责任是尊重的延伸。尊重他人可使我们重视他们,而重视他们使我们为他们的利益感到有一份责任。从字面上讲,责任的含义是"作出反应的能力",即意味着关注他人,并对他人的要求作出积极的反应。责任强调我们关爱他人的肯定性义务。与此相对照,尊重强调的是我们的否定性义务,它告诉我们尽可能不要做什么。除了尊重与责任这两个基本的道德价值外,学校还应当传授如诚实、公平、宽容、谨慎、乐于助人、同情心、勇气等一系列的道德价值。这些道德价值都是尊重或责任的表现形式,或是有助于实现尊重与责任。

在第二部分,作者主要阐述了爱心与责任心教育的课堂策略。具体而言,主要有以下几个方面:第一,教师应成为关心者、道德榜样和道德导师。第二,在教室里创建一个道德社区。第三,实施道德纪律。第四,营造一种民主的课堂氛围:班会。第五,通过课程传授价值观。第六,使用协作式学习法以培养相互合作的精神。第七,培养职业道德感。第八,鼓励学生进行道德思考。第九,教授学生解决冲突。

在第三部分,作者对如何在学校范围内培养学生的责任感和爱心进行了讨论。在这一部分,其对于家庭以及社区的思考颇具启示意义。里克纳认为,家庭是学生智力和道德发展的基础环节,对孩子的发展至关重要。学校在帮助学生培养良好品格和获得学业进步的同时,也要帮助学生的父母成为好父母。为此,里克纳为家长们提出了以下建议:第一,要强烈地意识到自己的道德权威。第二,爱护孩子,与孩子之间要有爱的交流(如家庭会餐),肯为孩子作出牺牲。爱使孩子们有安全感,觉得自己重要和有价值。第三,榜样教育。第四,应对负面的道德环境。第五,明智地惩罚。第六,提供实践美德的机会。与此同时,里克纳强调:家庭和学校共同合作对于培养品格来说是一个有力的保证,但是,无论是学校还是家庭都需要一个更大社区(社会环境)的支持。里克纳对于创建品格社区的建议概括起来有以下几个方面:第一,加强学校和社区的合作关系。第二,给予每个人参与的机会。第三,确认目标美德。第四,让志愿者在学校里讲授品格。

表5-5 为《美式课堂——品质教育的学校方略》一书的目录。

表5-5 《美式课堂——品质教育的学校方略》的目录

第一部分 价值观与品德教育	第一章,价值观教育的现状;第二章,品格教育;第三章,学校应该培养哪些价值观;第四章,什么是好的品格
第二部分 爱心与责任心教育的课堂策略	第五章,施爱者、道德楷模、道德导师的教师;第六章,在教室里创建一个道德社区;第七章,道德纪律;第八章,营造一种民主的课堂氛围:班会;第九章,通过课程传授价值观;第十章,培养相互合作的精神;第十一章,培养职业道德感;第十二章,鼓励学生进行道德思考;第十三章,提升道德讨论的水平;第十四章,引导学生讨论有争议的问题;第十五章,教学生解决冲突
第三部分 在学校范围内培养学生的责任感和爱心	第十六章,超越课堂的爱心;第十七章,创造一种积极的道德文化氛围;第十八章,性教育;第十九章,学校、家长和社区共同协作

第二节 德育原理的代表性教材

在很大程度上,德育原理的教材集中反映了特定时期人们对于道德教育的基本认识。因此,德育原理的基本教材,是我们了解这一学科的一扇窗户。在本节中,我们选取了学科初创时期、学科重建时期以及学科繁荣时期的一些教材,对我国较为重要的德育原理教材进行介绍。

一、学科初创时期的代表性教材

众所周知,清末民初时,传统与西学的交织对于整个教育学都产生了深刻影响。德育学科作为教育学科的一个有机组成部分,自然也深受这种状况的影响。因此,这个时期的教材带有鲜明的时代烙印。整体而言,当时我国的德育教材正处于从"传统"走向"西学"的过程中,一方面,这些教材的思想渊源、主要内容甚至是表达方式都与传统密切相连,另一方面,这些教材又主动借鉴、吸收了"西学"的影响,具有"西学"的特色。这一时期,代表性教材主要有三部,分别是《德育鉴》(梁启超著)、《道德教育论》(蒋拙诚著)、《德育原理》(吴俊升著)。

(一)《德育鉴》

1. 作者简介

梁启超(1873—1929),广东新会人。中国近代维新派代表人物,与康有为一起领导了"戊戌变法"运动,是一名伟大的社会活动家。同时,他也是民初清华大学国学院四大教授之一、著名新闻报刊活动家。其代表作有《中国近三百年学术史》《中国历史研究法》《少年中国说》等。

2.《德育鉴》内容提要

《德育鉴》为梁启超1905年所编著,最早发表于《新民丛报》第二次临时增刊(1905年12月),该书集中体现了梁启超关于道德教育的理论。全书以"辨术""立志""知本""存养""省克""应用"为目分为六篇。正文主要是从四书、五经、《宋元学案》,特别是《明儒学案》中摘录出历代大儒有关德育的语录,以及作者对于一些语录的评论与思考。《德育鉴》一书收有六十多位历代大儒的语录(主要集中在明代,该书附录中可见这些大儒的生平简介)。在文中,梁启超一定程度上吸收了王守仁"致良知""知行合一"的思想,在道德教育和修养的方法上,提出要重视"自治""自尊""自信"。"知善当为而不为是欺良知,知恶当去而不去是欺良知。"

在每一篇的开始部分,作者都会对该篇的写作目的进行介绍。这些介绍在一定程度上揭示了本书的基本内容。各篇的主旨以及写作目的见表5-6。

表5-6 《德育鉴》各篇导语

辨术第一	术者何?心术之谓也。孟子称仁术,谓有是术然后体用乃有可言也;又曰:羿之教人射,必志于彀;学者亦必志于彀。不以彀以为之闲,学皆伪学矣。述辨术第一。
立志第二	术既辨,吾之所以学者,位诚为伪,差足以自信矣。然而,学或进或不进,或成或不成,则视其志所为帅之者何如。述立志第二。
知本第三	陆子曰:"学者大约有四样:一、虽知学路而恣情纵欲不肯为,一、畏其事大且难而不为者,一、求而不得其路,一、未知路而自谓能知。"既辨术而立志,则前二弊其庶免矣。然不得出路,或误认其路,终无以底于成,则志焉而不至者岂少也。述知本第三。

(续表)

存养第四	良知之教简易直捷,一提便醒,固是不二法门,然曰"吾有是良知而已具足矣,无待修正",是又与于自欺之甚者也。阳明以良知喻舟之有柁,最为确切,顾柁虽具而不持,则舟亦漂泊不知所届耳。修正之功有三:曰存养,曰省察,曰克治,三者一贯,而存养为之原。述存养第四。
省克第五	存养者,积极的学问也;克治者,消极的学问也。克治与省察相缘,非省察无所施其克治,不克治又何取于省察?既能存养以立其大,其枝节则随时点检而改善之,则缉熙光明矣。述省克第五。
应用第六	今之君子,即未敢公然仇道德,然赘旒视之也久矣,叩其说则曰:"善矣,而无用也!"吾谓天下无善而无用之物,既无用矣,则不得谓之善。述应用第六。

《德育鉴》六个组成部分以及顺序安排,在一定程度上说明:道德认识、道德情感、道德意志与道德行为是个人品德发展的统一过程,道德教育要以"明理"为基础,引导人们加强道德修养,并激励他们将完美的德性付诸行动。只有这样,才能达到梁启超所说的"改良社会"的目的。

(二)《道德教育论》

1. 作者简介

蒋拙诚,湖南武冈人,民国时期的教育家。

2. 《道德教育论》内容提要

《道德教育论》于1919年在商务印书馆出版,由蒋拙诚编著。其将德育作为一门学科进行研究,对道德教育的基本问题进行了探讨。《道德教育论》一书是这一时期唯一保存至今、学科体系相对完整,立足中国、放眼世界的德育专著。其与梁启超的《德育鉴》可以视为独立的德育学在中国产生的标志。

在作者看来,德育对于社会、国家具有重要的意义。他在绪论中说:"昔当观览西周史籍,深信欧美各国之所以弱所以亡所以兴所以强,皆由于教育之盛衰之转移。"而各种教育中尤以道德教育为重。以此为起点,作者从国民"有德"与"无德"两种不同结果的推论上,论证了精神、道德于国于民之意义,批驳了"体育为最,智育次之,德育为殿"的错误观念,认为"国家之强弱盛衰,须道德教育与否","中国之所以兴教育数十年而未得教育之效果者实原于未讲求道德教育之故"。书中用大量笔墨介绍了欧美的道德教育状况,最后得出结论:"立足于二十世纪之世界,道德教育盛者其国家亦必盛,道德教育之衰者其国家亦必衰。"

全书共分为十六章,各章主题如表 5-7 所示。

表 5-7　蒋拙诚编著的《道德教育论》目录

第一章,绪论;	第九章,清洁;
第二章,道德教育之范围;	第十章,公德心;
第三章,道德教育之真意;	第十一章,协同心;
第四章,道德教育之根本(上);	第十二章,爱国心;
第五章,道德教育之根本(下);	第十三章,道德教育之难关;
第六章,忠孝;	第十四章,欧美各国道德教育之沿革;
第七章,诚信;	第十五章,欧美各国道德教育之趋势;
第八章,礼让;	第十六章,结论

通过该书各章的主题,我们可以发现:该书虽然仍受传统文化的影响,但已经开始吸收现代伦理及欧美各国德育思想,并且初步形成了道德教育思想体系。

(三)《德育原理》

1. 作者简介

吴俊升(1901—2000),江苏如皋人。著名教育家,终身致力于教育,有"中国杜威"之美誉。曾创办《平民声》一刊,鼓吹县政社会改革。1931 年获巴黎大学教育哲学博士学位。吴俊升一生著述颇丰,著有《教育哲学大纲》《伦理学》《德育原理》《杜威教育学说》等多种教育著作。

2.《德育原理》内容提要

吴俊升主编的《德育原理》,是由吴俊升在北京大学讲授"德育原理"课的讲义修订而成的。1935 年由商务印书馆出版发行。该书在 1935 年被列入"小学教育丛书",1948 年又被列入"国民教育文库"。这本《德育原理》试图将德育理论建立在心理学、伦理学和社会学的基础上,初步建立了有关德育的基础理论,可视为"德育原理"在我国产生的标志。

当时,吴俊升感到"德育在学校教育中比较不受重视,而在新文化运动时,因为反对旧礼教而对德育更加忽视"。可以说,推翻"旧礼教"之后,原有的道德律失去了基础,新的道德律又尚未建立,这使学校的德育实施失却了合理的道德律作为依据。为了给我国当时的学校德育提供理论上的资源和实践上的规范,吴俊升广采哲学、社会学、心理学的理论资源,特别是杜威、涂尔干等人的思想。同时,对于这些思想资源进行批判、综合,形成了自己的德育原理体系。在他看来,"德育即指道德教育,又简称训育,为训练儿童道德行为之种种设施"。德育的最终目的在于养成儿童的善良品格,使儿童的行为符合社会公认的道德律。因此,要实现这一目的,首先必须明了社会公认的道德律究竟有何种性质和何种基础,以及它们与德育目标之间的关系,然后必须考虑在学校教育中通过何种途径予以实施。循此逻辑,这本书以"品格论"开篇,继有"道德论",最后是"德育实施论"。

全书共分为四篇十二章,其主要内容如表5-8所示。

表5-8 吴俊升主编的《德育原理》目录

第一篇绪论	一、名辞释义;二、德育与智育及体育之分野;三、德育之重要;四、德育之忽视;五、忽视德育之原因;六、德育之三方面
第二篇品格论	第一章,品格之意义及其构成;第二章,品格之分类;第三章,品格之价值及其改变;第四章,儿童品格之缺陷
第三篇道德论	第五章,道德之哲学基础;第六章,道德之社会基础
第四篇德育实施论	第七章,道德教学之方法(直接教学与间接教学);第八章,各科教学之德育效力;第九章,惩罚与奖赏;第十章,学生自治之理论与实施;第十一章,性教育问题;第十二章,学校训育之组织

二、学科重建时期的代表性教材

"文化大革命"结束之后,我国高校逐渐恢复教育学的相关课程,这一现实对教育学相关教材提出了迫切要求。德育原理的相关教材就是在这一背景下得以编写的,其主要是为了满足教师开课的需要。"全"是这一时期德育原理教材的突出特点。具体言之,德育原理教材的编写者追求宏大的学科体系,在教材中注重点线面结合,体系完整,面面俱到。这一时期的代表性教材有两本:《德育原理》(胡守棻主编)、《德育新论》(鲁洁、王逢贤主编)。

（一）《德育原理》

1. 作者简介

胡守棻。（作者简介请参阅：第七章—第二节—德育原理的著名学者）

2.《德育原理》内容提要

《德育原理》(修订本)是由胡守棻教授作为主编修订而成的。1984年，华东师范大学、西南师范学院、南京师范大学、安徽师范大学、湖南师范学院、天津师范大学、北京师范大学、山东师范大学八院校举行《德育原理》初稿讨论会，后由北京师范大学出版社于1985年正式出版。1987年，该书由胡守棻教授主持修订并出版，全书共分为四篇十九章，完整论述了德育原理的主要命题。

这本书对德育原理的若干基本问题进行了探讨，并对有关德育实施的内容进行了介绍。同时，这本教材还较为注重德育思想的介绍。在书中，作者不仅介绍了我国的德育思想与苏联现代的德育思想，还有选择地介绍了一些较有代表性的西方德育思想，拓展了德育思想的借鉴范围。此外，该教材对于德育研究方法也有所涉及，介绍了德育研究的方法论以及具体研究方法。有学者认为，该书"可贵的是作者并未陷于汇编，而在刻意创新，力求对德育领域的未知问题或歧义互见的诸说，提出独到性的见解。书中所列的新课题，如品德结构、形成和发展，德育与生产力标准、与社会主义商品经济，德育的功能与个性发展，德育过程的分析和组织，德育内容的序列化，德育网络和德育管理等，以及对新课题的论述，无不闪耀着新意。其中对德育目标内容的分类和层次这一难度较大的问题，作者从理论到不同教育阶段的重点所作的阐述，就具有填补空白的价值。书中一系列新课题新见解，不能不使读者耳目一新，同作者一起走向德育科学的前沿"[①]。该书的主要内容如表5-9所示。

[①] 王逢贤.德育工作科学化与德育理论建设——胡守棻主编《德育原理》读后[J].现代中小学教育,1990(3).

表 5-9　胡守棻主编的《德育原理》目录

理论篇	第一章,德育原理的研究对象与任务;第二章,德育的本质;第三章,德育与社会发展;第四章,德育与个性发展;第五章,德育目标;第六章,德育过程
实施篇	第七章,德育原则;第八章,德育内容及其序列;第九章,德育方法;第十章,德育的组织形式;第十一章,班级德育工作;第十二章,德育网络;第十三章,学校德育管理
借鉴篇	第十四章,中国历史上的德育思想;第十五章,苏联现代德育思想;第十六章,现代西方德育思想
方法论篇	第十七章,德育研究方法论基础;第十八章,德育原理常用的研究方法;第十九章,思想品德测量

在结构安排上,该书突出了其教材特色。具体而言,每一章的最后,该教材都附有"思考题",引导学习者回顾与思考该章的学习内容。

总体而言,这本教材是新中国第一部德育原理教材,突破了"文化大革命"时期"语录式"教材的写作方式,在努力探索德育学自身的规律上迈出了一大步。同时,它也是我国德育原理学科恢复与重建的标志,在我国德育原理学科发展史上具有重要意义。

(二)《德育新论》

1. 作者简介

鲁洁,王逢贤。(作者简介请参阅:第七章—第二节—德育原理的著名学者)

2.《德育新论》内容提要

《德育新论》是 1994 年由鲁洁和王逢贤教授,在实践与学科发展的要求下编写的。当时,我国逐步进入社会转型期,社会道德问题开始凸显,但是,我国的德育改革刚刚起步,缺乏较为完整、系统的相关论述。而且,中国的特殊国情也不能直接套用许多国外的研究成果。再加上德育学的许多基础学科,如哲学、伦理学、文化学、社会学等也都在巨大变革的背景下探索前进,无法给德育提供有效的借鉴。在这种情况下,整合相关研究成果,撰写德育原理教材成为实践与学科的诉求。

这一教材"在马克思主义指导下,对古今中外的有关理论进行了比较分析,从教育史、伦理学、社会学、心理学等多学科、多角度进行了研究,对当前的一些实际问题进行了分析",在"德育的本质论、功能论、方法论、过程论、管理论以及主体论等几个方面,……都有一定的突破"①。尤其值得一提的是,其对于社会转型时期德育相关问题的探讨,至今仍具有一定的启示意义。

该书共分为十三章,其主要内容见表5-10。

表5-10 鲁洁、王逢贤主编的《德育新论》目录

第一章,道德教育的哲学基础;	第八章,德育过程理论;
第二章,文化学视角中的德育;	第九章,德育方法及其应用;
第三章,德育与认知;	第十章,德育过程中的教育者;
第四章,道德与情感;	第十一章,学校德育管理;
第五章,德育的本质和面临的挑战;	第十二章,德育评价新探;
第六章,德育的目标及分类;	第十三章,当代西方道德教育理论的发展及其特点
第七章,德育的个体性及社会性功能;	

这一教材是对前期德育研究成果整合、提升的重要著作。该书针对社会转型时期出现的新特点、新问题,力图构建适应社会变革与发展的新的德育基本理论,对德育学科的发展提供了新的思路。

三、学科繁荣时期的代表性教材

进入20世纪末21世纪初,随着社会以及学科的发展,中国的德育原理教材呈现出一些全新的特色(在中国台湾地区,类似的教材则出现于20世纪80年代)。在这个时期,德育原理教材的基本特点有两个:一是特色化。具体言之,在编著德育原理的教材时,编写者注重在教材的结构以及内容上体现自身的特色。二是较为明确的"道德教育主线"。具体言之,德育原理教材具有明显的特殊性,编著者逐渐注意以"道德"教育作为主线构建德育原理教材体系,组织教材的相关内容。这个时期,比较有代表性的教材主要有三本,分别是欧阳教所著的《德育原理》、檀传宝所著的《学校道德教育原理》、黄向阳所著的《德育原理》。

(一)《德育原理》

1. 作者简介

欧阳教,曾任台湾师范大学教育学系教授、系主任、教育研究所所长,中

---

① 鲁洁,王逢贤.德育新论[M].南京:江苏教育出版社,1994:前言.

国文化大学教育学院院长等职。主要研究领域为教育哲学、道德教育、西方哲学史。

2.《德育原理》内容提要

《德育原理》本为欧阳教教授讲授"德育原理"一课时的讲义,后经其本人整理,于1984年在文景书局出版(第一版)。

欧阳教教授认为,我国传统的德育模式较为注重他律行为训练及德目训诲说教,而对自律关注较少。实质上,作为现代民主社会公民,个体必须注意养成自律气质。这成为欧阳教教授思考道德教育的出发点与主线。在此基础上,该教材重视学科资源的整合,充分吸收了哲学、伦理学等多学科理论对于道德教育的启示。该书的前九章尝试着从各种相关学术论点,评析并建立德育原理之学术基础。在第十章到第十六章,作者深入探讨了德育的目的论、主客体论、内容论、方法论、惩罚论、机构论以及评价方法。最后,第十七章到第二十章,作者先检讨了中国台湾地区德育现状的得失以及补救之道,然后评析当代世界德育危机及其改良对策。整体而言,该教材有两个特点:一是理论分析应用与评介兼顾,对理论与实践进行了勾连;二是我国传统思想与西方相关理论交融,促进了中西德育思想之间的融合。在这种情况下,作者认为,"本书对近年来我国学校德育及家庭德育之改革,谅必有普遍而深远之影响"。

该书正文分为二十章,并有两个附录。其基本内容见表5-11。

表5-11 欧阳教著的《德育原理》目录

第一章,德育的可能性;	第十二章,德育内容论;
第二章,德育的规准;	第十三章,德育方法论;
第三章,德育原理的学术造型;	第十四章,德育惩罚论;
第四章,德育的形而上学分析;	第十五章,德育机构论;
第五章,德育的神学分析;	第十六章,德育评价;
第六章,德育的法理学分析;	第十七章,中国德育现状的检讨;
第七章,德育的社会学分析;	第十八章,中国德育的活路;
第八章,德育的心理学分析;	第十九章,世界德育的危机;
第九章,德育的哲学分析;	第二十章,协和万邦的德育。
第十章,德育目的论;	附录一,公民教育与公民灌输;
第十一章,德育主客体论;	附录二,训导即艺术

（二）《学校道德教育原理》

1. 作者简介

檀传宝，北京师范大学教育学部教授，北京师范大学公民与道德教育研究中心主任，中国教育学会德育论学术委员会理事长。主要研究方向为德育原理、教育基本理论、教师伦理学。主要著作有《学校道德教育原理》《德育原理》《德育与班级管理》等。

2.《学校道德教育原理》内容提要

《学校道德教育原理》是檀传宝教授根据其在北京师范大学教育系教授"德育原理"一课的讲稿修改而成的，2000年由北京师范大学出版社出版，后经修订，作为国家"十二五"规划教材再版，目前是国内师范院校使用较广的德育原理教材之一。

全书以"道德教育"为主线，从德育的概念界定谈起，对德育的本质与功能、德育目的等进行了分析讨论。在写作上，作者指出：本书除了努力追踪国际国内的道德教育研究成果予以综合奉献之外，本书努力追求的首要特色是尽力"讲真话""讲自己的话"。这使得该教材有很多引人注意的亮点。例如，在德育概念界定上，作者提出了"守一望多"的界定方式，试图解决长期困扰中国大陆德育学术界关于"大德育"与"小德育"关系如何处理的难题。又如，在人性假设论上，作者提出了"新性善论"的人性假设。具体言之，"新性善论"认为，个体道德生活的起点并不是零，儿童从一开始就是道德生活的主体。由于人类社会的整体作用，人类已经先天地拥有某种对个体来说是先验但对人类整体实践来说是后天的社会性文化心理结构的遗传存在。这为道德教育提供了可能。在教材的几乎每一章节中，诸如此类的"一家之言"并不少见。虽然作者在"跋"中申明道：本书在很多方面可能有"一孔之见"所不可避免的偏颇之处，但其追求个性、探索专著式教材写作的努力或可启发后人。

全书共分十章，两个附录，其基本内容见表5-12。

表 5-12　檀传宝著的《学校道德教育原理》目录

第一章,德育范畴;	第八章,德育方法;
第二章,德育的本质与功能;	第九章,德育主体;
第三章,德育对象;	第十章,德育的社会环境。
第四章,德育目的;	附录1:我国现行中小学德育大纲;
第五章,德育过程;	附录2:第三次浪潮:美国的品德教育运动述评
第六章,德育内容;	
第七章,德育课程;	

在编排上,作者也颇为用心。在每一章中,除了具体的内容外,还附有"习题"和"本章参考文献"(著作具体到章节),目的是提供进一步阅读的初步线索,希望学习者能够通过阅读与思考巩固学习成果。

(三)《德育原理》

1. 作者简介

黄向阳,任教于国家重点学科华东师范大学教育学系,是全国教育学会德育论专业委员会副理事长。1997年开始在华东师范大学教育学系工作,主要研究领域为教育学原理、德育原理、基础教育改革、教育伦理学、教师专业发展等。

2.《德育原理》内容提要

《德育原理》一书是黄向阳博士对"德育原理"课程讲义不断修改而成的一本教材,由华东师范大学出版社于2000年出版。

这一教材同样是以道德教育作为主线,从澄清"德育"概念入手,并且把"德育"诸概念的辨析与整合贯穿于全书之中,对道德教育目的、内容等进行了讨论分析。该教材拥有明显的亮点:例如,关于道德教育的必要性与可能性考察,既为道德教育作了有力辩护,又确立有效的道德教育的理论前提;关于道德教育内容、手段与方法的陈述,具有较强的理论色彩;关于现代德育模式与思路的陈述也十分严谨。《德育原理》是作者结合自身的教学实践而编著的一部相当优秀的德育原理教材。当然,这一教材中也存在着许多作者的个人论断。这些论断虽然容易引起各方的争议,但对于读者而言,在许多德育思想的思考上颇具启示意义。

全书共分为十一章,其基本内容见表 5-13。

表 5-13　黄向阳著的《德育原理》目录

第一章,德育即道德教育;	第七章,德育方法;
第二章,德育即教育的道德目的;	第八章,直接道德教学与间接道德教育;
第三章,德育的必要性;	第九章,认知性道德发展模式;
第四章,德育的可能性;	第十章,体谅模式;
第五章,德育内容;	第十一章,社会行动模式
第六章,德育手段;	

该书的编排也很有特色,除了在每一章的最后设有"作业与思考题"栏目,为学习者的回顾与思考提供一定线索,作者还在一些章节中附有"教例",讲解、分析一些理论命题,较为生动、鲜活。

第三节　德育原理的主要学术刊物

学术刊物是研究者进行学术交流的重要平台,其在很大程度上反映着德育原理学科在各个方面的最新进展。通过阅览德育原理的主要学术刊物,我们可以了解这一学科的热点和难点问题,了解学科发展的前沿问题。基于这样的考虑,我们选取了国内外一些较有代表性的学术刊物,加以介绍。

一、中文学术刊物

在德育研究方面,较有代表性的中文学术刊物主要有四种,分别是:《教育研究》《中国德育》《中小学德育》和《道德教育评论》。

(一)《教育研究》

《教育研究》创刊于 1979 年,是中华人民共和国教育部主管、中国教育科学研究院(原中央教育科学研究所)主办的全国性、综合性教育理论刊物,也是我国改革开放以来创办历史最长的综合性教育理论刊物。《教育研究》始终关注教育理论的前沿问题,以刊登教育科学论文,评介教育科研成果,探讨教育教学规律,传播教育教学经验,宣传教改实验成就,开展教育学术讨论,报道学术研究动态,提供国内外教育信息为主旨,是 CSSCI 来源期刊。

目前,《教育研究》为月刊,每年出版12期。

总体而言,《教育研究》设有总论、教育基本理论、教育政策法规、教育管理、德育、课程教学、考试与评价、教育经济、教育心理、教育史、基础教育、高等教育、成人教育、职业教育、特殊教育、民办教育、农村教育、教师教育、国际与比较教育、学术随笔、争鸣、访谈录、校长论坛、地方科研园地、书评、学术动态等栏目。此外,《教育研究》每年都设有选题要点,致力于特定主题的探讨。

有关德育问题的研究为《教育研究》的一个重要部分。比如近几年来,在德育研究领域,《教育研究》的论文就主要涉及了以下几个方面,见表5-14。

表5-14 《教育研究》近年的德育主题

主题	相关论文
德育理论	张人杰.学生道德社会化内容的应有之义:"共享"抑或"多元"[J].教育研究,2007(6).
价值观教育	裴娣娜,文喆.社会转型时期中学生价值观探析[J].教育研究,2006(7). 傅维利,等.诚信观的构成及其对诚信教育的启示[J].教育研究,2010(1).
公民教育	朱小蔓,冯秀军.中国公民教育观发展脉络探析[J].教育研究,2006(12). 檀传宝.论"公民"概念的特殊性与普适性[J].教育研究,2010(5).
课程育人	饶从满.愉快有效的道德教学何以可能[J].教育研究,2009(6).
德育心理	卢家楣.论青少年情感素质[J].教育研究,2009(10). 张向葵,等.自尊的本质探寻与教育关怀[J].教育研究,2006(6).
教师德育专业化	蓝维,易连云,迟希新,檀传宝.德育专业化问题笔谈[J].教育研究,2007(4). 檀传宝.再论"教师德育专业化"[J].教育研究,2012(10).

上述分类虽然不是非常全面,却能在一定程度上揭示该期刊所关注的德育方面的议题。

(二)《中国德育》

《中国德育》创刊于2006年,是由中华人民共和国教育部主管、中国教育科学研究院(原中央教育科学研究所)主办,融思想性、学术性、新闻性、故事性于一体的期刊。2016年起,《中国德育》已经与中国教育学会教育学分会德育学术委员会(全国德育学术委员会)合作,成为全国德育学术委员会会刊。

在十多年的发展历程中,《中国德育》经历了一个理论与实践相结合的过程。创刊伊始,《中国德育》所刊发的文章较为注重理论性,注重从理论上探讨道德教育的相关问题。常设栏目有"明德讲堂""学术文论""访谈与对话""XX教育专题(如生命教育专题、公民教育专题)""调研成果推介""乡土德育""大学之道""道德讲堂"等。

近年(2011年至今)来,《中国德育》更加注重面向实践,秉持"大德育、主题化、低重心、高品质"的办刊方针,紧扣德育研究和工作的关键点和热难点,以报告事实、交流思想和分享做法为重点,促进德育实践的进步。在这种情况下,该刊的常设栏目也发生了一定变化,主要有"特别策划(该栏目主要是选取道德教育中某个热点或者难点问题,邀请相关研究者展开讨论)""区域报道(该栏目主要以某个地区为案例,介绍其在道德教育上的先进做法与经验)""名校上榜(该栏目主要是以学校为案例,对其进行介绍)""第一现场""教育评论"等。

当前,《中国德育》正全面提升刊物质量,积极推进数字化进程,全力打造品牌论坛。其目的是形成"纸质媒体+网络平台+品牌论坛+创新基地+图书策划"的全媒体格局。

(三)《中小学德育》

《中小学德育》创刊于1985年,是由中华人民共和国教育部委托华南师范大学主办的一本全面反映中小学德育工作的专业期刊,同时作为中国教育学会中小学德育研究分会会刊。此外,它还是教育部人文社会科学重点研究基地南京师范大学道德教育研究所学术刊物。该刊为月刊,每年出版12期。

总体而言,《中小学德育》是较为偏向于实践的杂志,主要致力于为中小学德育理论研究与实践工作者提供最新的德育改革动向、权威的德育政策指引、新锐的德育研究成果、鲜活的德育实践经验。杂志希望力争成为中小学德育改革的"风向标",锐意改革的"排头兵",德育工作者交流经验、探索德育规律的"大舞台",引领德育行政部门、教研部门和广大德育教师的"参

谋部"。

当前,《中小学德育》的常设栏目主要有:师德与教师专业发展、班主任之友、德育管理、心理健康、课改论坛、区域德育、专栏(该栏目主要就德育热点、难点问题进行探讨)等。在一定情况下,编辑部选定一个主题,以专辑的形式探讨德育问题。如 2014 年第 1 期为"师德专辑",编辑部邀请相关研究人员对师德的相关理论、实践、叙事等方面进行了探讨。

(四)《道德教育评论》

《道德教育评论》是南京师范大学道德教育研究所与中国教育学会德育论专业委员会从 2006 年开始编辑出版的年刊,为道德教育学者和热心于道德教育的其他专业的学者搭建跨学科交流与对话的平台,以更集中地反映道德教育研究的进展和成果。本集刊每年出版一册,由教育科学出版社出版。

该集刊认为,一个学术领域需要一定程度的专业化,需要有自己的学术规范和话语系统。但过度的学科壁垒也会窒息思想。因此,作为跨学科的交流论坛,该集刊既接受理论研究论文,也欢迎叙事的、描述的、访问的等"另类"研究成果形式,更欢迎针对现实的各种研究报告。一句话,该集刊真正关注的是思想内容本身,而不是表现思想的形式。

该集刊的学术理念是:把握时代精神,研究当代道德教育问题;植根本土文化,探寻未来中国道德教育路向;回归生活世界,创建生活德育理论体系;培育道德人格,提升社会伦理道德精神。

该辑刊近年的主题见表 5-15。

表 5-15 《道德教育评论》近年主题

年份	主要内容	主编/著者
2006 年	生活与德育;德育与文化;伦理与德育;德育课程	朱小蔓、金生鈜主编
2007 年	和谐社会与道德教育;公共生活与公民教育;多元文化与道德教育;信息社会与道德教育	朱小蔓、金生鈜主编
2008 年	德育理论研究;公民教育研究;德育心理学研究;港台德育研究;家庭德育研究	朱小蔓、金生鈜主编

(续表)

年份	主要内容	主编/著者
2009 年	鲁洁先生的教育思想与教育情怀	朱小蔓,金生鈜主编
2010 年	德育理论研究;公民道德教育研究;德育文化研究;乡土社会与道德教育;心灵与道德教育	朱小蔓,金生鈜主编
2012 年	生活德育论的反思与展望	高德胜主编
2013 年	心灵教育与道德教育;德育理论研究	高德胜主编
2014 年	德育理论研究;公民教育研究;基地成果选登	高德胜主编
2015 年	大家心迹;德育理论研究;公民教育研究;基地成果选登	高德胜主编

除了以上刊物,华中师范大学道德教育研究所从 2014 年起组织出版《中国德育评论》(年刊)、北京师范大学公民与道德教育研究中心从 2016 年起组织出版《中国公民教育评论》(年刊),也对德育原理的研究发挥了积极推动作用。

二、外文学术刊物

Journal of Moral Education

Journal of Moral Education 中文译名为《道德教育杂志》,是由泰勒·弗朗西斯集团(Taylor & Francis)负责出版的一本同行评议杂志(peer-reviewed journal)。它是一本季刊,在每年的三月、六月、九月和十二月出版发行。该刊是一本国际性学术刊物,有助于读者了解当代世界的道德教育研究。

《道德教育杂志》为道德教育及道德教育的终身发展提供了一个独特的、跨学科的论坛。该期刊鼓励人们综合使用来源于人文科学与社会科学的多种方式方法来对道德教育的各个方面,如道德推理、道德情感、道德动机以及不同语境(如文化、性别、家庭、学校、社区、休闲、工作)和不同角色(比如父母、教师、学生、公众以及专业人员)中的道德行为进行探讨。

在结构上,该期刊的主体部分是"论文(Articles)",主要刊载一些学术性较强的论文。此外,该刊还设有"评论(Review)"部分,如"Book Reviews""Film Reviews"等。在这个部分,研究者一般会回顾、评论一本书(或一部电影)中与教育,尤其是与德育相关的内容与思想。

该刊文章举隅(以 2014 年第 2 期为例),见表 5-16。

表 5-16 《道德教育杂志》2014 年第 2 期目录

Articles
'The good child': Anthropological perspectives on morality and childhood Anne-Meike Fechter
The complexity of morality: Being a 'good child' in Vietnam? Rachel Burr
Child prostitution as filial duty? The morality of child-rearing in a slum community in Thailand Heather Montgomery
'She's not a slag because she only had sex once': Sexual ethics in a London secondary school Sarah Winkler Reid
The making of a moral British Bangladeshi Benjamin Zeitlyn
Sending children to school 'back home': Multiple moralities of Punjabi Sikh parents in Britain Kaveri Qureshi
Film Review
Introducing democracy in a Wuhan primary school: Please, vote for me(2007) directed by Weijun Chen Margaret Sleeboom-Faulkner

第六章 德育原理的研究领域

一般而言,德育原理的研究领域是指研究者在对道德教育进行研究时,因其研究聚焦于道德教育的不同方面而形成的论述空间。了解德育原理的研究领域,是我们了解德育原理的重要途径所在。依据其具体旨向(面向理论或面向实践)的不同,德育原理的研究领域可分为两类:理论研究领域和实践研究领域。

第一节 德育原理的理论研究领域

德育原理的理论研究领域,是指以增强德育理论为主要目的而形成的专门领域。根据其形成方式的差异,这一研究领域可以分为两种类型:分支研究领域与交叉研究领域。

一、德育原理的分支研究领域

所谓德育原理的分支研究,指的是按德育工作领域做分工的研究。当前,德育原理的分支研究领域主要有:德育基本理论、德育课程论、德育管理学、比较德育学等。

(一)德育基本理论

1. 德育基本理论的介绍

一般而言,德育基本理论是以德育中最为根本的问题和规律作为研究对象,由一些思辨性较强的命题,以及相对比较抽象化的理论性观点及其论证方式构成的一个研究领域。德育基本理论是人们对于德育最为根本的认识与思考,也是整个德育学科发展的根基所在。

2. 德育基本理论的研究主题

依据德育基本理论研究的范围,当前德育基本理论的研究主题可以被分为以下几个方面。

第一,德育原理学科的元研究。

对于一门学科而言,学科的发展史、研究对象、学科性质等元问题至关重要,关乎一个学科的独立与发展。因而,探讨德育原理学科的元问题,对于德育原理学科的不断发展有着至关重要的意义。在这个方面,研究者主要关注的是与学科发展密切相关的一些内容。具体而言,这些内容包括德育原理的理论基础、历史发展、学科性质、研究对象等。

如:鲁洁、王逢贤等人对德育原理的哲学、文化学、心理学基础进行了系统阐述。① 在学科发展上,檀传宝、曹辉等人对民国至今的德育学科发展史进行了认真梳理。② 在学科类型问题上,朱小蔓指出:德育原理的学科类型可以分为哲学型、科学型与工程学型。③ 在学科性质问题上,陈迪英对德育学的科学取向与规范取向进行了探讨。④ 在研究对象上,冯文全指出,德育学的研究对象既不是德育规律,也不是德育现象,甚至不是德育问题,而是在学校范围与条件下的德育理论与德育实践。⑤

>> **延伸阅读**

◀ 檀传宝.教育学与德育论的研究对象和学科基础问题刍议[J].高等师范教育研究,1995(3).

◀ 戚万学,唐汉卫.现代道德教育专题研究[M].北京:教育科学出版社,2005.

◀ 班华.略论德育论学科对象与任务的几个问题[J].教育科学研究,2007(4).

---

① 鲁洁,王逢贤.德育新论[M].南京:江苏教育出版社,2000:1-60.
② 檀传宝.德育原理[M].北京:北京师范大学出版社,2007:300.
③ 朱小蔓.理论德育学的建构——试谈德育研究的哲学型、科学型与工程学型[J].上海教育科研,1995(4).
④ 陈迪英.德育学科性质的科学取向与规范取向:从教育学到德育学[J].湖北社会科学,2006(3).
⑤ 冯文全.关于德育学的研究对象的考察[J].西南师范大学学报:人文社会科学版,2005(2).

第二,德育的概念与本质。

"德育"是德育基本理论的核心概念。"德育"是什么?如何加以界定?这是构建德育理论体系的起点所在。在这个方面,研究者着眼于德育的概念及其界定方式,开展了相关研究。如,在德育的概念上,当前的相关界定可分为两类:一是"大德育",即把德育的外延扩展到政治教育、思想教育和道德教育等诸多方面;二是"小德育",重点是指道德教育。[①] 除德育概念外延的讨论外,近年学术界对德育过程、德育形态的研究也在概念界定中逐步被吸收。

德育本质制约着德育目标与内容的确定,影响着德育途径与方法的使用,是德育原理的基本问题之一。在这个方面,研究者所主要探讨的是:德育的本质是什么?在这个问题上,研究者见仁见智,结论不一而足。具体而言,当前有"转化论""超越论""适应论"等多种说法。

>> **延伸阅读**

◀ 鲁洁.论教育之适应与超越[J].教育研究,1996(2).

◀ 袁桂林.以现实为基点认清道德教育的超越本质[J].教育研究,1996(3).

◀ 江新华.透视德育概念的泛化现象[J].理论月刊,2001(10).

◀ 冯文全.多学科视角下对德育本质的反思[J].教育研究,2005(10).

◀ 檀传宝.道德教育的边界——道德教育与相关概念的关系[J].中国德育,2006(11).

◀ 张忠华.论中国特色的德育概念之研究[J].现代大学教育,2008(3).

第三,德育的功能与地位。

在德育功能方面,研究者主要探讨以下问题:德育功能的内涵、具体内容、类型以及德育功能与德育目的、价值、职能的联系和区别。例如,在德育功能的类型上,研究者一般将其分为德育的个体性功能、德育的社会性功能以及德育的教育性功能。

地位,一般以描述人、事物或者某种活动在社会关系中所处的位置以及

---

① 张忠华.德育基本理论研究三十年[M].哈尔滨:黑龙江人民出版社,2010:43.

由此显示出的重要程度。所谓德育地位,是指德育在社会发展与个体发展中所处的位置与重要程度。在这个方面,研究者主要对德育功能的内涵、历史发展以及德育的具体地位进行了探讨。如,很多人提出"德育为首"的观点。

>> **延伸阅读**

◀ 王逢贤.学校德育的主导作用与社会环境的优化问题[J].教育研究,1989(8).

◀ 胡晓莺.德育社会作用的再认识——从经济角度的思考[J].教育研究,1989(8).

◀ 王逢贤.德育的独立实体性不容否定[J].中国教育学刊,1990(1).

◀ 鲁洁.试论德育之个体享用性功能[J].教育研究,1994(6).

◀ 檀传宝.德育功能简论[J].中国教育学刊,1999(10).

◀ Wu, Nengfei; Mou, Degang. Moral Education Function and Training Mechanisms of College Students' Volunteerism Spirit [J]. Psychology Research, 2013(11).

第四,德育目标与方法。

在个体身上,培养什么样的品德?这是德育目标所不断思考的问题。在这个方面,研究者主要对德育目标的含义、特征、类型等进行了探讨与分析。

确定德育目标之后,人们所要思考的是:使用何种方法,才能达到这些目标?在德育方法方面,研究者主要关注德育方法的含义、特征、类型以及具体的德育方法使用、改革等内容。

>> **延伸阅读**

◀ 席家焕.谈学校德育方法科学化[J].教育科学,1987(1).

◀ 高茂泉.德育目标的特性[J].河北师范大学学报:社会科学版,1988(3).

◀ 冯文全.学校德育目标的分层研究[J].教师教育研究,2004(6).

◀ Vitz, Paul C. The use of stories in moral development: New psychological reasons for an old education method［J］. American Psychologist,1990(6).

◆Kristjansson, Kristján. On the old saw that dialogue is a socratic but not an aristotelian method of moral education［J］. Educational Theory,2014(4).

（二）德育课程论

1. 德育课程论的基本介绍

依据课程论的相关概念界定,德育课程论是以德育课程问题和德育课程规律为研究对象,运用多学科视角,旨在认识德育课程现象、探究德育课程问题、揭示德育课程规律,从而为德育课程设计、编制、实施等实践活动提供指导的一个研究领域。

2. 德育课程论的研究主题

依据现有的研究,德育课程论主要有以下三个方面的研究主题,分别是:德育课程类型、特征及功能研究;德育课程的开发与实施研究;德育课程的改革研究。

第一,德育课程类型、特征及功能研究。

德育课程的类型、特征以及功能,不仅影响着我们对于课程的认识,还影响着具体德育活动的开展。因此,研究者较为关注这一方面的内容。在这个方面,研究者所重点探讨的是:德育课程可以分为几种类型?划分标准是什么?各个类型的德育课程包含哪些具体的德育课程?德育课程或者某类德育课程的特征、功能以及作用方式如何?

>> **延伸阅读**

◆季诚钧.试论隐性德育课程[J].课程·教材·教法,1997(2).

◆严仲连.德育课程及其特质[J].湖南师范大学教育科学学报,2004(3).

◆王林义,龙宝兴.重新认识德育课程[J].课程·教材·教法,2005(9).

◆John Tomlinson. Values: The curriculum of moral education［J］. Children & Society,1997(11).

◆Yüksel, Sedat. Kohlberg and Hidden. Curriculum in moral education:

An opportunity for students' acquisition of moral values in the new Turkish primary education curriculum [J]. Kuram ve Uygulamada Egitim Bilimleri, 2005(2).

◀ Musgrave, P. W. The moral curriculum: A sociological analysis [M]. New York: Routledge, 2012.

第二,德育课程的开发与实施研究。

课程开发与实施是课程理念或者课程思想走向德育实践的重要步骤。在这个方面,研究者较为关注德育课程资源的挖掘与运用,德育课程开发、实施、评价的路径和具体方式等内容。

>> **延伸阅读**

◀ 杨勇,张诗亚.小学德育课程的校本建设[J].课程·教材·教法,2006(12).

◀ 冯永刚.多元文化视野下德育课程资源开发:作用与误解[J].外国教育研究,2008(9).

◀ 郑忠梅,张应强.文化取向下的大学德育课程教学设计[J].教育研究与实验,2009(4).

◀ 刘阅,等.我国现行德育课程评价[J].东北师大学报:哲学社会科学版,2014(3).

◀ 檀传宝.德育教材编写应该恪守的基本原则[J].课程·教材·教法,2014(6).

◀ Tse, Thomas Kwan-choi. Accommodating Chinese morality with western citizenship? An analysis of the moral and civic education school curriculum in Macau [J]. Citizenship Teaching and Learning, 2012(3).

◀ Taylor, Francis Ltd. A review of moral education curriculum materials in Hong Kong [J]. Journal of Moral Education, 2004(4).

第三,德育课程的改革研究。

社会处于不断的发展变化过程中,相应地,德育课程也应该有所变化发展。基于这种思考,一些研究者较为关注德育课程改革方面的问题。在这个方面,研究者主要关注的问题是:在新的时代背景或者教育背景下,德育课程应该实现何种转型、如何实现转型等。

>> **延伸阅读**

◀ 赵振寰.构建中国现代化的德育课程——论德育课程设置的改革[J].课程·教材·教法,2001(12).

◀ 段新明.试论当前高校德育课程转型[J].山西师大学报:社会科学版,2010(1).

◀ 陈光全,杜时忠.德育课程改革十年:反思与前瞻[J].课程·教材·教法,2012(5).

◀ Hu, Guangyuan. The moral education curriculum and policy in Chinese junior high schools: Changes and challenges [D]. The University of Alabama, 2010.

（三）德育管理学

1. 德育管理学的基本介绍

德育管理学是研究德育管理的德育分支领域,也是德育学与管理学综合、交叉形成的研究领域。通常情况下,人们认为:所谓德育管理,是指运用现代德育及管理理论研究德育管理的内容及运作机制,探讨学校德育管理问题及规律,总结推广德育管理经验与成果的一门学科。这个学科较为注重研究问题,具有明显的交叉性、整合性、应用性、操作性、实践性、发展性等诸多特点。① 其任务主要有二:一是运用管理学的一般原理、学校管理的理论研究中小学德育工作,建设形成中小学德育管理的理论体系;二是总结、研究学校德育管理工作的实际经验,将其概括升华,使其具有推广性,并以之不断充实德育管理理论内容。

2. 德育管理学的研究主题

当前,德育管理学的研究主题可以分为两个部分:一是德育管理的整体思考,即,研究者从整体上对德育管理进行思考,探讨德育管理的原则、方

---

① 屠大华.中小学德育管理[M].长春:东北师范大学出版社,2000:12.

法、管理体系及其建设等。二是具体德育管理内容方面的思考,如研究者对德育目标管理、德育队伍管理、班级管理、德育评价等方面的分析与思考。

第一,德育管理的整体思考。

在这个方面,相关研究主要涉及德育管理原则、德育管理方法、德育管理的体系及其建设。

(1)德育管理原则。德育管理原则是德育管理实践中必须遵循的具体指导思想和基本要求。如有研究者提出,德育管理的原则主要有以下几个:坚持科学的德育发展观、坚持德育为先的原则、坚持德育目标合理性的原则、坚持合力育人的原则、坚持德育实效性的原则。①

(2)德育管理方法。德育管理方法是德育管理者为了实现管理的职能,完成管理的任务,达到德育目标,以德育管理原则为指导,对德育进行管理的技术、手段、方式和方法的总和。例如,有研究者提出,德育管理的方法主要有:观察法、调查法、行政法、思想教育法等。②

(3)德育管理体系及其建设。一般而言,德育管理体系是指将德育管理诸要素进行有机整合,形成完整的科学体系。在学校管理体系方面,研究者主要较为关注管理体系的内部结构、构成成分以及各个成分之间的层级等。例如,在管理人员的构成上,有研究者指出,德育管理人员不仅包括校长、教师,还包括家长以及社会相关人员。③ 在德育管理体系的建设上,研究者思考的问题主要是如何建设(包括如何完善)德育管理体系,建设何种德育管理体系等问题。如李大建认为,高校现行德育管理体系存在着理念的全面性与前瞻性缺失等弊端,高校应该切实注重人本管理、整合性管理等,以完善德育管理体系。④

>> **延伸阅读**

◀ 赵慕熹.中小学德育管理[M].北京:文化艺术出版社,1994.

◀ 赵志军.德育管理论[M].北京:中国社会科学出版社,2008.

---

① 赵志军.德育管理论[M].北京:中国社会科学出版社,2008:45-79.
② 赵慕熹.中小学德育管理[M].北京:文化艺术出版社,1994:49-65.
③ 同上书,80-85.
④ 李大建.人性化的他律觉悟性的自律——完善高校德育管理体系的探讨[J].社会科学战线,2009(1).

◀ 赵志军.德育管理:必须坚持科学的德育发展观[J].中国教育学刊,2006(5).

第二,具体德育管理内容的思考。

当前,该方面的研究主要涉及德育目标管理、德育活动管理、德育组织管理、班级德育管理、校园文化管理、德育科研管理、德育评价及其管理等诸多方面。诸如目标、内容等方面均为道德教育的有机构成部分。人们进行德育管理,最终需要落实于这些具体内容之上。因而,在这个方面,研究者主要关注的是:如何对这些具体内容进行有效地管理?一般情况下,研究者会对具体德育内容管理的原则、方式等进行探讨。我们以"德育队伍管理"为例示之。有研究者指出,在进行德育队伍管理时,我们可以采取以下三个措施:一是明确德育工作者的职责;二是加强德育队伍考核与奖惩;三是提高德育工作者的待遇。①

>> **延伸阅读**

◀ 谢新观.德育测评的理论与技术[M].北京:光明日报出版社,1994.

◀ 檀传宝.德育与班级管理[M].北京:高等教育出版社,2007.

◀ [美]雷夫·艾斯奎斯.第56号教室的奇迹[M].卞娜娜,译.北京:中国城市出版社,2009.

◀ Daniel Brugman. The teaching and measurement of moral judgement development [J]. Journal of Moral Education,2003(2).

(四) 比较德育学

1. 比较德育学的基本介绍

一般而言,比较德育学是指对不同时代、不同国家和地区的德育理论和实践进行比较分析研究,找出它们之间的共性和特点,从而揭示德育发展的共同规律,把握德育发展趋势的一门学科。② 其主要作用有:扩大眼界,增广

---

① 赵志军.德育管理论[M].北京:中国社会科学出版社,2008:119-121.
② 王玄武,等.比较德育学[M].武汉:武汉大学出版社,2003:12.

见识,加深我们对于我国当前德育工作的认识;吸取外国德育以及历史上德育成功的经验和失败的教训,作为当前德育改革的借鉴;增进国际了解,促进国际文化交流;同时,可以丰富学生的知识,提高学生分析问题和应用问题的能力。

2. 比较德育学的研究主题

依据现有的资料,我们认为,当前比较德育学的研究主要可以分为三类:一是区域德育比较研究;二是德育主题比较研究;三是人物德育思想比较研究。

(1)区域德育比较研究,是指研究者对一个国家(或地区)的整体德育理论或实践进行介绍或者比较分析研究。

延伸阅读

◀ 张应强.中美大学德育比较[J].江苏高教,1994(3).

◀ 黄琳庆.香港、台湾德育特点比较研究[J].广西社会科学,2001(3).

◀ 陈俊珂.日本和新加坡学校德育特色之比较[J].比较教育研究,2002(12).

◀ 李萍,林滨.比较德育[M].北京:中国人民大学出版社,2009.

◀ 魏贤超,王小飞.在历史和伦理之间——中西方德育比较研究[M].杭州:浙江大学出版社,2009.

◀ Tu Wei ming. Confucian traditions in east Asian modernity: Moral education and economic culture in Japan and the four mini-dragons [M]. Cambridge: Harvard University Press, 1996.

(2)德育主题比较研究,一般是研究者对不同国家或地区间的同一个德育主题(如德育目标)所进行的比较研究。

延伸阅读

◀ 孙彩平.当代中西情感性德育模式比较研究[J].比较教育研究,1999(4).

◀ 孙林,等.关于中西方高校德育目标和内容的比较[J].教育研究,2006(10).

◀ 王玄武,等.比较德育学[M].武汉:武汉大学出版社,2003.

◀ 冯益谦.比较与创新——中西德育方法比较[M].北京:中央编译出版社,2004.

(3)人物德育思想比较研究,主要是指研究者对某个人物的德育思想进行介绍,或者将几个人物的德育思想进行比较所进行的研究。

>> **延伸阅读**

◀ 黄钊.关于孔子的道德教育学说探析[J].武汉大学学报:哲学社会科学版,2004(1).

◀ 施晓光.孔子和亚里士多德——一个比较教育思想史的研究[J].外国教育研究,2005(2).

◀ 卜春梅.古希腊与先秦儒家道德教育思想之比较[J].湖北社会科学,2008(2).

☆注:在人物思想介绍与比较方面,相关的德育译作也是其重要构成部分。如魏贤超教授主编的"20世纪国际德育理论名著文库",檀传宝教授主编的"当代德育理论译丛"等。

二、德育原理的交叉研究领域

所谓德育原理的交叉研究领域,是德育学与其他学科交叉所形成的研究领域。具体而言,它是指研究者借鉴其他学科的立场、视角、概念、框架、方法等,对德育现象进行研究而产生的专门研究领域。当然,由于交叉研究和分支研究分类标准不同,同一研究领域可能既属于交叉研究,也属于分支研究。当前,德育原理的交叉研究领域主要有:德育社会学、德育美学、德育心理学以及教师伦理学等。

(一)德育社会学

1. 德育社会学的基本介绍

何谓德育社会学?当前的研究者并未给其一个明确的界定。依据教育社会学的一般定义,我们认为:所谓德育社会学,就是研究者使用社会学的原理与方法对德育现象或者德育问题的社会学层面进行研究的一门学科。对于道德教育而言,这门学科有两个重要作用:从宏观上讲,该学科能在很大程度上揭示德育与整个社会系统的相互关系;从微观上讲,该学科能够探究德育现象的社会学层面,有助于我们较为全面地认识德育活动与德育现象。

2. 德育社会学的研究主题

当前,德育社会学的研究主题主要可以分为三个方面:一是德育与社会的相互关系研究;二是德育与人的相互关系研究;三是德育内部要素的社会学研究。

第一,德育与社会的相互关系研究。

在德育与社会的关系方面,当前德育社会学的研究主要涉及两个方面:一是社会系统对于德育的影响;二是德育对于社会的作用。

在社会系统对于德育的影响方面,一些研究者指出,德育受到诸多社会因素(社会政治、经济、文化以及社区、家庭、大众传媒等)的影响和制约。如檀传宝指出,宏观社会环境因素主要包括社会经济、社会政治、社会文化和社会心理。这些因素从不同的层面,以不同的方式对德育产生着影响。[①] 俞颖莹指出,作为当前社会的重要影响力量之一——大众传媒对德育产生着多方面的影响,例如,大众传媒给未成年人带来全新的休闲娱乐方式,进而影响着未成年人的思想观念。[②] 当前,这个方面的研究并不少见。

≫ 延伸阅读

◀ 檀传宝.宏观社会环境因素与学校德育[J].江苏高教,1995(1).

◀ 周先进.家庭环境对高校德育的影响及其优化措施[J].湖南社会科学,2005(6).

◀ 邢建辉.试论基于社区环境的大学德育方略[J].中国高教研究,2007(1).

◀ 俞颖莹.大众传媒对学校德育的影响[J].学理论,2010(25).

---

① 檀传宝.宏观社会环境因素与学校德育[J].江苏高教,1995(1).
② 俞颖莹.大众传媒对学校德育的影响[J].学理论,2010(25).

◀ Reuben, Julie A. The making of the modern university: Intellectual transformation and the marginalization of morality [M]. Chicago: University of Chicago Press, 1996.

另有一些研究者指出,社会不仅对德育产生影响,其本身还具有一定德育价值。当前的研究发现,社会因素对于学生的道德成长具有提供成长基地、创造内在需求、左右运作模式等价值,社会环境对于学校具有决定、参与、补充等作用。基于这样的现实,一些研究者指出,我们需要构建社会环境,发挥社会环境的德育价值与作用。

≫ 延伸阅读

◀ 檀传宝.论社会环境的德育价值[J].教育研究与实验,1994(4).

◀ 张建国,侯志军.高校社区的德育价值探析[J].理论月刊,2004(12).

◀ DeVries, Rheta. Moral classrooms, moral children: Creating a constructivist atmosphere in early education [M]. New York: Teachers College Press, 1994.

◀ Starratt, Robert J. Building an ethical school: A practical response to the moral crisis in schools [M]. London: Falmer Press, 1994.

第二,德育与人的相互关系研究。

在德育与人的相互关系方面,德育社会学主要关注群体的社会学特征对于德育的影响以及德育对于群体的作用或者作用方式等。在德育活动中,相关群体有两个:一是教育者群体;二是受教育者群体。

在德育与教育者群体上,德育社会学较为关注教师社会角色对于德育的影响。如教师角色类型对于德育的影响;新时期、新情况下教师德育角色的定位与转换等。王瑛指出,在网络德育中,教师角色发生了变化。具体而言,教师与学生是朋友;教师与学生一样,是学习者;教师是网络道德教育的创新实践者。

≫ 延伸阅读

◀ 王瑛.中小学校网络德育目标定位与教师角色[J].教育科学研究,2003(12).

◀ 蒋正祥.论德育课改中教师角色的转变[J].辽宁教育行政学院学报,2009(12).

◀ 陈正桂.现代德育教师角色实现条件研究[J].教育学术月刊,2010(7).

在德育与受教育者群体上,当前德育社会学的研究主要关注两点:一是受教育者的社会学特征对于道德教育的影响;二是德育对于学生的社会化功能探讨。

在受教育者的社会学特征对于道德教育的影响方面,一直以来,研究者较为关注青少年亚文化对于学校德育工作的影响。例如,班建武指出,受教育者对于名牌产品的消费实质上是一种符号消费,其目的在于增强身份认同。因此,在对学生进行道德教育工作时,教育者应考虑到这一点,并秉持一种理解、宽容的态度。①

>> 延伸阅读

◀ 韩文根.网络视域下青少年文化选择与德育观建构[J].湖南人文科技学院学报,2007(6).

◀ 胡解旺.对问题学生群体的德育社会学研究[J].思想教育研究,2007(9).

◀ 彭秀兰.青少年文化世界的本质与德育的使命[J].高等教育研究,2008(6).

◀ 班建武.符号消费与青少年身份认同[M].北京:教育科学出版社,2010.

道德教育具有促进个体道德社会化的作用,当前研究者已经认识到这一点。目前,研究者较为关注个体道德社会化的时代遭遇以及具体途径等方面。

>> 延伸阅读

◀ 李小豹,徐建军.网络文化与青年道德社会化[J].中国青年研究,

---

① 班建武.符号消费与青少年身份认同[M].北京:教育科学出版社,2010:173-174.

2009(2).

◀ 杨红英.心理阻抗视角下大学生道德社会化探析[J].思想教育研究,2010(6).

在德育的社会化功能方面,对于问题学生的相关思考也是德育社会学研究的重点问题所在。如胡解旺指出,问题学生的道德弱化,在很大程度上是由于其遭到了教师、同学、家庭等方面的排斥造成的。因此,在对学生进行道德教育时,我们应该首先消除社会排斥。

第三,德育内部要素的社会学研究。

在这个方面,较为集中的研究主要有两点:一是德育课程,尤其是隐性课程方面的研究;二是德育模式的社会学研究。

在德育课程上,一些研究者指出,德育课程内容受到意识形态的强烈影响,其功能主要有:社会意识形态的巩固和强化功能;社会政治经济合法化功能;社会控制的整合功能;道德社会化功能。这些主要是对课程内容与课程功能的研究。此外,隐性课程是德育课程研究的重点与热点所在,主要关注的是隐性课程的德育功能以及具体作用机制。

▶▶ 延伸阅读

◀ 赵旦红.教室美化的德育功能[J].人民教育,1996(12).

◀ 金中,陈晓强.转型期校园环境特征与高校德育创新[J].江苏高教,2005(4).

◀ 祝长水.优化校园"育心"环境建设育人特色文化[J].中国教育学刊,2014(6).

在德育模式的社会学研究上,研究者主要对德育模式的结构、人际互动等进行了探讨与分析,对当前的德育模式进行了批判与解构。

▶▶ 延伸阅读

◀ 齐学红.我国学校德育模式的社会学研究[J].教育理论与实践,2005(7).

◀ 齐学红.制度设计与自我呈现:学校德育模式的社会学视角[J].教育

科学研究,2010(3).

(二) 德育美学

1. 德育美学的基本介绍

德育美学是在借鉴美学相关理论与思想观念的基础上,研究德育之美的形态、成因、价值、利用的一门学问或者学科。德育美学是指向德育活动自身的。可以说,其目的在于优化、美化德育,使道德教育活动更具可接受性与可欣赏性。对于这一学科或者学问,一些研究者已经逐渐意识到其重要价值,并积极开展了相关研究。

2. 德育美学的研究主题

在德育与美学的研究主题方面,檀传宝对于教育与美学之交叉研究水平的思考颇具启示意义。他认为,依据美在道德教育中存在的水平高低,我们可以将德育美分成由低级向高级、由外而内的三个层次,分别是:美育之育德层次、手段层次以及精神内核层次。①

第一层次,美育之育德层次。

一般情况下,美育并不直接指向道德人生的近景以及具体行进的道德学习和道德生活本身,但是,真正的美育往往会向教育对象描述理想人生并激励学生前进,对于个体道德成长具有重要意义。由此观之,美育具有一定的育德功能。在这一层次上,人们所思考的主要是:美育对德育有何功能?这种功能是如何发生的?

赵洪恩指出,与德育同属于教育子系统的美育,对于德育具有重要的辅助功能。具体而言,其作用主要有三:一是对世界观、人生观的诱导作用;二是对思想道德的感化作用;三是对品德情操的陶冶作用。同时,他指出:美育的育德功能,实质上是一种"以美引善"的功能。这是由于,美育的心理机制就在于自由审美的情感活动,它是沟通审美和伦理两种心理结构的桥梁,是推动道德认识向道德行为,道德他律向个体自律转化的动力。②

---

① 檀传宝.德育美学观[M].太原:山西教育出版社,2002:140-141.
② 赵洪恩.论美育在道德培养中的作用[J].教育研究,1994(11).

第六章 德育原理的研究领域

>> **延伸阅读**

◀ 周岩,郭翠香.论美育的道德培养优势[J].教育理论与实践,1995(3).

◀ 左建莉.美育在青少年道德建设中的作用和意义[J].西北师范大学学报:哲学社会科学版,2006(3).

◀ 何齐宗.审美人格教育论[M].北京:人民教育出版社,2004.

◀ 贾馥茗.教育美学[M].台北:五南图书出版股份有限公司,2009.(第五章)

第二层次,手段层次。

在这个层次,美作为一种具体的手段作用于德育活动的各个要素之上。换言之,这一层次思考的是:如何借用美的手段,美化德育活动,从而符合体现美学的精神或者符合美学的要求。当前,这个方面的研究并不少见,如师表之美、校园环境之美、德育内容之美、校园风气之美等的塑造。

檀传宝认为,作为德育手段的美主要包括三个方面:一是德育作品美(德育对象方面);二是德育形式美(德育过程方面);三是师表美(德育主体方面)。[①] 在具体德育要素的美化方面,彭印中对德育课教学方法进行了分析。他认为,德育课教学方法的审美化途径主要有以下两个:一是教学方法的多样化;二是教学方法的形象化。如果要达到这一点,教师应该具有较好的审美能力;同时,教师应该具备较好的语言素养。[②]

>> **延伸阅读**

◀ 赵旦红.教师美化的德育功能[J].人民教育,1999(12).

◀ [英]赫伯·里德.通过艺术的教育[M].吕廷和,译.长沙:湖南美术出版社,1993.

第三层次,精神内核层次。

精神内核层次的德育美是对手段美阶段的进一步超越。在一定程度上,形式上的德育美外在于德育过程因而窒息了真正德育美的创造。因此,

---

① 檀传宝.德育美学观[M].太原:山西教育出版社,2002:183-223.
② 彭印中.德育课教学方法审美化试说[J].黑龙江高教研究,1996(5).

运用美的手段必须确认以美的精神内涵为起码的前提。因而,这一层次主要是思考如何让德育拥有美的内涵。檀传宝认为,这一层次的德育美有两个方面的精神内涵:第一,道德教育活动只有一个目标,那就是促进道德学习主体的道德自由成长和自由道德人生境界的实现。第二,德育美的实现应成为一种德育观,以指导全部德育过程,使德育的目标、过程、课程、形式、手段、教学方法等发生彻底的精神变革。① 德育的最高境界应当是形成自由道德人格与审美德育生活。

>> 延伸阅读

◀ 檀传宝.德育美学观[M].太原:山西教育出版社,2002.(第七章)

(三) 德育心理学

1. 德育心理学的基本介绍

德育心理学是德育学与心理学交叉形成的一门学科或研究领域。通常认为,德育心理学是借鉴心理学的相关知识,分析个体道德心理发展规律以及我国青少年的心理发展特点和学校教育特点,进而探讨道德教育实施策略的一门学科或研究领域。正如一些研究者所界定的那样:德育心理学是在德育工作实践中,吸收和借鉴心理学的研究成果,把德育活动过程中人的心理现象、心理活动及其发生发展规律作为自己的研究对象,融德育与心理学相关知识为一体的正在形成中的一门学科。②

2. 德育心理学的研究主题

依据德育心理学的基本界定以及当前的研究状况,德育心理学的研究主题主要可以分为以下三个方面:一是个体品德心理发展特点研究;二是品德心理结构、特点研究;三是道德内化的心理学借鉴。

第一,个体品德心理发展特点研究。

长期以来,诸如"在人的一生发展过程中,哪些年龄阶段是人的品德发展的关键期?""不同年龄阶段的个体,品德心理特点具有什么样的特征?"等

---

① 檀传宝.德育美学观[M].太原:山西教育出版社,2002:141-142.
② 朱仁宝.德育心理学[M].杭州:浙江大学出版社,2005:1.

相关问题一直困扰着人们,成为德育心理学研究的重要主题。科尔伯格等国外研究者对此非常关注,并进行了许多卓有成效的研究。在国内,章志光、李伯黍、林崇德等老一代心理学家及郭本禹、王健敏、杨韶刚等也进行了相关研究,在一定程度上总结出了各个年龄阶段的品德心理发展特征。

例如,杨韶刚指出,婴儿期的品德心理发展特点是:按规则办事的原则性;道德行为的选择性。幼儿期的品德发展特点是:道德情感的支配性;道德发展的社会性;以自我为中心的道德推理;无原则服从的道德判断。小学生的品德发展特点是:互惠公平的道德推理;特点鲜明的分享行为;矛盾冲突的道德情感;知行不一的道德行为。初中生的品德发展特点是:道德观念的形成性;品德心理的动荡性。高中生的品德发展特点是:按照道德标准调节自己行为的独立性与自觉性;道德信念在道德动机中的主导性;道德意识的自觉性;道德行为习惯的稳定性;品德心理发展与世界观的一致性。①

>> **延伸阅读**

◀ 魏贤超.道德心理学与道德教育学[M].杭州:浙江大学出版社,1995.

◀ [美]科尔伯格.道德发展心理学:道德阶段的本质与确证[M].郭本禹,等译.上海:华东师范大学出版社,2004.

◀ [美]约翰·马丁·里奇,约瑟佛·L.戴维提斯.道德发展的理论[M].姜飞月,译.哈尔滨:黑龙江人民出版社,2003.

第二,品德心理结构、特点研究。

品德心理结构主要是指作为一种个体心理现象的品德,其基本的构成成分是什么。此外,这些构成成分的组织以及相互作用有何特点。这些问题对于道德教育观念以及道德教育的具体措施有着重要影响。因而,这一方面的研究也成为德育心理学的研究主题之一。

在品德心理结构上,现有"二因素说"(道德认识与道德意向)、"三因素说"(道德认识、道德情感与道德行为)、"四因素说"(道德认识、道德情感、道德意志和道德行为)、"五因素说"(道德认识、道德情感、道德意志、道德行

---

① 总结于:杨韶刚.道德教育心理学[M].上海:上海教育出版社,2007:78-127.

为和道德意志)、"六因素说"(道德认识、道德情感、道德意志、道德行为、道德动机和道德评价)、"八因素说"(律己、利他性、报答、尊老、信任、真诚、集体、平等)等多种说法。①

在品德心理结构特点方面,一些研究者指出,品德心理结构主要有以下三个特点:品德心理结构的统一性与差异性;品德心理结构发展的循序性;品德心理结构形成的多端性。②

≫ 延伸阅读

◀ 赵志毅,刘洁璇,赵艺,李宏亮.从多元争鸣到综合融通——品德结构研究回顾与展望[J].杭州师范大学学报:社会科学版,2011(7).

◀ 欧阳文珍.品德心理学[M].合肥:安徽大学出版社,2005.

◀ Hoffman, M. L. Empathy and moral development [M]. New York: Cambridge University Press, 2000.

第三,道德内化的心理学借鉴。

如何将各种道德品质内化于个体,是诸多人思考的问题。一些研究者对此也开展了研究。有些人对相关的德育心理思想进行了梳理,并总结出了其对于当前道德教育的启示。如汪凤炎对中国传统德育思想的研究。而有些研究者则对不同的心理状态进行了研究,并阐述了不同心理状态下的道德教育措施,如朱仁宝对于需要心理、动机心理、行为心理、挫折心理等多种心理状态及每一种心理状态下的德育进行了研究。

≫ 延伸阅读

◀ 朱仁宝.德育心理学[M].杭州:浙江大学出版社,2005.

◀ 汪凤炎.中国传统德育心理学思想及其现代意义[M].上海:上海教育出版社,2007.

◀ [美]James R. Rest.道德发展研究与理论之进展[M].吕维理,等译.台北:心理出版社,2004.

---

① 杨韶刚.道德教育心理学[M].上海:上海教育出版社,2007:131-133.
② 韩进之,王宪清.德育心理学概论[M].上海:上海人民出版社,1986:71-75.

(四) 教师伦理学

1. 教师伦理学的基本介绍

教师伦理学是以教育伦理关系和教师道德现象为研究客体,通过对教师职业生活的理性思考,揭示教师职业道德的本质和发展规范,阐明教师职业道德的规范体系,以期启明教师的道德智慧,升华教师的人格境界,并在道德实践中提供一个正确价值导向的学科。由于师德建设与德育的联系内在而紧密,教师伦理学可视为德育研究的一个有机组成部分。

2. 教师伦理学的研究主题

教师伦理学研究所涉之范围较为广泛。根据当前的研究,我们认为,教师伦理学的研究主题主要可以分为以下四个方面。

第一,教师职业道德的特点及现状。

教师职业道德是随着人类生产的发展和社会职业分工的出现,在教师的劳动实践中形成并不断发展起来的。由于教师职业劳动的特殊性,教师职业道德除了具有一般道德的共性,还具有一定的特殊性。在这种情况下,教师职业道德特点成为教师伦理学的研究主题之一。当前,这个方面的研究并不少见。

朱法贞指出,教师职业道德的特点主要有三个:在道德意识上,教师道德比其他职业道德要求有更高的水准;在道德行为上,要求教师为人师表;在道德影响上,教师道德比其他职业道德影响更深远、更广泛。[1]

檀传宝认为,教师劳动的特点主要有四个:一是活动的教育性(或价值性、道德性);二是劳动主体与劳动对象的主体性;三是劳动关系的复杂性;四是劳动过程评估与管理的困难性。参考教师劳动的这些基本特征,他认为,教师职业道德也具有独特性,其独特性主要有四个:教育性、自觉性、整体性、实质性。[2]

在了解教师职业道德特性的前提下,有些研究者还对我国当前的师德状况进行了调查,当前的调查较为关注师德现状、师德建设的需求等内容。

---

[1] 朱法贞.教师伦理学[M].杭州:浙江大学出版社,2001:52.
[2] 檀传宝.教育劳动的特点与教师专业道德的特性[J].教育科学研究,2007(3).

>> **延伸阅读**

◀ 黄藿.教育专业伦理(1)[M].台北:五南图书出版股份有限公司,2004.

◀ 檀传宝.论教师"职业道德"向"专业道德"的观念转移[J].教育研究,2005(1).

◀ 檀传宝.走向新师德——师德现状与教师专业道德建设研究[M].北京:北京师范大学出版社,2010.

第二,教师职业道德规范研究。

一般而言,教师职业道德规范是由国家相关政府机关颁布的基本原则与行为准则。研究者主要将这些道德规范作为文本,对其进行实然或应然的研究。在这个方面,研究者关注诸如教师道德规范背后的理念、教师道德规范的体系与历史变迁、教师职业道德规范的具体实施等问题。

如傅维利等人对教师职业道德规范的基本体系与内容进行了探究。他们认为,比较完备的教师职业道德规范,应当涉及教师与教育事业的关系、教师与受教育者(学生)的关系、教师与其他教师及教师集体的关系、教师与家长及其他相关人员的关系等四种关系范畴和师德理想、师德原则、师德规则三个层面。其中,师德理想体现着教育专业至善至美的道德境界,具有激励功能;师德原则是指导教师职业行为的准则和依据,具有指导功能;师德规则是对教师职业行为的最低要求,具有约束功能。①

>> **延伸阅读**

◀ 邹顺康.我国中小学教师职业道德规范之变迁[J].现代教育科学,2009(8).

◀ 郭志明.美国教师专业规范历史研究[M].北京:中国社会科学出版社,2004.

◀ Warren, Donald. American teachers: Histories of a profession at work[M]. New York: Macmillan Publishing Company,1989.

---

① 傅维利,朱宁波.试论我国教师职业道德规范的基本体系和内容[J].中国教育学刊,2003(2).

第三,教师职业道德范畴研究。

通常而言,我们所谓的职业道德范畴,主要是指那些概括和反映教师道德的主要特征,体现一定社会对教师道德的根本要求,并作为教师的普遍内心信念,对教师行为发生影响的基本概念。教师职业道德范畴与教师道德原则和教师道德规范紧密相连,因而,也成为教师伦理学研究的主题之一。

该方面的研究主要关注教师职业道德有何种范畴、各个范畴的含义以及作用、达成方式等问题。例如,檀传宝指出,教师职业道德范畴主要有教师幸福、教师公正、教师仁慈、教师义务、教师良心等,在此基础上,他对各个范畴的定义、达成方式等进行了较为细致的分析。

>> **延伸阅读**

◀ 檀传宝. 教师伦理学专题——教师伦理范畴研究[M]. 北京:北京师范大学出版社,2010.

◀ John Martin Rich. Professional Ethics in education [M]. Illinois:Charles C. Thomas Publisher,1984.

第四,教师职业道德的评价与培养。

教师职业道德评价,即相关人员对教师职业道德进行裁决、判断。该方面的研究较为关注教师职业道德评价的标准、原则、要求、方式方法等问题。

例如,刘国成认为,教师职业道德评价的标准主要有"忠于职守""严谨治学""热爱学生"等;教师职业道德评价的方法主要有他人评价法、自我评价法、水平对比法、期望比较法等。[①]

教师职业道德培养所关注的是如何让教师具备良好的职业道德,其所关注的问题主要涉及教师职业道德失范的成因探析、教师职业道德建设的路径、方式方法等方面。

例如,冯云舫对高校教师职业道德建设路径进行了探究。他认为,提高高校教师的职业道德意识、全面落实师德规范要求、改进和完善师德考核制度等是高校教师职业道德建设的有效路径。[②]

---

① 刘国成. 教师职业道德论[M]. 哈尔滨:黑龙江教育出版社,2012:202-212.
② 冯云舫. 高校教师职业道德建设路径选择[J]. 河北学刊,2012(4).

>> **延伸阅读**

◀ 任金杰.当代教师职业道德失范的成因分析[J].中国成人教育,2007(21).

◀ 郅庭瑾,吴慧蕾.我国教师职业道德教育的发展与评价[J].中国教育学刊,2009(8).

◀ Clifford, Geraldine Joncich, Cuthrie, James W. A brief for professional education: ED school [M]. Chicago: The university of Chicago Press, 1988.

◀ Lucas, Christopher J. Teacher Education in American: Reform agendas for the twenty-first century [M]. New York: St. Martin's Press, 1997.

除了上述研究,教师伦理的研究还涉及教师伦理边界、媒体与教师伦理等新兴研究领域。例如,冯婉桢论述了教师职业道德规范与经济规范、政治规范、法律规范等的区别与联系。① 班建武分析了教师媒体道德形象"神圣化"与"妖魔化"的影响与原因。②

第二节 德育原理的实践研究领域

德育原理的实践研究领域,主要是研究者面向德育实践而形成的专门研究领域。具体言之,这些研究领域直接面向实践,旨在为德育实践提供一些可操作化的建议,希望能够解决一定的德育问题,优化德育实践活动。近年我国的相关研究主要涉及以下六个方面。

一、主体性德育

从理论上看,主体性德育是从主体性教育思想中引申出来的,是主体性教育思想的重要组成部分。从实践上讲,主体性德育模式是在对传统德育实践的批判、反思基础上发展起来的。传统德育理念与模式(有研究者称之为"规范化德育"),是这样一种德育理念与模式:教育者坚持自我本位,片面

---

① 冯婉桢.教师职业道德规范的边界[J].教师教育研究,2009(1).
② 班建武.教师媒体道德形象的影响及原因、对策分析[J].教师教育研究,2007(6).

强调自己的主体地位,是不可置疑的绝对道德权威,受教育者被看作是服从教师主体的无意识地满足教育者主体价值需要的客观对象。教育者以强制、灌输、训导等方式对受教育者进行合乎目的的改造,要求受教育者无条件地认同、服从既定的道德规范与价值取向。① 在一些研究者看来,这种忽略教育对象"个体性""主体性"的德育理念与模式是造成德育实效性低的重要原因。基于这种思考,主体性德育论者提出了"主体性德育"。

一般认为,主体性德育的基本含义是:重视人的主体性,在德育中树立促进人全面发展的思想,以人的需要为出发点,以人的发展和完善为目的,按照人的特性在德育的组织和实施中引发受教育者内在的教育需求,引导和帮助受教育者由个人主体性向群众主体性、人类主体性发展,谋求个人与他人、个人与自然、个人与社会关系的协调与和谐,以促进人的全面发展和社会的全面进步。② 简言之,主体性德育是在主体性教育思想指导下,以主体的自主性活动为基本特征,以提高受教育者的主体性道德素质为根本目的的一种道德教育思想和道德教育实践模式。③

这种德育模式的提出具有重要的意义。首先,它表明了人们对"道德"的认识已经从服从、适应的层次提升到了自主、超越的层次。人们逐渐认识到,道德乃是人探索、认识、肯定、发展和创造自己的一种积极手段,而不是一种消极防范力量。其次,既然主体的参与和自主活动是道德发展的前提,由此,也就必然要求在教育中尊重学生主体。这极大地提高了学生的主体地位。④

这一模式的基本假设是,道德发展是一个主体积极建构的过程,德育只能是一个基于价值引导与自主建构相统一的过程。其基本的思想观念如下。

第一,尊重和唤醒主体意识。主体意识是作为认识和实践活动主体的人对于自身的主体地位、主体能力和主体价值的一种自觉意识,是自主性、主动性、选择性和创造性的表现。只有在主体意识的统摄下,人才能对自身

---

① 杨现勇.德育发展的当代走向:从规范化德育到主体性德育[J].前沿,2011(6).
② 王小燕.主体性德育的哲学思考[J].江汉论坛,2004(2).
③ 杨柳.关于主体性德育的思考[J].教育发展研究,2004(1).
④ 王啸,鲁洁.德育理论:走向科学化和人性化的整合[J].中国教育学刊,1999(3).

在世界中的地位、作用及对自身的本质力量有自觉的认识，才能在德育中产生需求，确认自己的目标，深刻理解自我。

第二，倡导和发挥主体能力。倡导并发挥人的主体能力是人实现可持续发展的动力和源泉，是对人的素质的根本要求，是人格发展的核心要素。主体能力是主体能动地驾驭外部世界推动其才能发展，从而使自身得以不断发展的能力。主体能力愈强，就愈能充分利用外部条件，产生能动作用，发展自己。只有在主体能力的推动下，个人才能发挥自主。自立的独立解决问题的能力，懂得自我主宰，充分实现自我，从而摆脱过分依赖组织、个人的传统。

第三，主体性德育在认识与实践中完成。主体性德育的意义不是把受教育者塑造成德育主体，而是尽可能地发挥受教育者在德育过程中的主体性并促进其自由成长。在品德形成过程中，个人一方面通过自己的认识理解正确合理的道德准则，为形成良好的品德奠定基础；另一方面又要寻找个人的社会价值，经过自己的思考、判断和选择，创造实践条件，践行规范，并能根据自己的认识不断对外部环境进行审视，积极主动地调节自己的行为，自觉完成受动和能动的统一。

具体到学校的日常道德教育实践中，其启示主要表现在以下几个方面。

（1）德育主客体关系方面。主体性德育以承认并尊重受教育者的主体性为前提，德育活动的结构从"主体—中介—客体"转变为"主体—中介—主体"。教育者与受教育者的关系也从主动和被动的关系、从上至下的关系转变为具有交互主体性的主体间的协作关系。

（2）德育目标方面。主体性德育着眼于受教育者主体性的发展，强调德育要做到让受教育者自主践行道德规范。因此，其根本目标在于提升受教育者的主体性道德人格，培养能够自我完善并顺应时代发展和社会进步的人。

（3）德育方法方面。德育方法应该从强制灌输、规范约束转变为民主开放、平等对话的方法；与此同时，教育者应该注意创设一种道德情境，让受教育者通过自己的角色承担并在教育者的启发下，由自己的积极思考而获得道德发展。

（4）德育环境方面。要突破学校狭隘的时空，充分利用社会环境中的德育资源。具体而言,教育者应该积极、主动地创造适合受教育者个体发挥主体性的空间,让学生走向社会、走向现实生活,在社会和大自然中接受现实的道德教育,让他们感受到真实的德育环境,努力去挖掘道德教育的新内容,去发现道德教育的深层意义。

>> **延伸阅读**

◀ 肖川.主体性道德人格教育[M].北京:北京师范大学出版社,2002.
◀ 高玉丽.走向主体性德育[M].北京:社会科学文献出版社,2002.

二、情感德育论

情感德育论者认为,学校德育中情感缺失很严重,那种概念化、浅表化、教条化的德育,由于不重视人的生命的内在情感,主要依靠外部的知识灌输和行为约束,其实效果十分有限。基于这样的考虑,情感论者提出:道德教育需要重视道德情感的作用与培养。情感性道德教育思路和模式相信,情绪、情感不断的感悟、体验、积累,可以逐渐地变成人的性格的一部分。因此,情感性德育范式突出地强调人的情感性素质是个人德性的深刻基础,也是道德教育现实化的重要保证,是整个人类道德及道德教育的基石。总体而言,情感性德育模式有两个基本特征:一是重视人的情感发展,视之为道德教育的重要目标;二是利用人的情绪情感的特殊机制,提高道德教育的影响力和有效性。[①]

在情感与德育方面,情感德育论者从四个方面对两者的关系进行了梳理与探讨。这四个方面分别是:情感在人的生存发展中的作用机制是什么?在个体道德形成中,情感具有怎样的特殊地位?在德育目标中如何考虑情感的教育、培养?如何在德育过程中促进情感教育目标的实现?其详细内容如下。

1. 情感与人的生存发展

人类情感对于人生存发展的功能越来越多样化。在德育视野中,情感

---

① 朱小蔓.情感德育论[M].北京:人民教育出版社,2005:1-60.

德育论者主要考察了以下四种机制。

（1）激化—动力机制。多种理论认为,个体的行动与情感具有密切关系。正如认知评估理论所指出的那样:人的高级情感形式是通过四维活动来实现的,以评估为中介。因此不仅下丘脑、边缘系统、网状结构激活情绪,而且大脑皮层进行分析、综合,暗示对事物的"认知—理解",提供"体验—动机"状态,控制和调节神经中枢的活动,从而引导行为的走向。

（2）认识—预测机制。相关实证科学的研究发现:情绪是主客体发生关系时主体方面最积极的反应,是不加选择的第一次,也是最直接的反应。情绪构成主客体分化的必要条件,同时也构成认识发生最直接的材料。

（3）评价—选择机制。这种机制主要通过两个步骤来实现。首先,情感在评价过程中起着内部监控作用。其次,情感在选择过程中发挥重要作用。由于内部监控作用的客观存在,决定了人不是依外部世界的客观要求,也不是根据主体自身的要求,而是从内部世界反观自身,审时度势,影响道德意志和道德行为的。

（4）享用—保健功能。社会的不断发展已经充分地显示出:人类的物质生活需要是极为有限的,人们越来越需要从各种善行、善念中,从道德理想、信仰中寻找精神寄托,道德情感越来越具有自我享用的价值。

2. 情感在个体道德形成中的特殊地位

在个体道德形成的过程中,情感的特殊地位主要体现在四个方面。

第一,人对道德信息的接受以情绪活动为初始线索。研究发现,"道德记号"的特性原来是内在情感所具有的,甚至在个体意识范围内在道德意义上没有区别的东西,也会以道德色彩出现在下意识中。正因为如此,德育才有可能利用人的无意识领域,通过设计各种情境,使人借助于无意识联想所激发出来的移情效应不断累积、丰富情绪体验,提升无意识领域里的道德信息储备,形成必要的道德准备态势。

第二,人对道德价值的学习是以"情感—体验"型为重要的学习方式。从主体方面看,我们可以将个体对德育价值的学习分为三类:一是事实性知识;二是评价性知识;三是认识性知识。后两类作为"情感—体验"型学习方式,是极为重要的。

第三,人的道德行为的发生受情感的引发和调节。情感对个体道德行为的引发和调节是以三种作用方式实现的:其一,情感使人的道德认识处于动力状态,从而在一定程度上保证道德认识与道德行为的统一;其二,情感本身构成特殊的道德认识,即以道德感觉的方式引发和调节行为;其三,由情感的状态水平所构成的稳定的道德心境是人的道德行为的恒常心理背景。

第四,人以情感为核心的动机系统作为个人道德发展的内在保证。个体的道德发展既受制于个体的外部环境,又受制于个体的内部环境,而最终是由个体内部动机系统作为个人道德发展的内在保证。

3. 把人的情感发展作为德育目标来建构

在这个方面,教育者主要可以从三个方面加以努力。

第一,在德育的视域里确立情感教育的意识。长期以来,唯理智教育忽略了学生的情感,影响了德育的实效性。因而,在未来的教育中,人在情感方面的发展需要给予特别的、专门的关注,这首先需要建立起情感教育的意识。

第二,把握情感教育目标的价值取向。当代中国对情感教育目标设计的价值取向,应当将仁性伦理的合理内核从传统儒家的心性之学中严肃、认真地剥离出来,肯定自然亲情与社会伦理之情相融合是一种可能的、合理的、具有道德内涵的人的情感本体,肯定人通过习俗感染和理性内化可以达到稳定的伦理心境。同时,吸收西方理性文化的财富,重视认知与自我认知能力在道德形成中的突出作用,保证人的情感系统中欲性的合理存在。

第三,德育对人的情感培养的具体目标建构。情感德育者认为,在考虑德育对人的情感培养的具体目标建构时,可以参照并包容以下三个方面的目标:(1)内容指标。内容上宽松得当,抓住永恒的、稳定的、要素性的东西。(2)功能指标。保持个体情感具有正常的功能状态,如感受性好不好等。(3)时序指标。这一指标强调依据时间运行轨迹和人的生命成长轨迹来构建目标,尊重情感发展的基本规律。

4. 在德育过程中促进情感教育目标的实现

为达成情感教育的目标,德育过程应具有以下几个方面的特征。

第一,把德育过程作为人的情感交往过程。具体而言,生理—心理层面,它以受教育者获得安全感为基本标志;社会—心理层面,它以受教育者获得共通感为基本标志;精神—文化层面,它以受教育者获得道德崇敬感与自我道德尊严感为基本标志。

第二,把德育过程作为导向情感的过程。在德育过程中,导向情感可以把握以下一些原则和机制。如,在指导、调整行为中导向情感;在提高人的认知能力中导向情感;在情绪唤醒状态中导向情感。

>> 延伸阅读

◀ 朱小蔓.情感德育论[M].北京:人民教育出版社,2005.

三、生活德育论

道德是人类社会生活的产物,源于生活,同时又无时无刻不在生活中。可是,长期以来的道德教育工作,有意无意地脱离了学生的日常生活,这成为道德教育活动实效性较低的重要原因。因此,要使学校道德教育工作有所成就,必须使德育回归到现实生活中。早在20世纪初,陶行知先生就对生活德育思想进行了相关论述。改革开放之后,这一思想再次引起了人们的注意与探讨,成为德育研究的一个重要论域。

生活德育论的基本思想是:教育者应该在生活中培养受教育者的道德,受教育者通过过"有道德的生活"来学习道德。其基本目标则是:教会人做一个健全的人。所谓健全的人,指身心(心主要包括德、智、情、意等四个方面)均得到健全发展的人。具体而言,这种人应该具备以下三个方面的素质:在身体方面,其应该有健康的体魄;在心理方面,其应具备起码的心理素质,并能不断予以完善;在道德方面,其应具有起码的德性,并能自觉地不断加以完善。具体到德育上,其目标可以表述为:由培养"伦理学者"到生成"有道德的人"。这一思想,实质上是对德育根本旨归的回应(使人成为人)[1],同时是在道德教育的人学基础上发展出来的。

汪凤炎认为,生活德育论的核心理念有八,分别是:规律、德育观、载体、路径、课程、基础与动力、关键、迁移。[2] 详细内容如下。

---

① 鲁洁.当代德育基本理论探讨[M].南京:江苏教育出版社,2003:76.
② 汪凤炎,等.德化的生活[M].北京:人民出版社,2005:56-194.

① 规律:规律是指道德教育活动应该遵循个体的身心发展规律。如认知发展规律、品德发展规律等。

② 德育观:在道德教育活动中,我们应该坚持"个人、家庭、学校和社会""四足"鼎立的德育观。这种德育观的核心内容有三:一是主张德育的内容和德育途径的生活化,以使德育融进个体的日常生活中。生活德育的思想,既反对脱离生活的德育,也反对将德育与个体的大部分日常生活相分离的做法。二是强调德育应该从胎教开始,并持续到一个人生命结束为止,将德育贯穿于一个人生命与生活的全过程。三是反对将眼光局限于学校德育上的做法,强调"四足"鼎立,目的是试图打通各个环境中的阻隔,使之成为一个融通式的德育网络。

③ 载体:生活是德育的真实、完整的载体。为贯彻这一核心理念,生活德育有两点要求:一是将育德过程生活化,并贯穿于个体生命与生活的全过程;二是将德育内容生活化。

④ 路径:遵循"践履—真知—真情意—觉行—良知"的基本育德路径。生活德育论认为,与其教给个体一些空洞的知识,还不如先让他们在生活中践履(体验),即先要让个体践履那些对社会来讲是合理合宜的规范,随后,经过个体自己的象征模仿或做内省功夫、教师的点拨、家长的点拨或其他人的点拨等途径,个体逐渐认识到这些行为背后的内在价值,在此基础上个体从内心产生想实践这些行为的情感与意志,再由这种情感与意志生发出主动行为,最后经过反复践行这种主动、自觉的道德行为而逐渐将其内化为自己的良心或道德自我。

⑤ 课程:生活德育论者认为,螺旋式课程是最适合德育的课程设计。具体而言,在安排德育内容时,无论哪一年龄阶段的人,无论哪一种类型的学校,无论哪一个年级,无论采用什么德育途径,德育的核心内容都应该是不变的,所应变的只应该是这一核心做人理念的载体,即应该根据不同年龄阶段的个体身心发展的不同特点,采取合适的教材或载体向人们传授同一种做人理念。

⑥ 基础与动力:德性生成的基础与原动力是合理需要的尊重与满足。符合人的心理规律的德育应该是尊重学生的人格与正当需求,在此基础上,再通过适当的方式来引导人们追求合理需要的满足,并引导人们追求更高

级的需要。

⑦ 关键:培育道德自我是育德的关键所在。在过去较长一段时间里,道德教育未正视道德自我在个体品德发展中所起的重要作用,强调个体的"一味顺从",而不是教会个体进行合理合宜的选择。这造成的结果是:学生不能因个体情境而作出适宜的道德判断与道德行为,致使道德僵化。而生活德育论强调个体"认识社会与道德,体验生活与道德,发展道德理性与道德感悟能力,进而将自己的认识、体验、感悟化在生活之中"①,从而培育道德自我。

⑧ 迁移:迁移是指教育者对德育相关理论进行迁移。例如,同情说的迁移策略有:提供一套感情词汇,培养儿童的道德意识;促进儿童对别人感情的道德敏感法;通过角色扮演法和想象法等途径,培养为别人着想的同情心;生活中的潜移默化法等。

在此基础上,生活德育论者进一步指出了德育的基本原则与一些德育方法。一般而言,生活德育的基本原则主要有:人性化原则;整体生成与发展原则;将品德学习与知识学习适当分开原则;知行合一原则。生活德育的常用方法主要有:身体力行法、榜样示范法、环境熏陶法、角色扮演法、践履法、系统讲授法、故事启迪法、专题讨论法、情感激励法、自我心性修养法。

此外,生活德育论者还指出了不同的生活方式及作用。具体而言,生活方式可分为家庭生活、学校生活与社会生活。其作用分别为:个体品德形成与发展的摇篮;个体品德形成与发展的温床;个体品德形成与发展的染缸。

》》 延伸阅读

◀ 汪凤炎,等.德化的生活[M].北京:人民出版社,2005.

◀ 高德胜.生活德育论[M].北京:人民出版社,2005.

◀ 唐汉卫.生活道德教育论[M].北京:教育科学出版社,2005.

◀ 鲁洁.生活·道德·道德教育[J].教育研究,2006(10).

◀ 鲁洁.创造性是人的一种基本德性[J].教育研究与实验,2007(5).

---

① 高德胜.生活德育论[M].北京:人民出版社,2005:97.

四、制度德育论

改革开放以来,我国虽然一直非常强调道德建设,但是整个社会的道德状况并不十分乐观。制度德育论者认为:解决道德问题的最终办法不在道德本身,而在道德之外。从历史与现实来看,阻碍我国现代化建设的因素固然有多种,但制度障碍却是最为根本的因素。[①] 基于这样的思考,制度德育论者提出,制度对于社会与学校教育至关重要,我们需要对制度进行积极的建设。

制度德育论的基本假设是:制度德性与个人德性密切相关。制度德性比个人德性更具有普遍性,制度德性是个体德性的基础与前提。其目标就是通过"有道德"的制度来培育"有道德"的人。因此,制度德育论的基本观点有二:第一,要解决社会道德、社会风气的问题,根本出路在于制度的完善。这种完善,不仅仅是数量的增加,即通常所说的从无法可依到有法可依;更重要的是质的提升,即从不够道德的制度到道德的制度,制度本身要体现社会公平与正义。第二,对于学校德育来说,不能回避制度德性。我们主张,学校德育应该正视并弥补制度缺陷,应该倡导通过道德的制度来育人、鼓舞人,探索通过制度德性培养个人德性的学校德育新模式。

经过数十年的探索,制度德育论者认为,"制度育德"主要可以分为三步。[②]

第一步,承认制度的育德功能——"制度是教育资源"。

制度育德的第一步就是要把"不说话的"制度纳入教育学视野之内,承认制度是积极的、肯定的教育资源。在这个方面,制度德育论者指出:当前,很多教育者都注意到了制度的规范作用,将其作为规范或限制学生行为的手段,目的是维护学校教育的秩序。这样来理解学校教育制度的价值是较为消极片面的。教育者还需要了解学校教育制度多方面的正向育德功能。

制度德育论者指出,学校制度的育德功能主要有以下三个:首先,学校制度为学生提出了明确的行为规范要求,成为学生道德知识的重要来源。

---

① 杜时忠.制度德育十年研究与前瞻[J].教育研究与实验,2010(1).
② 杜时忠.制度何以育德?[J].华中师范大学学报:人文社会科学版,2012(4).

学校制度代表社会或学校对学生提出了明确的行为规范要求,这可以缩短学生自发道德探索的时间,减少学生道德发展的"试错"成本。同时,学校制度也提供了学生在学校生活中反复开展道德实践的机会。在反复实践中,学生不断通过感知、记忆、思维来认识这种理性的行为规范,进而认同、内化这种制度。这样,制度规范要求就成为学生道德认识的重要来源。第二,学校制度为学生规定了特定的价值导向,隐性影响学生的道德养成。学校制度不仅仅是文本制度,其核心是学校成员对待学校制度的态度,也就是一定的价值认可度。合理的学校制度从合理的价值观出发,对学生的学校生活做出合理的安排。学生按这种制度规范行事时,也必然对这种制度内在的价值产生心理认同,在情感上表示默认或赞成,形成对学校制度的总体看法。这种价值认可比任何显性的道德说教对人的影响更深。第三,学校制度为学生建构合理、有序的学校环境,保护学生的健康成长。合理的学校制度对于学生而言,能够保证他们的正当利益,包括受教育的权利,在教育教学中能被公正公平地对待,能够比较愉快地接受学校生活并能习得个体应当具备的基本技能,等等。好的学校制度的作用在于营造有序、合理、公平公正的学校环境,保证学校成员的合理利益,从而促进学生的健康成长。

第二步,建构优良的学校制度——"制度是教育过程"。

制度德育论者指出,学校制度的教育功能不仅有大小之分,更有方向之别。其教育功能究竟是正向的还是负向的,取决于学校教育制度的品质。既然并非所有的学校制度都是好的制度,那么,何谓优良的学校制度呢?

一般认为,民主、公正、平等、秩序、发展等品质都是优良学校制度的重要品质。有制度德育论者从制度伦理学出发,对一些制度品质进行了详细论述。刘超良认为,好的德育制度,即能促进人的德性自由而全面发展的德育制度,应该具有正义、自由、发展三个方面的价值标准。[①]

(1)正义:德育制度的首要价值标准。在学校教育中,德育制度不仅规范着德育主体的行为,也影响着德育活动的价值取向,从而成为德育主体德性生成的重要环境。正义作为德育制度的首要价值标准,表现在对德育主体的合理而正当的德育权利与义务的认可。对此,德育制度应该将具有一

---

① 刘超良.论德育制度的价值标准[J].教育研究与实验,2010(1).

定时代进步意义的道德价值内含其中,并作用于德育活动,以养成人之为人的德性。

(2) 自由:德育制度的应然价值标准。为实现这一价值,德育制度应该安排德育主体以合理的权利,为德育主体的教育活动营造一定的自由空间。具体而言,德育制度应该给予德育管理者以德育课程与德育活动的自主管理权利,安排教师对德育内容与德育方式有一定的自主选择权利,对学生提出自主发展道德人格的要求。

(3) 发展:德育制度的目的价值标准。在学校教育环境下,设计德育制度应该充分考虑受教育者对道德发展的需要,保障德育主体在德育活动中应当的权利获取。同时,也应该将人性化的德育理念内含其中。从消极意义上来说,德育制度的设计最起码应该做到不违背基本的人性要求或无害于人的德性发展;从积极意义上来说,德育制度的设计应该承认人的内在本性要求的合理性,积极促进人的德性发展。

考虑到这些价值标准,制度德育论者提醒:我们不能将现行学校制度看成是天经地义、天然合理、拿来即用的。要根据优良学校制度的品质来改造学校制度,把制度变成一个过程,而不仅仅是一个"教育工具"。在这个过程中,我们需要把握三个原则:第一,学生参与原则。德育制度要真正起到对学生的教育、导向作用,必须征得学生的理解和同意。第二,发展为主原则。学校德育的目的是为了促进学生发展,规范与制度都只是手段。第三,服务生活原则。实质上,道德、规范、制度既是从生活中来的,也是为生活服务的。对学生来说,德育制度也应该从学生的生活中来,为学生的生活服务。

第三步,建构学校制度生活——"制度化是生活方式"。

制度德育论者认为,制度、规定转化为学校制度生活的机制主要有两个:一是内化机制,即学校共同体成员认同学校制度的价值取向和内在品质,把制度精神变成自己的精神品格;二是外化机制,即学校共同体成员始终如一地依据学校制度的价值取向和角色期望行动,从而使每个人的行动既能满足个人需要,又能符合制度期望,最终形成规范化、民主化、理性化的学校生活。这种内化与外化的相互贯通机制,启示就是内得于己、外施于人的道德转化过程,制度德育就能实现。

>> **延伸阅读**

◀ 杜时忠.生活德育论的贡献与局限[J].教育研究与实验,2012(3).

◀ 杜时忠.制度德性与制度德育[J].高教探索,2002(4).

◀ 杜时忠.制度何以育德?[J].华中师范大学学报:人文社会科学版,2012(4).

◀ 刘超良.制度德育论[M].武汉:湖北教育出版社,2007.

五、活动道德教育模式

所谓"活动道德教育",简单而言,就是在活动中通过活动而且为了活动的道德教育。① 这一界定,实质在于认定活动——个体的自主活动既是道德教育的目的,又是道德教育的手段。作为目的,是指活动、实践道德生活或使学生形成一种有道德的生活方式应当成为学校道德教育追求的最高境界;作为手段,指教育者应当把活动作为个体道德发生、发展以及道德之个体意义实现的源泉来理解,并作为促进道德发展的手段加以运用。

这个模式的基本假设是:教育者通过组织和学生自发的实践、合作、交往等活动,可以有效地促进学生自律道德素质、自觉道德行为习惯的养成。其特点在于:相对于传统道德教育,这一模式突出了道德教育的主体性本质;相较于当代认知主义道德教育,这一模式突出了道德教育的实践性特征。简言之,这一模式的特点在于突出了道德教育的主体性本质与实践性特征。

关于该模式的基本理念,活动道德教育论者从以下三个方面进行了阐述。②

1. 活动道德教育模式的目标达成:实践道德生活

活动道德教育论者认为:实践道德生活是主体之为道德主体的确证,是道德之个体意义的最充分实现。从这种意义上讲,教育作为一种教人为善的手段,只有把促进年轻一代在现实中实践自己的道德生活作为目的,才能

---

① 戚万学.活动道德教育简论[M].天津:南开大学出版社,1994:5.
② 唐汉卫,戚万学.现代学校道德教育的问题与思索[M].济南:山东教育出版社,2008:94-125.

尽自己的道德责任于实际。具体而言,把活动或实践道德生活作为道德教育的目的,主要包含以下几个层面的含义。

第一,道德生活乃是个人现实生活的一部分,是主体创造的结果。把道德作为主体生活的一部分,作为主体创造的产物,其意义在于把道德生活的意义,把自己行动的意义置于主体自己的手中。这样,主体就不再是外在于自己生活的机械追随者,而是生活的开拓者、创造者。道德生活的选择因其自觉自愿而能为其负责,能够主动地实践。

第二,活动或实践道德生活不仅是实现其他目的的手段,而且活动、实践本身就是目的。把活动本身作为目的,其更深刻的内涵在于认定:道德、道德生活本身是开放的而非封闭的,发展的而非静止的,在于确认道德生活的目的就是为了更好地履行道德生活。换言之,它意味着人不是附着于一个固定不变的目的,而是为了更好的道德生活而进行艰苦的奋斗和创造,其中包括不断增强实践理性、不断增强自己的创造能力,努力促进人际关系的和谐以及社会关系的和谐。在这种情况下,活动就不再是为做而做的纯形式化的运动,而是带有主体意志的具有真正个人价值的实践。

第三,把活动本身作为道德生活的目的,暗含了没有既定不变的、绝对永恒的道德原则。任何道德标准都随着社会文化的变迁而变革,任何道德价值都向未来开放,向变化开放。

总之,把实践道德生活作为道德教育的目的,其实质在于把道德的发展、把道德教育的过程转变为一个主动的、实践的、流动的而不是消极被动的、静止的过程,在于把道德的发展变成学生自身生活的一部分,使其更好地负起自己的道德责任,在于从根本上凸显道德教育与权威主义道德教育的本质区别:主动与被动、发展与静止、开放与封闭。

2. 活动道德教育模式的课程设计:以活动课程为主导的道德教育课程体系

把活动、实践课程作为道德教育的主导课程,要求把"活动"作为正式的学校课程来开设,应该有与其他学科相同的课程内容和评价标准、课程设计和实施原则。

第一,活动课程应有助于学生道德之持续不断的发展与学生道德生活的不断改善。

第二，实施活动课程必须贯彻主体性原则。在实施活动课程的过程中，贯彻主体性原则，要求作为活动课程主体的学生活动应该是学生自主的活动，而不是仅仅按已经安排好的严格要求去做的、形式化的行为操练和机械重复。在指导思想上，教育者应该始终把学生当作教育过程的主体，当作选择、决策、行动的主体和责任主体来看待。

第三，实施活动课程必须贯彻兴趣和需要原则，必要的训练在人们自愿接受时要有效得多。但坚持兴趣原则并不是任由儿童做任何他想做、他愿意做的事情。因此，师生合作、教师的责任以及学生兴趣的激发与培养至关重要。

第四，通过活动沟通校内、校外生活，使学生在实际地参与社会道德的改革中"适应"社会。学校在道德教育上的全部努力不外是改善学生的道德生活从而使他们真正参与社会实践。而要做到这一点，非常重要的是要鼓励儿童积极参与社会实践。因此，当把"活动"引入正式课程计划之后，教育者就不应仅仅限于让学生去做那些已经安排好的事情，而且还必须鼓励他们积极地、创造性地从事自己的活动；不要把眼光只囿于学校内部的生活，还要把学生推向社会。

3. 活动道德教育的教师观

活动道德教育论者认为，强调活动的自主、自由特征非但不会削弱教师的地位，与传统道德教育相比，教师反而肩负更大的责任。如前所述，学生的活动应该而且必须是自由、自主的，旨在表明学生的道德发展、道德学习是一个主动摄取、积极为之的过程，是一个与自身的活动息息相关的过程，而不是一个任由外部塑造、被动接受的过程。这意味着：教师在学生的活动过程中不应起支配、控制的作用，不应强迫或命令学生去活动。

表现在教育上，这要求：教师不仅要尊重、鼓励学生的自由、自主活动，而且要为这种自由活动提供适宜的道德环境或更多的选择可能性；不仅要为学生的自由活动提供场所，而且要通过组织和亲自参与学生的合作活动，通过利用诸如讨论等各种认知策略帮助学生认识道德、道德发展规律并把这些规律转化为自己的规律。在这里，教师的角色已不只是对学生发号施令的权威，也不是无动于衷的旁观者，而是学生活动的组织者、参与者与指导者，师生之间的关系不再是简单的给予、接受的关系，而是一种交往和对话关系。

>> **延伸阅读**

◀ 戚万学.活动道德教育简论[M].天津:南开大学出版社,1994.

六、欣赏型德育模式

欣赏型德育模式是在借鉴美学精神的基础上,将德育观念的改造与实践模式的建构研究结合起来,努力改变因强制灌输或者自由放任的德育模式造成的德育实效低下的局面,以实现"解放教育对象"和"提升教育对象"的双重教育使命相统一的教育目标的德育实践模式。[①] 该模式的基本理论假设是:道德教育的内容和形式如果可以经过审美化改造,成为"一幅美丽的画""一曲动听的歌",那么,与这幅画、这首歌相遇的人就会在"欣赏"中自由地接纳这幅画、这首歌所表达的价值内涵。道德教育的"价值引导"与道德主体的"自主建构"这两个相互对立的方面就可以在自由的"欣赏"过程中得以统一和完成,学校德育中广泛存在的"绝对主义"与"相对主义"的矛盾也可能随之瓦解。因此,欣赏型德育模式的具体目标是"道德学习在欣赏中完成"。

为达成这一目标,欣赏型德育模式对师生关系、课程以及德育过程进行了设计,其具体内容如下。

(1) 在师生关系方面,教师是参谋或伙伴。欣赏型德育模式所希望建立的师生关系是一种"参谋或伙伴"的关系。在这一关系中,教师的智慧表现在设置情境,并隐藏起来(或退居幕后),学生则成为价值判断和建构的主体。这一关系的特质是:第一,参谋或伙伴是双向或多向关系。第二,参谋或伙伴的关系是平等的关系。就像在风景区中游客之间的关系一样,在道德教育中,教师与学生、学生与学生,是一种共同面对道德智慧风景欣赏和交流欣赏心得的关系。当然,与纯粹的游客不同的是,教师还必须是道德风景的组成部分、设置者与导游人。换言之,教师的作用主要就是以自己对道德智慧的欣赏来刺激、启发和带动学生的欣赏活动。

(2) 在课程方面,教育者要实现"德育情境的审美化"。欣赏型德育模

---

① 檀传宝.欣赏型德育模式建构研究[J].中国德育,2008(11).

式所希望建构的德育课程模式的特点是情境性与审美化。所谓情境性,不是要完全否定道德判断、推理与理论思维等在道德教育中存在的必要。情境性所要求的是道德教育内容首先应当实现生活化,让学生在生活化的德育内容中发现道德智慧的生动性;此外,情境性课程为显性课程与隐性课程的沟通提供了可能,这为学生在更广大的时空中进行道德学习创造了条件。在审美化方面,其要求有两点:第一,道德教育应当努力发掘教育内容中的审美因素,即应当精选道德智慧的成果,充分展示人类道德文明的智慧之光(即道德美),让学生在道德价值、道德规范的学习中看到人类自身的伟大与尊严,体会到人类在驾驭人际关系中的"本质力量"。第二,在道德教育内容的呈现形式上应当做到形象、生动、审美化。比如,在教材形式上,可以尝试小学教材故事(寓言)化、中学教材杂志化的形式。

(3) 在过程方面,在欣赏中完成价值选择能力和创造力的培养。总体而言,欣赏型德育的全过程都应当是学生自主欣赏的过程、一个尊重并发挥教育对象主体性的过程。

从时间角度,欣赏型德育模式可以分为以下几个具体步骤。

第一阶段,建立与发现欣赏的视角。

一块石头从一个侧面看非常一般,但换一个侧面则可能是一种审美的存在。同样,道德规则可以以纯粹理性或命令的形式呈现给我们的学生,也可以选择一种特别的角度让学生认识到这些规则正是一种人类生活的智慧,一种"合规律性与合目的性的统一"的形式。建立道德规范正是给予其"合目的性"的自由活动所必需的翅膀。这样,道德教育内容的"顽强的疏远性"就会在"欣赏"过程中得到消解。所以"欣赏"的关键是教师必须与学生一起建立与发现欣赏道德智慧风景的视角。在道德教育的准备阶段,教师的教育智慧主要体现在这一视角的寻找与建立上。

第二阶段,展现道德智慧与积极人生的美丽。

在德育实施过程之中,教师的任务是:一方面,在道德教育内容的呈现形式上应当发挥创造性,做到形象、生动、审美化。在教育教学中德育工作者应当努力发掘教育内容上的审美因素,将人类道德文明的智慧之光充分展示出来,让学生在道德价值、道德规范的学习中看到人类自身的伟大与尊严,体会到人类驾驭人际关系的"本质力量"。另一方面,应当探索多种形式、延续、强化和巩固审美体验,促使道德审美的结果影响品德结构、改进行为模式。因此,如何创设"展现道德智慧与积极人生的美丽"的教育形式或可欣赏性道德情境是欣赏型德育实施的关键。

第三阶段,践行审美化的人生法则。

审美的任务是"立美",道德教育的最终目标只能是道德的行动。所以欣赏型德育模式所追求的最终目标也就只能是鼓励学生践行审美化的人生法则。一种是审美化的"角色扮演",一种是审美化的真实的道德实践训练。这里所说的"审美化",主要是建立在两个基本条件基础之上的:第一,要使学习主体在审美化的心境中扮演或实践;第二,要让学生在行动过程中不断增加对自身活动的反思与审美观照,使道德精神与人格之美的欣赏或"审美"成为道德之美的动力。

▶▶ 延伸阅读

◀ 檀传宝.欣赏型德育模式建构研究[J].中国德育,2008(11).

◀ 檀传宝.让道德学习在欣赏中完成——试论欣赏型德育模式的具体建构[J].北京师范大学学报:人文社会科学版,2002(2).

◀ 檀传宝.德育美学观[M].修订版.北京:教育科学出版社,2006.

◀ 檀传宝.美善相谐的教育[M].哈尔滨:黑龙江教育出版社,2003.

◀ 檀传宝.让德育成为美丽的风景[M].合肥:安徽教育出版社,2006.

◀ 檀传宝主编."欣赏型德育模式建构研究"系列丛书[M].合肥:安徽教育出版社,2006.

在德育原理的实践研究领域,国外学者也进行了诸多探索,这主要反映在他们的一些著作中。相关研究请参阅:第五章—第一节—德育原理的经典著作。

第七章　德育原理的当代素描

德育学科尤其是德育原理学科发展至今,已经进入了全面繁荣发展的阶段。学科建制不断健全,研究人员不断增多,研究组织不断扩大,研究内容不断深入,已经呈现出一派"蔚为壮观"的景象。本章内容将着重介绍德育原理的学术组织、著名学者以及学科前沿问题,从宏观上描绘德育原理的"当代图景"。

第一节　德育原理的学术组织

在现代社会的学术研究中,学术组织地位和作用日趋重要。学术组织一方面为研究者提供研究平台,另一方面为研究者提供学术交流的场所。从当前学术组织的发展来看,学术组织大致分为两类,一是会议组织,其主要的活动方式就是组织各种会议;二是研究机构,以开展日常研究合作为主。

一、会议组织

每一个特定的学科都有自己相应的会议组织,以便研究者进行学术交流探讨。在德育原理的学科中,国内外比较重要的会议组织主要有两个:国内是全国德育学术委员会,国际上是国际道德教育学会。

(一) 全国德育学术委员会

中国教育学会教育学分会德育学术委员会(Chinese Academy for Moral Education),简称"全国德育学术委员会",是中国德育研究者的专业组织,主要组成人员为全国从事德育理论研究与教学的专业人士。全国德育学术委员会是全国建立最早、参会人数最多的德育专业学术会议组织,现任理事长

第七章 德育原理的当代素描

为北京师范大学檀传宝教授,拥有北京师范大学、华东师范大学、南京师范大学等20多家理事单位。全国德育学术委员会的宗旨是"团结全国德育研究学术队伍,繁荣德育研究,促进中国德育事业的发展;坚守德育专业的道德品性,追求道德卓越;发现、培养专业人才,为本专业年轻学者的成长创造条件"。

全国德育学术委员会正式成立于1985年。1985年6月下旬,为了讨论(改革开放)新时期青少年思想品德面貌以及新时期德育目标、内容、方法等重要课题,全国德育论领域的专家齐聚南京,举行"新时期青少年德育学术讨论会",并于会议期间建立了"全国教育学研究会德育专业委员会"(全国德育学术委员会前身),作为协调全国德育研究、开展学术交流活动的组织机构。作为全国德育论领域的唯一专业组织,德育学术委员会自成立以来,一直致力于团结全国德育理论工作者、推进中国德育学术研究及德育实践的变革,在国家德育改革与进步中发挥着重要作用。鲁洁、王逢贤、班华等老一代教育学家对德育学术委员会的建立与发展做出了杰出的贡献。委员会设有自己的专业网站(http://www.cacme.net),以便学术研究者交流,并发布德育学术信息。表7-1为近年来全国德育学术委员会年会信息。

表7-1 近年来全国德育学术委员会年会信息

时间	地点	会议主题	理事长
2019年	南京,南京师范大学	回顾与前瞻:新中国德育70年	檀传宝
2018年	贵阳,贵州师范大学	"人类命运共同体与学校德育的使命""民族文化与道德教育"	檀传宝
2017年	曲阜,曲阜师范大学	儒家文明与道德教育	檀传宝
2016年	武汉,华中科技大学	文化变迁与道德教育	檀传宝
2015年	新乡,河南师范大学	我国新时期道德教育的困境与出路	檀传宝
2014年	成都,四川师范大学	多元文化与学校德育改革	檀传宝
2013年	芜湖,安徽师范大学	道德教育与中国人的精神基础重建	班华
2012年	大连,辽宁师范大学	社会文化困境与道德教育	班华
2011年	重庆,西南大学	"时代精神与道德教育""德育理论与实践问题""中小学德育问题研究"	班华
2010年	上海,上海师范大学	德育研究:理论与现实的对话	班华
2009年	长沙,湖南师范大学	科学发展观与德育研究、改革开放30年德育理论与实践的历史回顾、德育学科体系建设	班华

(续表)

时间	地点	会议主题	理事长
2008年	武汉,华中师范大学	"汶川大地震给人们的启示与反思""和谐社会、价值多元与德育变革问题研究""德育学科建设问题研究""改革开放以来学校德育理论与实践的总结与反思"	鲁洁
2007年	北京,北京师范大学	和谐社会与中国公民教育	鲁洁
2005年	郑州,河南大学	"十五"期间德育理论和实践存在的问题、建构和谐社会的道德教育	鲁洁

(参考:全国德育学术委员会网站)

(二)国际道德教育学会

国际道德教育学会(The Association for Moral Education,简称 AME)作为国际道德教育学界最重要的学术组织,致力于为世界各地的专家学者开展道德教育理论与实践的探讨提供跨学科的对话平台。学会现任主席是美国哥顿学院(温汉姆)的凯耶·库克(Kaye Cook)教授(Gordon College, Wenham, MA, USA)。

道德教育学会成立于1976年,为在道德教育理论与实践方面感兴趣的研究人员提供跨学科的论坛。该学会致力于促进沟通、合作、培训、课程开发和研究,以沟通连接道德理论与教育实践。在多元化的社会背景之下,道德教育学会支持道德主体的自我反思的教育实践,尊重并珍视每一个道德主体的自我尊严。道德教育学会的组织目标是:为专业研究人员组织道德教育论坛,促进在道德教育方面的交流、合作、培训和研究;提供与道德教育相关的各种资源。

道德教育学会强调针对所有个体道德理解的发展,并坚信这种发展需要参与道德对话的机会。通过会议和出版物,道德教育学会作为一种资源为教育学者、教育实践者、学生以及公众提供有关道德教育和道德发展的教育政策和教育实践策略,为对道德教育感兴趣的社会公众提供有关信息。

道德教育学会由执行委员会负责,执行委员会由所有会员从中选举产生,并鼓励所有会员积极参与其中。会员包括公立和私立学校教师、学校行政人员、辅导员和心理学家、哲学家、社会学家、研究者、教师培训人员、宗教教育者以及对道德教育研究感兴趣的研究生。道德教育学会欢迎所有对道德教育感兴趣的专家成为其会员。

道德教育学会设有网站,可以了解有关学会的相关情况,查询会议信息和历年来的会议记录。网址:www.amenetwork.org。表 7-2 为近年来国际道德教育学会年会信息。

表 7-2 近年来国际道德教育学会年会信息

时间	地点	会议主题	大会主席
2019	Seattle, WA	数字化时代的伦理与道德 Morality and Ethics for the Digital World?	Kaye Cook
2018	Barcelona, Spain	朝向关怀社会的德育:公民参与与道德行动 Moral Education Toward a Caring Society: Civic Engagement and Moral Action	Kaye Cook
2017	St. Louis, MO	伦理演进、道德教育与为民主而斗争 Evolving Ethics, Moral Education, and the Struggle for Democracy	Wolfgang Althof
2016	Cambridge, MA	公民参与:一次文化的革命? Civic Engagement: A Cultural Revolution?	Helen Haste and Robert Selman
2015	Sao Paulo, Brazil	不平等、社会正义与道德教育 Inequity, Social Justice and Moral Education	Ulisses F. Araujo
2014	Pasadena, California	蓬勃的个体与繁荣的社区:道德教育在人类繁荣中的角色 Thriving Individuals, Thriving Communities: The Role of Moral Education in Human Flourishing	Peter Samuelson
2013	Montreal, Canada	多元文化、跨文化主义和教育:通过对话和承认促进公共善 Multiculturalism, Interculturalism and Education: Pursuing the Common Good Through Dialogue and Recognition	Bruce Maxwell
2012	San Antonio, Texas	文明与不文明:在不同的世界中尊重不同 Civility vs. Incivility: Respectful Disagreement in a Divided World	Rebecca Glover
2011	Nanjing, China	培养道德:人类、自然与世界 Cultivating Morality: Human Beings, Nature, and the World	Monica Taylor

(续表)

时间	地点	会议主题	大会主席
2010	St Louis, Missouri	通往正义:迎接社会不平等的道德挑战 Gateway to Justice: Meeting the Moral Challenges of Social Inequality	Wolfgang Althof, Bryan Sokol
2009	Utrecht, The Netherlands	培养宽容:道德功能与发展 Cultivating Tolerance: Moral Functioning and its Development	Daniel Brugman
2008	South Bend, Indiana	信仰、民主与价值:家庭、学校和社会道德形成的挑战 Faith, Democracy, Values: The Challenge of Moral Formation in Families, Schools, and Societies	Clark Power
2007	New York, NY	全球社会的公民教育、道德教育与民主 Civic Education, Moral Education, and Democracy in a Global Society	Mary Brabeck
2006	Fribourg, Switzerland	参与:全球公民发展与道德价值来源 Getting Involved: Global Citizenship Development and Sources of Moral Values	Fritz Oser
2005	Cambridge, Massachusetts	挑战"什么是对的":儿童和青少年如何从伦理的观点批判文化 Challenging What's 'Right': How Children and Adolescents Come to Critique Culture from an Ethical Standpoint	Sharon Lamb, Kaye Cook, Mary Casey

(参考:国际道德教育学会网站)

国际道德教育学会学术讨论会作为道德教育学界顶尖的学术研讨会,每年举办一次,历来都在欧美地区的重点大学举办。2011年第37届学术讨论会在中国南京召开,这是国际道德教育年会首次在欧美地区之外举办,且我国作为亚洲第一个国家首次承办。本次会议主题为"培养道德:人类、自然与世界",来自36个国家和地区的270余位代表参加了此次会议。

除了国际道德教育学会,在亚太地区,2008年在北京师范大学召开的亚太地区德育研究会上成功成立的亚太地区道德教育网络组织(The Asia-Pacific Network of Moral Education,简称APNME)也日益活跃,对亚太地区德育理论与实践发挥了一定的推动作用。

二、研究机构

（一）波士顿大学品格与社会责任研究中心（Center for Character and Social Responsibility, Boston University）

波士顿大学品格与社会责任研究中心的前身为伦理与品格发展研究中心（Center for the Advancement of Ethics & Character），由凯文·赖安（Kevin Ryan）教授创建，始建于 1989 年，是美国第一个主要关注教师教育的伦理研究中心。专职研究人员有凯文·赖安、凯伦·博林（Karen E. Bohlin）等。该中心主要研究领域为道德和品格教育，促进伦理和品格教育研究者之间的交流合作。

中心建立基于这样的信念：品格教育是学校必不可少和无法逃脱的使命。研究中心已经让成千上万名来自于城市、农村和郊区的教育者帮助学生发展良好的品格。研究中心始终坚信，道德智慧资源存在于伟大的文学作品、艺术作品、历史、数学和科学之中，研究中心帮助教师通过课程激发学生内在的美德，如诚信、责任、勇气、同情和自律等。作为国际公认的研究机构，该研究中心已经为来自世界各地的学校领导和教师提供了咨询意见，包括加拿大、巴西、澳大利亚、爱尔兰、日本和菲律宾等国家，并为美国的学校和社区提供专业的咨询意见。

（二）伯明翰大学朱比利品德教育研究中心（Jubilee Centre for Character and Virtues，又译作"银禧品德中心"）

朱比利品德教育研究中心（以下简称朱比利中心）是隶属于英国伯明翰大学教育学院的一个引领性跨学科研究机构，其宗旨是通过对品格、美德、价值及其教育的研究来促进人类福祉（human flourishing）。

朱比利中心提倡使用"品格"（character）这一道德概念来理论性地探讨美德之于公共生活与职业生活的重要性。同时，该中心也为教育政策与教育实践领域提供理论指导，并通过其所承担的各类项目和课题，为品德（character virtues）在个人层面和社会层面的复苏做出贡献。朱比利中心的目标是在英国范围内的家庭、学校、社区、大学、志愿组织和广泛的职场中加强和提升英国人民的品德。在关于品德的具体立场上,朱比利中心将品格(character)看作是由诸如勇敢、公正、诚实、同情、自律、感恩、慷慨、谦逊等美德(virtues)所构成的,并认为这些美德:① 对于个人的卓越极为关键;② 有助于促进社会的繁荣;③ 可以运用于所有人类环境;④ 是可教育和可塑造的。朱比利中心已发表的研究成果已经涵盖了"职业美德""品格教育""感恩研究""青年的社会行动"这四个大的方面。目前中心承担的项目包括"教师教育:师范生与在职教师的品格、伦理与职业发展""家长—教师合作与品格教育""实践智慧与职业实践:整合与指导""宗教教育教师的生活",以及"品格的心理发展:情感、认同与明智"等。

目前朱比利中心拥有一个20人以上的强大的研究团队,研究人员的学术背景广泛。中心官网网址为:http://www.jubileecentre.ac.uk/。

(三) 伦敦大学学院教育与民主公民国际研究中心(The International Centre for Education and Democratic Citizenship,简称 ICEDC)

教育与民主公民国际研究中心是国际知名的公民教育研究机构。该中心创建于2006年,最初由伦敦大学教育研究院(Institute of Education, University of London,简称IOE)与伦敦大学伯贝克学院(Birkbeck, University of London)联合创立;2014年IOE与伦敦大学学院(University College London,简称UCL)合并,该中心也随即转移至UCL,更名为UCL-ICEDC,由休·斯塔基(Hugh Starkey)教授与奥德丽·奥斯勒(Audrey Osler)担任中心主任。

研究中心旨在促进与支持有关公民身份、教育、民主等领域的跨学科、跨文化研究。中心自成立以来,已经承担了一系列大型研究项目,如:欧盟、欧洲委员会、英国经济与社会研究委员会与黎巴嫩教育部委托项目。具体研究议题涉及民主公民教育、人权教育中的儿童权利等。目前研究中心已关注到公民教育在所有教育阶段的理念与实施,包括学前教育、基础教育、高等教育、成人教育、继续教育与教师教育;同时中心也致力于探讨如何在地方、国家、欧洲与世界等不同层面开展公民教育。中心自成立至今,坚持定期举办每年一度的学术会议,不定期举办一系列学术沙龙活动,吸引了来自英国本土及世界各国高等院校、研究机构的学者、学生,中小学教师,社会组织的教育工作者,逐渐形成了公民教育领域的国际学术共同体。

第七章 德育原理的当代素描

关于ICEDC的更多信息,详见:http://www.ucl.ac.uk/ioe/departments-centres/departments/curriculum-pedagogy-and-assessment/international-conference-on-education-and-democratic-citizenship/#。

(四) 南京师范大学道德教育研究所

南京师范大学道德教育研究有悠久的文化传统。从陶行知、陈鹤琴先生的"生活教育""活教育"的思想到吴贻芳先生的"厚生"思想绵延影响。改革开放以来,这里成为高师教育专业中最早一批教育学博士点之一,也是一直坚持招收德育方向博士生的单位。

南京师范大学道德教育研究所成立于1994年8月,重新组建于1999年6月,2000年9月25日被教育部正式批准为教育部人文社会学科百所重点研究基地。2002年,国务院学位办批准在南京师范大学教育学一级学科下自主设置德育学二级学科博士点。

学术委员会是研究所的最高决策机构,研究所名誉所长为我国著名德育理论家鲁洁教授,现任所长为冯建军教授。主要学术带头人有鲁洁教授、班华教授、郭本禹教授等。

研究所的学术理想是:(1) 把握时代精神,研究当代道德教育问题;(2) 植根本土文化,探寻中国道德教育路向;(3) 回归生活世界,创建生活道德教育理论;(4) 培育道德人格,提升社会伦理道德精神。

研究所的办所目标是:(1) 成为中国道德教育理论思想的原创地;(2) 成为道德教育研究专门人才的培养地;(3) 搭建世界道德教育研究与交流的平台;(4) 推进中国道德教育实践的改革与进步;(5) 建立具有国际影响的开放型科研机构。

目前,研究所承担多项国家重大研究课题,其中包括"学校道德教育理念与模式的反思——生活德育模式建构"(鲁洁、高德胜主持)、"学校道德教育模式的社会学研究"(吴康宁、齐学红主持)、"二十世纪学校道德教育理论的梳理"(金生鈜主持)、"学校道德教育的情绪心理学基础"(乔建中主持)等。

研究所还建有自己的网站(www.dys.njnu.edu.cn),出版刊物有:《道德教育论丛》《中国道德教育评论》。

(五) 北京师范大学公民与道德教育研究中心(CCME)

北京师范大学公民与道德教育研究中心正式成立于2003年9月,是中国大陆第一家以公民教育与道德教育为综合研究领域的学术机构。研究中心现有校内专职专家12人,国内知名学者兼职研究员16人,北京、上海等地的青年专家协作研究员6人。此外,诺丁斯、斯塔基(Hugh Starkey)、押谷由夫教授等国际知名专家担任中心荣誉研究员。中心主任为檀传宝教授。中心研究领域具体包括:道德教育、教师伦理、公民教育、人权教育、学校德育诊断、青少年文化,以及德育美学、德育人学、德育社会学等。

北京师范大学公民与道德教育研究中心团队以踏实严谨、务实创新的态度致力于德育学术,取得了丰硕成果。截至2017年,中心团队已出版著作50余部,包括《让德育成为美丽的风景》《走向新师德》《公民教育引论》《当代社会问题与青少年成长》《符号消费与青少年身份认同》《学校德育诊断案例研究》《学校德育问题诊断的策略》等十多部专著。中心主持编写了"德育新视界理论丛书""当代中国教育思想探索书系""当代中国德育问题研究丛书"等5套丛书,并组织翻译了"当代德育理论译丛"。中心成员在《教育研究》等期刊上发表论文600多篇,其成果获得全国人文社会科学研究成果一等奖、国家图书奖提名奖等多项国家及省部级奖励。中心团队集体完成的中国首部大型德育画本丛书"我的家在中国"(广东教育出版社,2016)出版以来深受全国少年儿童的广泛欢迎,并以繁体字、英文、俄文版向境外传播。中心的网址为:http://ccme.bnu.edu.cn。

除上述研究机构外,国内还有清华大学高校德育研究中心、郑州大学公民教育研究中心等。2014年,华中师范大学道德教育研究所、西南大学少年儿童组织与思想意识发展研究中心相继成立。全国德育学术研究机构迎来了一个蓬勃发展的新时代。

第二节 德育原理的著名学者

德育原理学科发展至今,众多研究者做出了卓越的贡献,为学科发展和研究推动提供了源源不断的动力。这些著名研究者是德育原理学科的"缔造者",是推动研究的"发动机",是后辈学人的"指路灯"。纵观学术界,从事道德教育研究的人还是少数,但是从德育研究本身的历史来看,当代的德育研究界已可谓是"百花齐放、百家争鸣"。倘若将当代每一位德育研究者都细细数来,既不现实也不可能,只能择其一二,列举最具代表和最有影响的几位德育研究者,供大家了解。

一、国外学者

在选取国际上较为重要的道德教育研究者时,我们一方面考虑学者自身的学术成就和影响力,另一方面考虑学者个人成长和学术思想的代表性和典型性。基于这两方面,我们选择了道德教育理论上奠基性人物——科尔伯格和自成一家、久负盛名的关怀伦理学大师——诺丁斯。

(一) 劳伦斯·科尔伯格(Lawrence Kohlberg)

1. 个人经历

劳伦斯·科尔伯格,1927年出生于美国纽约州的布隆维尔市(Bronxville)的一个富商家庭,1987年逝于美国马萨诸塞州波士顿。

高中毕业后,他不顾家庭反对自愿当一名商船机务士,从事协助第二次世界大战后欧洲犹太难民通过英国海防偷渡到以色列的工作。这次经历让科尔伯格对一个问题产生了终生的兴趣,即,在什么时候,一个人不服从法律和法定权威时,但从道德上是有道理的。这为他日后研究道德发展奠定了基础。

1948年,他以优异的成绩进入芝加哥大学,两年后获得文学学士学位,不久又获硕士学位。大学期间,心理学和哲学(特别是道德哲学)是他最喜欢的两门课程,他很喜欢皮亚杰的《儿童的道德判断》,修读博士学位时本拟专攻临床心理学,但因受皮亚杰认知发展理论的影响,改而研究道德认知发展。他的博士论文题为《10—16岁学童道德思维与判断方式之发展》,是研究儿童在面对道德的两难情况时所做的推理,他假设道德的困境会使他们经由一个固定的顺序发展出更多更具弹性的道德推理。由于他的论文题目搜集资料比较困难,所以一直到1958年才完成论文获得心理学哲学博士学位,创下九年读完博士的记录。

完成博士学位之前,他于 1953 年担任芝加哥大学副研究员,1955 年任职于波士顿儿童医护中心。获博士学位后,1959 年应耶鲁大学之聘担任心理学副教授兼高级行为科学研究中心研究员,1961 年出任芝加哥大学心理学教授,1968 年改任哈佛大学教育研究学院教授。科尔伯格的学术生涯和皮亚杰颇为相似,终其一生专注于研究道德认知发展问题。因此他被誉为皮亚杰之外对道德发展研究贡献最大的人。科尔伯格在直接吸收皮亚杰儿童道德发展心理学理论的基础上,创立了以两难道德判断为切入口的道德认知发展理论。皮亚杰把儿童看作哲学家,认为儿童有自己的心理结构,儿童运用心理图式同化和顺应外部环境,主动建构其经验世界。与皮亚杰的看法类似,科尔伯格把儿童也看作道德哲学家,认为儿童有他们自己的关于价值观问题的思考方式,能主动地形成他们的道德观念,这些道德观念又形成有组织的思维方式。因此,科尔伯格主张道德教育应激发儿童的积极思维,发展儿童的道德推理能力,促进他们的道德思维向更高级阶段发展。科尔伯格通过大量的实证研究,提出了道德认知的"三水平六阶段"的理论。(关于科尔伯格的德育思想,请参阅:第五章—第一节—德育原理的经典著作)

晚年时,他的慢性寄生虫性肠炎不断发作,使他常常忍受胃肠疼痛。在接近 60 岁的时候,科尔伯格极度压抑。他曾与一位亲密朋友谈过自杀的道德两难问题。他对这位朋友说,如果一个人对其他人有很大的责任,则这个人应该坚持下去。可是,与病魔的斗争太痛苦了。1987 年他在住院的时候失踪。1 月 17 日,他的车被发现停在波士顿港一处潮水汹涌的湿地里,3 个月后,他的尸体被冲到洛根机场附近。没有人知道他是什么时候、什么原因过世的,不过一般猜测他是自杀而死。

2. 学术著作

科尔伯格一生著述颇丰,主要是围绕道德发展理论。在他的晚年(1979 年开始),他提笔总结自己庞大的道德认知和道德发展理论体系,在希金斯(Ann Higgins)和鲍威尔(Power)的协助下,他编辑完成三大卷的《道德发展文集》,包括《道德发展的哲学》(1981)、《道德发展的心理学》(1984)以及《教育与道德发展》(1986)。这三卷本的文集,是科尔伯格从其 200 多篇学术论文、研究报告以及专题演讲中精挑细选出来的,最能集中反映其道德认知发展理论的核心内容,也代表了科尔伯格最辉煌的学术成就。

科尔伯格的中文译著:

◀〔美〕科尔伯格.道德发展心理学:道德阶段的本质与确证[M].郭本禹,译.上海:华东师范大学出版社,2004.

◀〔美〕科尔伯格.道德发展的哲学[M].柯森,译.杭州:浙江教育出版社,2000.

介绍科尔伯格的中文书籍:

◀ 郭本禹.道德认知发展与道德教育:科尔伯格的理论与实践[M].福州:福建教育出版社,1999.

◀ 范琪.世界著名心理学家:科尔伯格[M].北京:北京师范大学出版社,2013.

(二) 内尔·诺丁斯(Nel Noddings)

1. 个人经历

内尔·诺丁斯博士是美国斯坦福大学荣誉退休教授,美国教育哲学协会和约翰·杜威研究协会前任主席。诺丁斯曾经在美国公立学校任职15年之久,先后从事教学、行政和课程开发工作。她曾经担任新泽西州中学数学教研部主任、芝加哥大学杜威实验学校校长和斯坦福大学教育学院院长。在斯坦福大学,她三次获得优秀教学奖。诺丁斯是美国国家教育学会会员,并从2001年开始担任该学会主席。她拥有两所大学的荣誉博士学位和许多荣誉团体的会员资格。她还是哈佛大学杰出妇女教育贡献奖和美国教育研究协会终身成就奖的获得者。

在新泽西州的蒙特克莱尔大学(Montclair State University)拿到数学专业的学士学位后,诺丁斯去做了一名数学教师,这也是她作为教育学学者职业生涯的开始。她先教授六年级的学生,随后便转去教授高中数学,教了12年。在诺丁斯求学的早期,有一位老师对她影响颇深,这位老师对学生充满了关心和爱心,这不仅对诺丁斯的教学产生了影响,而且使得诺丁斯将师生关系作为在今后的研究中的重要关注点。

随后,诺丁斯在罗格斯大学(Rutgers University)拿到了数学专业的硕士学位,在斯坦福大学(Stanford University)取得教育哲学的博士学位。1975年诺丁斯受邀去指导和管理芝加哥大学杜威实验学校,此间诺丁斯深刻领悟了进步教育运动和杜威的教育思想,这对她自身的教育思想也产生了深远的影响。1977年诺丁斯接受了斯坦福大学的要求担任教职,一直到1992年退休,获得了斯坦福大学荣誉教授的称号。退休后,她又受聘于哥伦比亚大学教育学院。

诺丁斯最重要的学术贡献在于发展了关怀伦理学理论。诺丁斯道德教育理论的核心概念是关怀(caring),她指出了关怀的两种基本含义:其一,关怀与责任感相似,如果一个人操心某事或感到自己应该为之做点什么,他就是在关怀这件事;其二,如果一个人对某人有期望或关注,她就是在关怀这个人。她还区分了两种不同类型的关怀,一类是自然关怀,它是不需要某种道德努力便能实现的,而与此相对的另一类就是伦理关怀。诺丁斯认为,每个人在人生的各个时期都需要得到人们的理解、接纳、尊重和认同,因此关怀他人和被他人关怀都是人的基本需要。但是特别重要的是,诺丁斯认为关怀不仅可以是一种"美德",更是一种"关系"。而且没有关系就没有实质上的关怀。关怀的维持和巩固既需要关怀方对关怀对象的需要做出反应,也需要关怀对象认可和接受对方的关怀行为。这样关怀双方在关怀关系中就是平等、互惠的。正是因为道德生活源于"爱"和人与人之间的"联系",我们的教育才应当不断建立、维持和增强这一关怀关系。

2. 学术著作

诺丁斯主要著作包括《关心:伦理和道德教育的女性观点》(1984)、《女性与罪恶》(1989)、《学会关心——教育的另一种模式》(1992)、《培养智慧的信仰和反叛》(1993)、《教育哲学》(1995)、《始于家庭:关心与社会政策》(2002)、《培养道德的人:以关心伦理替代人格教育》(2002)以及《幸福与教育》(2002)等等。同时,她还发表了170多篇学术论文。这些著作和文章的内容涉及从关心伦理到数学分析等广泛问题,在学术界受到高度关注,并具有国际影响。诺丁斯的学术著作在中国也受到了广泛的欢迎,多数重要的学术作品在近年来被译为中文。

诺丁斯著作的中文版有:

◀ 〔美〕诺丁斯. 关心:伦理和道德教育的女性路径[M]. 第二版. 武云斐,译. 北京:北京大学出版社,2014.

◁〔美〕诺丁斯.批判性课程:学校应该教授哪些知识[M].李树培,译.北京:教育科学出版社,2012.

◁〔美〕诺丁斯.学会关心——教育的另一种模式[M].于天龙,译.北京:教育科学出版社,2011.

◁〔美〕诺丁斯.幸福与教育[M].龙宝新,译.北京:教育科学出版社,2009.

◁〔美〕诺丁斯.教育哲学[M].许立新,译.北京:北京师范大学出版社,2008.

◁〔美〕诺丁斯.始于家庭:关怀与社会政策[M].侯晶晶,译.北京:教育科学出版社,2006.

二、国内学者

在德育研究的国内学者方面,我们主要是选取了在新中国成立以来,在德育学科和德育研究上的"开路人"和"奠基者"。各位学人先贤既为德育学科的成立和发展贡献了力量,又为当今学界培养了大批优秀人才。为此,我们选取了华东师范大学胡守棻先生、南京师范大学鲁洁先生、东北师范大学王逢贤先生以及南京师范大学班华先生,对其个人经历和学术成就予以介绍。

(一)胡守棻

胡守棻教授的主要学术贡献在于在新中国成立初期完成了马列主义的教育思想的梳理,以及共产主义道德教育内容和方法的整理,同时在改革开放以后组织编写了《德育原理》教材,参与了德育原理学科体系的重建。

1. 个人经历

胡守棻(1908—1994),我国著名教育学专家、中国民主同盟成员、华东师范大学教育系教授。

胡守棻教授1908年生于河南省汝南县。在读高中期间,参加了进步的读书会,接受了马克思主义和中国共产党的初步影响,参加了革命活动。1930年,考入国立暨南大学文学院教育系。毕业后,先后在暨大实验中学、上海洋泾中学、河南信阳师范学校以及重庆中华大学、河南大学和暨南大学教育学系任教。上海解放后,到复旦大学任教育系副教授,并兼任上海正风中学校长;1951年院系调整后,一直在华东师范大学教育系工作,先后任副教授、教授。还曾任全国教育学研究会理事,上海教育学研究会副理事长,上海能力研究会顾问和全国教育科学规划领导小组德育原理学科规划组成员等。

胡先生在从事教学工作的同时,积极开展德育领域的科研工作,1957年出版了《中小学共产主义道德教育内容和方法》一书;20世纪60年代初,在他的倡导下,《华东师大附中、附小思想品德教育实验大纲(草案)》问世。"文化大革命"后,他又主持制定了《思想品德教育实验大纲(草案)》。1983年以后,主持国家教委"六五"重点项目:中小学德育大纲实验研究。1986年秋,在他领导的实验研究基础上,《上海市中小学德育大纲(试行稿)》经上海市教育局批准,在全市上百所中小学试行。1988年后,胡先生虽已过80岁高龄,仍一边指导研究生学习,一边进行着中小学德育理论和实践的研究。1989年,他主编的《德育原理》(修订本)被评为全国全日制高校优秀教材国家教委一等奖。1992年,他被评为"全国德育先进工作者"。

胡守棻教授是一位品德高尚的学者,为人正直,平易近人,治学严谨,诲人不倦,无私奉献,他一生清贫,却多次捐款赠书,支援家乡教育事业的发展。他从事教育工作六十多年,走过了一条我国正直知识分子不断追求、奋斗的道路,为我国教育科学事业的发展做出了许多贡献。

2. 学术思想

胡守棻教授对于德育原理的研究对象和研究任务、德育的本质以及德育研究方法等方面的思考是具有原创性质的,奠定了德育原理学科发展的重要基础。他指出,德育原理是研究德育现象及其规律的科学,德育原理与伦理学、心理学以及社会学、美学等学科关系密切。他对德育本质有着深入的思考,对思想品德的结构、形成与发展以及如何培养等一系列基础性的问题都做出了回答。

另外,胡守棻教授积极参与到学校德育实践的一线工作中去,对德育实践和学校德育改革等一系列现实问题也有着独到的见解。

3. 学术著作

◀ 胡守棻. 德育原理[M]. 北京:北京师范大学出版社,1989.

◀ 胡守棻.中小学共产主义道德教育的内容和方法[M].上海:新知识出版社,1957.

◀ 胡守棻.新教育概论:马列主义的教育理论[M].北京:商务印书馆,1950.

(二) 鲁洁

鲁洁教授在国内德育学术史占有重要的地位,一方面是因为她完善了德育原理的学科体系,拓展了德育研究的学术视野,另一方面是因为她培养了一批重要的德育学术人才,为德育学术队伍建设做出了重要贡献。

1. 个人经历

鲁洁,1930年生,教授,博士生导师,南京师范大学教育科学学院名誉院长,教育部人文社会科学重点研究基地、南京师范大学道德教育研究所名誉所长,全国教育科学规划领导小组德育学科组长,教育部教育发展研究中心兼职研究员,全国教育科学规划专家组成员,曾任中国教育学会教育学分会德育论专业委员会(全国德育学术委员会前身)主任。

鲁洁教授长期致力于教育基本理论、德育学等方面的研究,先后提出教育是"人之自我建构的实践活动""教育具有超越性"等著名理论观点。她负责编写的《教育学》(人民教育出版社1985年版)曾先后获吴玉章基金一等奖、国家教委第一届全国普通高校优秀教材一等奖;主编的《教育社会学》(人民教育出版社1990年版)是中华人民共和国成立后受国家教委委托编写的该学科第一本高校教材,获全国第三届普通高校优秀教材一等奖;主编的《德育新论》1998年获教育部人文社会科学优秀成果一等奖;主持制定我国中小学《品德与生活》《品德与社会》的国家课程标准,建立的扎根儿童生活的德育课程,成为最受学生欢迎的课程之一。

1988年被评为国家级有突出贡献中青年专家、江苏省劳动模范,1992年被评为江苏省优秀研究生导师,1993年被评为江苏省优秀学科带头人,同年获曾宪梓全国高等师范院校教师奖一等奖,1995年国务院授予"全国先进工作者"称号,2009年被评为新中国60年江苏教育最有影响人物。

2. 学术思想

鲁洁教授一生著述颇丰,提出了诸多具有丰富内涵的德育思想和教育思想,概括起来,鲁洁教授的学术研究主要集中在以下几个方面。

第一,完善了德育学科体系建设。早在20世纪90年代,鲁洁教授与王逢贤教授共同主编了《德育新论》一书,在书中探讨了德育的基本问题,完善了德育的学科体系。之后,1998年,鲁洁教授出版了《德育社会学》,在国内首创德育社会学研究方向。2005年,《道德教育的当代论域》出版,更是拓展了德育研究的学术视野。

第二,建构了以人为本的教育学(德育)理论体系。鲁洁教授从马克思主义实践唯物主义出发,对人的发展以及人的教育等基础问题提出了独到见解。她将人看作一个开放和发展的存在,认为人是生成性的,具有发展的无限可能性。在人性假设上,她提出了突然和应然两重性的教育学人性假设,丰富和完善了主体性教育思想。在德育研究中,她围绕"德育功能"等诸多德育基本问题所发表的一系列论文具有原创性和奠基性,提出了德育的自然性功能和个体享用性功能。

第三,独创超越论教育(德育)哲学思想。鲁洁教授指出道德、德育本身具有超越性,道德作为一种精神活动,它是对可能世界的一种把握,道德所反映的不是实然而是应然。当代道德、德育更应具有超越性,随着人类进化、物质丰富和精神的提升,对于道德需要逐渐从以生命价值、物质利益为主升华为以精神价值为主。

3. 学术著作

◆ 鲁洁.教育学[M].南京:河海大学出版社,1988.

◆ 鲁洁.教育社会学[M].北京:人民教育出版社,1990.

◆ 鲁洁,王逢贤.德育新论[M].南京:江苏教育出版社,1994.

◆ 鲁洁.德育社会学[M].福州:福建教育出版社,1998.

◆ 鲁洁.超越与创新[M].北京:人民教育出版社,2001.

◆ 鲁洁.教育学[M].北京:人民教育出版社,2005.

◆ 鲁洁.道德教育的当代论域[M].北京:人民出版社,2005.

◆ 鲁洁.当代德育基本理论探讨[M].南京:江苏教育出版社,2010.

（三）王逢贤

1. 个人经历

王逢贤(1928—2013)，我国著名教育学家、德育理论家。1953年毕业于北京师范大学教育研究生班。从1953年起一直在东北师范大学从事教育学科教学与科研工作。先后任助教、讲师、副教授、教授、荣誉教授(终身性)，博士生导师，东北师范大学普通教育研究所所长。曾兼任国务院学位委员会教育学科评议组成员，全国教育科学规划领导小组成员，全国教育学研究会副理事长，国家教育发展研究中心研究员，国家教委师范院校教育学系列教材编委会成员等。

王逢贤教授在现代教育发展战略、教育本质与功能、教育目标与课程、教育过程优化、教师素质与专业化、教育法制化与教育创新，尤其在德育研究方面有许多的建树，在海内外学术界有较大的影响，曾发表论文和笔谈近百篇，获省部级奖20多项。1988年被国家教委授予"全国中小学德育先进工作者称号"，1992年被国务院批准享受政府特殊津贴，1996年获香港柏宁顿孺子牛教师奖，1997年获曾宪梓教育基金教师奖，1998年被评为吉林省首批省管优秀专家，2000年被东北师范大学聘为荣誉教授(终身性)，2002年被吉林省评为荣誉省管优秀专家。

2. 学术思想

王逢贤教授在教育基本理论和德育理论方面均有重要建树，在国内德育研究领域产生了重要影响。总体而言，王逢贤教授的德育学术思想主要围绕以下几个方面。

第一，对德育本质的探讨和分析。在《学校德育过程特点初探》一文中，王逢贤教授提出了德育过程(知、情、意、行)的多端性和社会性，较早地论述了"德育的独立实体性"。他从德育基本概念的内涵和外延入手，分析了德育的本质、地位以及面临的挑战。

第二，对德育主体的讨论，包括对师德的思考。在《少年期的本质特征和教育的几个问题》中，他分析了青少年时期的学生心理特点和开展道德教育的基本要求；在《中小学教师的德育素质与培训》和《师德建设的理论思考》两篇文章中，他对教师的基本职业素养和职业道德问题有着较为深入的思考。

第三,对我国德育改革的分析。王逢贤教授对学校德育发展的实际情况保持密切关注,在《贯彻"三个面向"中的几个德育问题》《试论德育观念的更新》《社会转型期的价值取向与改进学校德育的新思路》等文章中他关注到了学校德育改革的现实问题,并提出了独到见解。

3. 学术著作

◀ 王逢贤.德育原理纲要(内部讨论稿)[M].东北师范大学高校干部进修班,1983.

◀ 王逢贤.中小学生爱国主义共产主义教育引论[M].北京:教育科学出版社,1987.

◀ 鲁洁,王逢贤.德育新论[M].南京:江苏教育出版社,1994.

◀ 王逢贤.学与教的原理[M].北京:高等教育出版社,2000.

◀ 王逢贤.优教与忧思[M].北京:人民教育出版社,2004.

(四) 班华

1. 个人经历

班华教授,生于1935年8月,安徽巢县人。1960年毕业于南京师范学院教育系学校教育专业。南京师范大学教育科学学院班主任研究中心主任,资深教授、博导。主要学术兼职先后有:全国班主任集体研究中心主任、中国教育学会德育专业委员会副主任委员兼秘书长、国务院学位委员会学科组成员、国家基础教育实验中心学术委员会委员、教育部人文社会科学重点研究基地南京师范大学道德教育研究所学术委员会委员、江苏省心理教育专业委员会理事长等。

主编、参编的著作和教材有:《中学教育学》《心育论》《现代德育论》等18部。发表学术论文60余篇。在国内率先论述了"智育过程"(1984)、"美育过程"(1984)、德育"隐性课程",提出"心育"、德育与心育结合的思想(1987),《心育刍议》一文提供了心育理论的基本框架;此外,曾提出"三维思想品德结构"设想(1986)、"思想品德能力""情感能力"(1987)、主体——发展性德育(1996),"发展性班级教育系统"(1999)等思想。1985年江苏省政府授予"优秀教育工作者"称号,1993年国务院批准享受政府特殊津贴。

2. 学术思想

班华教授研究兴趣涉猎广泛，在道德教育和心理教育方面都有卓越的学术贡献，是新中国德育研究的开拓者之一，是心理教育的创始者之一。总体而言，班华教授的学术思想可以从以下两个方面进行论述。

首先，在道德教育方面，班华教授特别强调实践的重要性。他认为，实践既是德性形成的基础，又是德育的基础。他提出了"隐性德育课程"，认为隐性德育课程在学校课程中虽没有明确规定，却对学生的成长发挥着重要的作用，甚至在某种程度上超过了显性课程的作用。班华教授一直关注中小学德育实践，深入教育一线，与中小学教育工作者开展探讨，亲切交流。

其次，作为我国现代心理教育的创始人，班华教授开创性地提出了"心育"概念，充分论证了心理教育与"五育"、与素质教育的辩证关系。他认为，心育即心理教育，是有目的地培养受教育者良好心理素质，提高心理机能，充分发挥心理潜能，进而促进整体素质的提高和个性发展。班华教授率先提出了"发展性心理教育"的思想和积极心理教育的理念，突出强调心理教育的发展性功能和积极实践取向。他主张探索心理教育的本土化研究，探索中国自己的心理教育之道。

3. 学术著作

◀ 班华.心育论[M].合肥：安徽教育出版社，1994.

◀ 班华.现代德育论[M].合肥：安徽人民出版社，2001.

◀ 班华，等.高中班主任[M].南京：南京师范大学出版社，2003.

◀ 班华.学校道德生活教育模式的探录与思考[M].镇江：江苏大学出版社，2010.

◀ 班华.中学教育学[M].第二版.北京：人民教育出版社，2012.

第三节　德育原理的学科前沿

新时期，德育研究特别是德育原理的研究面临着诸多新问题，这些问题既是德育研究者亟须解决的挑战，也是德育研究扩大研究视野、关注现实问

题的机遇。在本节内容中,我们尝试从德育研究的新课题和新热点两个角度,呈现出当前德育原理的学科前沿。

一、德育原理的时代命题

学校德育是一个历史性的课题,在不同的发展阶段会面临不同的现实问题。就当前的社会发展状况,特别是我国的社会发展阶段而言,学校德育面临着以下诸多课题。

(一) 市场经济与德育

社会主义市场经济的发展为中国社会摆脱贫困、实现小康提供了基础性的动力。市场经济也在竞争意识、规则意识、效率意识、时间观念等方面对社会文明的发展发挥了积极作用。但是市场经济的发展也在一定程度上助长了利己主义、拜金主义等腐朽的价值观,金钱至上、唯利是图、嫌贫爱富、尔虞我诈等现象屡见不鲜,在一定意义上已经严重影响到了年轻一代的健康成长。

一方面,学校德育应当基于社会主义市场经济的社会现实开展工作,努力避免假大空、唱高调的倾向。另一方面,在市场经济条件下德育如何引导学生树立正确的世界观、人生观和价值观,特别是如何引导学生正确处理各种利益关系,正确地看待财富、使用财富、创造财富,在实现自己人生价值的同时积极奉献社会,也是摆在每一位德育工作者面前的一个更为重要的任务。

(二) 经济全球化与德育

如果说在 20 世纪经济全球化还只是一个历史趋势的话,那么在 21 世纪经济全球化就已经是一个各国都必须面对的社会现实。

全球化肇始于经济,但并不只有经济一个维度。实际上正是因为经济全球化的带动,地球村内各国不同的政治理想、文化观念等都在相互交流、碰撞、对抗,也在相互吸收。对于德育来说,经济全球化使得我们面临前所未有的机遇——因为在一个信息开放的时代,粗暴强制、不尊重学习主体的德育时代已经越来越难以为继了。在这个意义上说,我们可能开启一个全新的德育时代。但是另外一方面,经济全球化也使得我们必须接受前所未有的挑战——我们必须在不同价值观的竞争中实现有效的思想道德传播,以切实提高德育的实效性。

概括地说,经济全球化带给中国德育的时代课题最突出的有两个:一个是传统文化与德育的关系;另外一个是核心价值观与德育问题。中国是一个举世闻名的文明古国,号称礼仪之邦的中国保持我们自己民族特性的一个重要维度,就是保有中华民族自己的价值观。优秀传统文化,尤其是中华传统美德的继承与弘扬是当代中国德育工作者当然和重要的使命。中国是一个社会主义国家,除了传统道德,社会主义的核心价值及其教育是我们最根本的特性之一。如何切实提高德育实效,如何在经济全球化时代保持中华民族的精神气质和文化自信、建设社会主义精神文明,全体德育工作者责无旁贷。

(三) 文化多样化与德育

社会文化及其形态的巨变是21世纪一个突出的时代特征。对德育影响最为突出的文化现象主要有媒体文化、消费文化、性别文化与多元文化等。

当代社会是一个"全媒体"时代,一个"媒体化生存"的时代。包括网络在内的大众传媒不仅通过其传播的内容,而且通过其传播方式影响人们的生活方式、价值观念。消费文化在一定意义上消解价值的严肃性,"娱乐至死"的生活方式常常是非不分,在娱乐大众的同时,让人迷失人生和社会发展的方向。性别文化的当代发展不仅前所未有地提升了性别平等、性别宽容的价值观念的重要性,直接构成了德育的重要主题,也给德育相关内容与方式提出了新的挑战。中华民族是一个多民族的大家庭,随着改革开放的深入,世界各国文化交流日益充分,文化的理解与包容已经成为新世纪德育的重要课题。

当代中国德育必须直面、回答、解决前所未有的许多新问题,加强文化自觉,充分发挥社会主义核心价值观的主导作用,在不断探索的过程中不断丰富、发展新的德育理论,有效应对、引领社会文化的变迁。

(四) 公民意识发展与德育

公民意识发展已经是当代中国社会的一个现实课题。公民意识的发展一方面是社会进步的标志,另一方面也对社会管理和学校德育提出了新的课题。公民意识的健康发展可以帮助学生正确认识作为国家主人的权利与责任,积极关心、思考、参与社会主义政治文明建设,成为社会主义政治文明建设的积极力量。

随着社会主义政治体制改革、依法治国实践的不断深化,学校德育应当积极回应人民群众对于公平正义越来越高的诉求,积极开展公民意识教育探索,努力培育具有"民主法治、公平正义、自由平等"理念的社会主义现代公民。公民教育已成为中国当代德育最重要的课题之一。

(五)家庭、学校环境变迁与德育

新时期家庭形态的变迁导致了家庭德育的诸多新问题。除了代际之间关系类型的剧烈变化,最为突出的是,高离婚率导致的单亲家庭剧增,儿童家庭教育环境有恶化的趋势。由于人口流动所导致的留守儿童、进城务工人员子女的教育问题也十分突出。此外,跨文化婚姻、丁克家庭、婚外子女等问题的出现,也会给家庭价值观念带来新的冲击。中华民族怎样在新的世纪保持家庭美德的传统、提升家庭德育的功能,是德育工作者必须严肃面对的课题。

与家庭德育有关的还有一个重要课题是"家—校"德育合作的问题。基于新世纪的实际,重建有效的"家—校"德育合作关系是德育实效性提高的关键课题。

总之,时代发展会对学校德育不断提出新的课题。德育原理的学习者应当保持对这些时代课题的密切关注、积极探索。只有这样,德育原理的学科发展才能保持她应有的青春活力;也只有这样,德育原理的学习才能发挥其应有的实际作用,为中国特色社会主义教育事业贡献力量。

二、德育原理的研究热点

德育研究与社会发展紧密相关,随着社会的不断进步,德育研究的领域也不断拓展,德育研究的内容不断深入,德育研究日益呈现出多元化的局面。新时期,德育研究出现了诸多研究热点,这些既是研究的最新进展,同时也是研究的生长点。就当前学界研究现状,我们尝试列举二三,供参考。

（一）全球公民教育

随着全球化的不断深入，与全球化相关的系列研究问题逐步进入了研究者的视野。在德育研究领域，全球公民教育就是其中的重点问题和热点问题。全球公民教育并不是一个单独存在的命题，与之相关的还有"全球公民、公民教育以及全球化"等一系列的研究主题。

1. 研究背景

全球公民是伴随着全球化而至的全球公民社会的新现象，但不完全是一个新概念。与全球公民类似的概念有"宇宙公民""世界公民""世界历史性个人"等。"宇宙公民"最早为斯多葛学派哲学家所使用。早期斯多葛学派认为，人生活在共同的宇宙之中，遵循宇宙的自然法则，因此是一个宇宙公民。"世界公民"为康德所使用。康德的世界公民是为了消除战争，建立一个世界公民社会，实现人类的永久和平。马克思使用的是"世界历史性个人"，但它表达的同样是世界公民的含义。

成为一个负责任的全球公民，是全球化时代对公民的新要求。培养负责任的全球公民，也是全球化时代赋予公民教育的新使命。全球公民教育，简单地说，就是培养具有全球意识并愿意为全球和人类的发展而积极行动的负责任的公民的教育。

2. 研究问题

全球公民教育的基本内容：(1) 人权和人道主义教育；(2) 全球意识和全球责任教育；(3) 环境和可持续发展教育；(4) 国际理解教育；(5) 多元文化教育。

第一，人权和人道主义教育。人权是人之为人的权利，它不分公民的国籍、种族、文化、宗教、政治或其他见解、社会身份和地位等，是所有人都应该享有的权利。人权作为"人之为人的基本权利"，还有另外一层意思，即每个人都应该得到人性的对待，谓之"人道"。人道主义是基于人的原则和人的价值，而不是基于国家公民的价值，人的普遍价值高于国家公民的价值。人道主义教育就是要教育公民超越其身份的特殊性，以人的方式对待人类社会的所有成员，承认人人平等的人格，互相尊重，互相扶助，以谋人类全体之安宁与幸福。全球公民教育就是要使公民超越国家利益，具有普天之下的人道主义情怀,并在公民生活中践行人道主义精神,给每个人以人道主义的关怀。

第二,全球意识和全球责任教育。全球意识是全球整体意识。全球化时代,世界已经成为"地球村",国与国之间、人与人之间的活动有着不可剥离的联系,世界各国面临着一荣俱荣、一损俱损的局面,因此,全球意识需要确立整体的人类意识,树立全球关怀的意识,而不能只考虑国家和个人的私己之利,损害全球的利益。作为全球公民,也必须具有全球责任意识和义务意识,并在全球治理中承担自己的一份责任。积极参与全球治理和分担国际责任是培养全球公民意识的重要途径。

第三,环境和可持续发展教育。环境教育是为了保护环境,强调对环境问题的治理,在实践中偏重于传授环境保护的知识、技能,走的是技术主义的解决路径,没有关注和反思环境问题的根本原因——社会发展方式。20世纪末期,人们认识到,环境问题不单是环境自身的问题,而且是社会、经济、环境与发展间关系的问题,环境问题的解决是一个复杂的系统工程,涉及社会、经济、文化和环境各个方面,仅仅依赖技术的手段治理,仅靠支离破碎的环境教育无法实现可持续发展的目标。从源头解决环境问题,需要确立可持续发展的理念。

第四,国际理解教育。国际理解教育的目的就是增加不同文化背景的、不同种族的、不同宗教信仰的和不同区域、国家、地区的人们之间的相互了解和相互宽容;加强他们之间的相互合作,以便共同认识和处理全球社会存在的重大共同问题;促使每个人都能够通过对世界的进一步认识来了解自己和了解他人。将事实上的相互依赖变为有意识的团结互助。前期的国际理解教育偏重于文化间的相互理解与和平教育,目的是使公民形成文化间的尊重和宽容意识,消除暴力、冲突和种族歧视,形成和平文化,养成和平意识。后期国际理解教育主要针对全球化日益密切的相互依赖和全球共同存在的问题,强调公民要树立一种全球意识。

第五,多元文化教育。通过全球化多元文化教育,既要促进不同国家、不同文化的和平共存,又要促进全球文化的共生共荣,从而形成"和而不同"的多元的文化共生体系。全球多元文化教育包括相互联系的三方面内容:第一,本国、本民族的文化教育,培养公民对本民族文化的自信和文化自觉的品格。第二,他国、他族文化的教育,培养公民对他国、他族文化的尊重、包容和欣赏。第三,跨文化的共生教育,提升公民跨文化交往能力,实现文化的共生与繁荣。

3. 延伸阅读

◀ 檀传宝.公民教育引论:国际经验、历史变迁与中国公民教育的选择[M].北京:人民出版社,2011.

◀ 冯建军.全球公民社会与全球公民教育[J].高等教育研究,2014(3).

◀ 王啸.全球化时代的中国公民教育[M].福州:福建教育出版社,2006.

◀ 刘丹.全球化时代的认同问题与公民教育研究:基于公民身份的视角[M].北京:北京师范大学出版社,2013.

(二)传统道德教育

近年来,在整个教育领域,对于国学经典等传统文化的复归成为学术研究和社会潮流的共同追求。在道德教育领域,对传统道德在现代社会中的功用和地位的考量,同样成为研究的热点问题之一。

1. 研究背景

在当今社会尤其是在国内,对于传统文化和经典教育的呼声日益高涨。出现这种现象并非空穴来风,背后有着更深层次的原因。

首先,社会上对传统文化的追捧源于对当代文化的不自信。社会大众将当今社会出现的道德滑坡、人情冷漠、学校道德教育效率低下等一系列社会和教育问题归结到传统文化教育尤其是传统道德教育的缺失。

其次,悠久的历史传统为传统道德教育奠定了根基。我国具有悠久的历史文化传统,传统文化对个体的道德修养尤为重视。尤其是在儒家的思想传统中,教育中最为重要最为核心的部分就是道德教育。这样的思想文化传统,也就为当今社会传统文化的复归奠定了基础。

最后,思想史中古典主义、要素主义的影响。纵观思想史的发展脉络,古典主义和要素主义的思想从未间断。古典主义对传统文化的认同以及要素主义对经典文本的追崇,都对道德教育转向传统道德教育产生了非常重要的影响。

2. 研究问题

与传统道德教育相关的研究问题，大致可以分为以下几类。

第一，传统道德教育的内容问题。中国传统道德的特点之一就是在道德原则与道德实践中较多地渗透了情感的因素。儒家道德核心"仁"，就是一种合乎礼义，发而中节的情感。中国传统道德的"五伦"，即五种基本的人伦关系，也是通过相互的情感联系来规范的。用一句话来概括，就是在传统社会被奉为道德圭臬的孔子名言，"己所不欲，勿施于人"。

第二，传统道德教育的方式问题。对于如何开展传统道德教育，研究者意见不一。有的学者认为传统道德教育应该通过诵读国学经典来进行，有的学者认为传统道德教育的开展应该与现代社会的具体情境相结合，还有的学者认为传统道德教育应该与学校的直接的道德教学相融合。

第三，如何看待传统道德教育的问题。在这一问题上，有学者指出，"长期以来，人们常常以西方的研究范式作为方法论对东西方文化传统进行整体性的认识，其结果更多的是对中国传统道德价值的否定性评价，这既非实事求是的科学研究态度，也不利于中国传统道德的继承与发展。应突破单一的西方化的思维模式，彰显中国传统道德教育思想的独特性与研究的自主性"①。

3. 延伸阅读

◀ 顾明远. 中国教育的文化基础[M]. 太原：山西教育出版社，2004.
◀ 易连云. 传统道德教育研究的范式转换[J]. 教育研究，2010(4).
◀ 黄济. 国学十讲[M]. 南京：江苏教育出版社，2010.

（三）学校德育诊断

德育学科自身具有较强的实践性，引导学校德育实践一直是德育原理的学科追求。近年来，直接针对学校德育实践的研究日益增多，对学校德育实践产生了诸多有益影响。其中，学校德育问题诊断就是一项直接针对学校德育实践的研究，由北京师范大学公民与道德教育研究中心首创并逐步推广，在全国基础教育范围内产生了积极影响。

---

① 易连云. 传统道德教育研究的范式转换[J]. 教育研究，2010(4)：30-33.

1. 研究背景

现阶段,在学校德育实践中出现了实效性不高的问题,在德育研究界出现了理论与实践脱节的现象。开展学校德育诊断研究的最重要的目的就是要关注到德育理论与德育实践的深层关联。

学校德育诊断研究旨在诊断学校德育发展方面存在的问题,揭示这些问题产生的原因并提供相应的改进建议。基于这样的目的,我们主要秉承着一种揭示问题的立场去诊断和分析制约学校德育,乃至制约整个学校全面发展的各种学校内的结构性因素、文化因素以及其他各方面的影响因素。这样一种诊断定位就使得我们更为关注学校德育发展中存在的问题,而非学校在德育等方面所取得的成绩。另外,我们对学校德育问题的诊断与分析主要是从一种专业发展的角度来思考如何能够更好地提升学校的德育品质。研究过程中所呈现的各种诊断结果,仅代表专家组成员对学校德育发展特定问题的一种专业性分析,而不是对学校工作的一种价值性判断,更不是对学校整体发展的全面评价。

2. 研究问题

德育的发展与学校各方面的工作紧密相关。在某种意义上,德育存在于学校的全部教育教学活动之中。因此,对学校德育问题的诊断和分析,就不能仅仅局限在显性的、直接的德育上面,还应包括大量隐性的、间接的德育形态。对于学校德育的全面、深入把握的一个重要标志就是要能够深入到学校文化内在的价值观念层面,揭示这些内在价值观念所形成的无所不在的隐性课程影响学生、教师精神风貌和道德成长的深层机制。要做到这一点,我们的调查诊断工作除了显性的德育课程外,就必须涵盖学校工作的主要方面。基于此,在学校德育诊断过程中主要采取一种大德育观的视角对学校教育教学的各个环节做全面的考察和分析。德育诊断的流程框架见表7-3。

3. 延伸阅读

◀ 班建武.学校德育问题诊断刍议[J].教育研究与实验,2011(3).

◀ 檀传宝.学校德育诊断案例研究[M].北京:教育科学出版社,2012.

◀ 班建武.学校德育问题诊断的策略[M].上海:华东师范大学出版

社,2014.

表7-3 德育诊断的流程框架①

步骤	途径	方法	要点
第一步：发现和界定问题	从文化一致性程度发现和界定问题	三角分析法	发现学校德育存在的各种显性和隐性的问题
	从理想和现实的差距中感知问题	认知差距图法	
	对问题进行进一步澄清	"5W1H"法、关键词检验法	
	确定问题的轻重缓急	根据问题的重要性、紧迫性和可控性程度确定	
第二步：分析和理清问题的内在机理	尽可能发现问题的所有原因	逻辑树和关联图法	能够较为清晰地绘制出问题的表征与各种层次的原因之间的逻辑关系
	对问题原因进行编码归类，明确原因的具体指向		
	对问题原因进行结构化分析，厘清各种原因之间的逻辑关系		
第三步：改进和解决问题	提出改进目标	制定学校德育改进目标积极性原则、单一性原则和相关性原则	能够对所发现的问题给出具体的、可操作的改进建议和方案
	针对问题原因设计改进方案	"目标—手段"树形图法	
	形成诊断报告	完整的诊断报告主要包括绪论、诊断与分析以及总体意见和建议三大部分	

① 班建武.学校德育问题诊断的策略[M].上海:华东师范大学出版社,2014:26.

参考文献

传习录

道德经

韩非子

淮南子

礼记

论语

孟子

庄子

Hirst, P. H. Moral Education in a Secular Society [M]. National Children's Inc., 1976.

W. James Potter. Media Literacy:second edition [M]. Sage Publication, 2001.

班华.近十年来德育思想现代化的进展[J].教育研究,1999(2).

班华.现代德育论[M].合肥:安徽人民出版社,2001.

班建武.符号消费与青少年身份认同[M].北京:教育科学出版社,2010.

班建武.教师媒体道德形象的影响及原因、对策分析[J].教师教育研究,2007(6).

毕玉.境外媒介素养教育的理论与实践探究[J].新闻界,2008(1).

[法]布尔迪厄.文化资本与社会炼金术[M].包亚明,译.上海:上海人民出版社,1997.

陈迪英.德育学科性质的科学取向与规范取向:从教育学到德育学[J].湖北社会科学,2006(3).

成伯清.走出现代性——当代西方社会学理论的重新定向[M].北京:社会科学文献出版社,2006.

储培君.德育论[M].福州:福建教育出版社,1997.

都冬云.20世纪初中国公民教育探索及启示[J].常熟理工学院学报:哲学社会科学版,2011(11).

杜时忠.制度德育十年研究与前瞻[J].教育研究与实验,2010(1).

杜时忠.制度何以育德?[J].华中师范大学学报:人文社会科学版,2012(4).

杜威.民主主义与教育[M].北京:人民教育出版社,1990.

范树成.德育过程论[M].北京:中国社会科学出版社,2004.

冯婉桢.教师职业道德规范的边界[J].教师教育研究,2009(1).

冯文全.关于德育学的研究对象的考察[J].西南师范大学学报:人文社会科学版,2005(2).

冯云舫.高校教师职业道德建设路径选择[J].河北学刊,2012(4).

傅维利,朱宁波.试论我国教师职业道德规范的基本体系和内容[J].中国教育学刊,2003(2).

高德胜.生活德育论[M].北京:人民出版社,2005.

郭齐家.中国教育思想史[M].北京:教育科学出版社,1987.

〔德〕哈贝马斯.公共领域的结构转型[M].曹卫东,等译.上海:学林出版社,1999.

韩进之,王宪清.德育心理学概论[M].上海:上海人民出版社,1986.

何国华.陶行知教育学[M].广州:广东高等教育出版社,1997.

〔德〕赫尔巴特.普通教育学·教育学讲授纲要[M].李其龙,译.北京:人民教育出版社,1989.

胡厚福.德育学原理[M].北京:北京师范大学出版社,1997.

胡守棻.德育原理[M].北京:北京师范大学出版社,1989.

华东师范大学教育系,杭州大学教育系.现代西方资产阶级教育思想流派论著选[M].北京:人民教育出版社,1981.

华中师范大学教育系,等.德育学[M].西安:陕西人民教育出版社,1986.

华中师范学院教育科学研究所.陶行知全集(第三卷)[M].长沙:湖南教育出版社,1985.

黄光书.全球化时代的学校德育思考[J].思想理论教育,2002(2).

黄济,郭齐家.中国教育传统与教育现代化基本问题研究[M].北京:北京师范大学出版社,2003.

黄崴,黄晓婷.近十年公民教育研究的回顾与展望[J].清华大学教育研究,2009(1).

黄向阳.德育原理[M].上海:华东师范大学出版社,2000.

江苏省陶行知教育思想研究会,南京晓庄师范陶行知研究会.陶行知文集[M].南京:江苏人民出版社,1981.

焦国成,李萍.公民道德论[M].北京:人民出版社,2004.

〔苏联〕凯洛夫.教育学[M].陈侠,等译.北京:人民教育出版社,1957.

〔捷克〕夸美纽斯.大教学论[M].傅任敢,译.北京:教育科学出版社,1999.

蓝维.德育专业化笔谈[J].教育研究,2007(4).

李伯黍,岑国桢.道德发展与德育模式[M].上海:华东师范大学出版社,1999.

李大建.人性化的他律觉悟性的自律——完善高校德育管理体系的探讨[J].社会科学战线,2009(1).

李道仁.德育本质问题的探讨[J].华中师院学报:哲学社会科学版,1982(6).

李琨.媒介素质教育在中国[J].国际新闻界,2003(5).

李治德.论公民教育内容的理论框架[J].郑州大学学报:哲学社会科学版,2005(4).

梁启超.国民十大元气论[M]//饮冰室合集(文集之三).北京:中华书局,1989.

梁启超.教育与政治[M]//饮冰室合集(文集之三十八).北京:中华书局,1989.

梁启超.梁启超选集[M].北京:中国文联出版社,2006.

梁启超.新民说·论公德[M].沈阳:辽宁人民出版社,1994.

刘超良.论德育制度的价值标准[J].教育研究与实验,2010(1).

刘超良.试探陶行知的生活德育思想[J].河北师范大学学报:教育科学版,2004(7).

刘国成.教师职业道德论[M].哈尔滨:黑龙江教育出版社,2012.

刘海珍.主体性德育是当代德育发展的趋势[J].教育与职业,2006(36).

刘伟.马克思主义人学视野下的中国公民教育探索[J].探求,2011(4).

鲁洁,王逢贤.德育新论[M].南京:江苏教育出版社,2010.

鲁洁.当代德育基本理论探讨[M].南京:江苏教育出版社,2003.

鲁洁.道德教育:一种超越[J].中国教育学刊,1994(6).

鲁洁.德育社会学[M].福州:福建教育出版社,1998.

罗国杰.马克思主义伦理学[M].北京:人民出版社,1982.

吕丽艳.现代社会、现代性与公民教育[J].高等教育研究,2007(12).

[苏联]马卡连柯.马卡连柯教育文集(上卷)[M].北京:人民教育出版社,2005.

[苏联]马卡连柯.马卡连柯教育文集(下卷)[M].北京:人民教育出版社,2005.

[美]麦金太尔.德性之后[M].龚群,戴扬毅,等译.北京:中国社会科学出版社,1995.

毛礼锐,沈灌群.中国教育通史(第三卷)[M].济南:山东教育出版社,1987.

牛国卫.成就责任公民:社群主义向度的公民教育[J].思想理论教育,2008(23).

彭印中.德育课教学方法审美化试说[J].黑龙江高教研究,1996(5).

戚万学,杜时忠.现代德育论[M].济南:山东教育出版社,1997.

戚万学,唐汉卫.学校德育原理[M].北京:北京师范大学出版社,2012.

戚万学.活动道德教育简论[M].天津:南开大学出版社,1994.

任志明,宋晓雪.媒介素养教育相关概念的辨析[J].当代传播,2009(6).

沈善洪,王凤贤.中国伦理学说史[M].杭州:浙江人民出版社,1985.

[苏联]苏霍姆林斯基.给教师的建议(上)[M].杜殿坤,译.北京:教育科学出版社,1984.

[苏联]苏霍姆林斯基.帕夫雷什中学[M].赵玮,等译.北京:教育科学出版社,1983.

孙培青.中国教育史[M].上海:华东师范大学出版社,2009.

覃川,王磊静,张嵩印.当代大学生媒介行为和媒介素养实证研究[J].当代传播,2007(4).

檀传宝.德育美学观[M].太原:山西教育出版社,2002.

檀传宝.德育原理[M].北京:北京师范大学出版社,2007.

檀传宝.信仰教育与道德教育[M].北京:教育科学出版社,1999.

檀传宝.学校道德教育原理[M].北京:教育科学出版社,2000.

唐汉卫,戚万学.现代学校道德教育的问题与思索[M].济南:山东教育出版社,2008.

陶行知.陶行知全集(第二卷)[M].长沙:湖南教育出版社,1985.

陶行知.陶行知全集(第一卷)[M].成都:四川教育出版社,1991.

陶建钟.公民身份、公民文化与公民教育——一种民主与国家理论的共治[J].浙江学刊,2009(3).

屠大华.中小学德育管理[M].长春:东北师范大学出版社,2000.

汪凤炎,等.德化的生活[M].北京:人民出版社,2005.

王道俊,王汉澜.教育学[M].北京:人民教育出版社,1999.

王帆,张舒予.从教育视角解析媒介素养与信息素养[J].电化教育研究,2007(7).

王坤庆.教育学史论纲[M].武汉:湖北教育出版社,2000.

王文岚.当代西方公民教育理论探微[J].兰州大学学报:社会科学版,2005(6).

王文岚.社会科课程中的公民教育新取向及其教学策略[J].教育研究,2007(7).

王小燕.主体性德育的哲学思考[J].江汉论坛,2004(2).

王啸,鲁洁.德育理论:走向科学化和人性化的整合[J].中国教育学刊,1999(3).

王玄武,等.比较德育学[M].武汉:武汉大学出版社,2003.

王钢,李伟,庄榕霞.大学生媒介素养教育之教学策略设计[J].现代教育技术,2006(2).

吴式颖.外国教育史教程[M].北京:人民教育出版社,1999.

杨柳.关于主体性德育的思考[J].教育发展研究,2004(1).

杨启华.公民教育:为了和谐而探索[J].中国德育,2007(12).

杨启亮.先秦道家德育思想辨析[J].教育科学,1995(1).

杨韶刚.道德教育心理学[M].上海:上海教育出版社,2007.

杨现勇.德育发展的当代走向:从规范化德育到主体性德育[J].前沿,2011(6).

杨尊伟,杨昌勇.全球视野下德育现代化之审视[J].现代教育科学·普教研究,2010(1).

叶飞.公民教育:从"疏离"走向"参与"[J].全球教育展望,2011(8).

易连云.传统道德教育研究的范式转换[J].教育研究,2010(4).

余双好.实践德育课程建设的基本构想[J].思想·理论·教育,2003(6).

俞颖莹.大众传媒对学校德育的影响[J].学理论,2010(25).

袁磊,陈晓慧,霍娟娟.港台地区媒介素养教育现状及其启示[J].中国电化教育,

2010(7).

〔美〕约翰·杜威.民主主义与教育[M].王承绪,译.北京:人民教育出版社,2001.

〔美〕约翰·S.布鲁柏克.教育问题史[M].吴元训,译.合肥:安徽教育出版社,1991.

曾鸿.卡通暴力影响下的儿童媒介素养教育[J].现代传播,2008(3).

张斌贤.外国教育思想史[M].北京:高等教育出版社,2007.

张冠文,于健.浅论媒介素养教育[J].中国远程教育,2003(7).

张焕庭.西方资产阶级教育论著选[M].北京:人民教育出版社,1979.

张世欣.试论"法自然"的道家德育思想[J].浙江师大学报:社会科学版,1996(5).

张秀雄.公民教育的理论与实践[M].台北:台北师大书苑公司,1998.

张学波.国际媒体教育发展综述[J].比较教育研究,2005(4).

张宜海.论公民德性[M].郑州:郑州大学出版社,2011.

张玉茹.主体性德育模式与德育有效性的探索[J].黑龙江高教研究,2004(1).

张志安,沈国麟.一个亟待重视的全民教育课题——对中国大陆媒介素养研究的回顾和简评[J].新闻记者,2004(5).

张忠华.德育基本理论研究三十年[M].哈尔滨:黑龙江人民出版社,2010.

赵洪恩.论美育在道德培养中的作用[J].教育研究,1994(11).

赵晖.当代世界公民教育的理念考察[J].外国教育研究,2003(9).

赵慕熹.中小学德育管理[M].北京:文化艺术出版社,1994.

赵志军.德育管理论[M].北京:中国社会科学出版社,2008.

郑永廷,张彦.德育发展研究[M].北京:人民出版社,2006.

中国大百科全书编辑委员会《教育》编辑委员会,中国大百科全书出版社编辑部.中国大百科全书·教育[M].北京:中国大百科全书出版社,1985.

钟启泉,黄志诚.西方德育理论[M].西安:陕西人民教育出版社,1998.

周辅成.西方伦理学名著选辑(上卷)[M].北京:商务印书馆,1964.

朱法贞.教师伦理学[M].杭州:浙江大学出版社,2001.

朱仁宝.德育心理学[M].杭州:浙江大学出版社,2005.

朱小蔓.理论德育学的建构——试谈德育研究的哲学型、科学型与工程学型[J].上海教育科研,1995(4).

朱小蔓.情感德育论[M].北京:人民教育出版社,2005.

朱晓宏.公民教育[M].北京:教育科学出版社,2003.

朱晓宏.复归与重构:当代美国道德教育理论与实践的变革[M].济南:山东教育出版社,2011.

朱永新.中国近现代教育思想史[M].北京:中国人民大学出版社,2011.

人名译名对照表

奥古斯丁(Augustinus)
巴恩斯(Barnes)
巴格莱(Bagley)
巴里·舒格曼(Barry Sugarman)
班杜拉(Albert Bandura)
鲍威尔(Power)
彼得斯(R. S. Peters)
毕达哥拉斯(Pythagoras)
柏拉图(Plato)
波特(W. James Potter)
布鲁柏克(J. S. Brubacher)
达尔文(C. R. Darwin)
德可乐利(L. Decroly)
杜威(John Dewey)
费希特(Johann Gottlieb Fichte)
福禄贝尔(F. W. Fröbel)
哈特肖恩(Hugh Hartshorne)
赫尔巴特(J. F. Herbart)
赫斯特(Paul H. Hirst)
黑格尔(G. Hegel)
霍尔(G. S. Hall)
凯兴斯泰纳(Kerschensteiner)
康德(I. Kant)
考茨基(K. Kautsky)
夸美纽斯(J. A. Comenius)
昆体良(Marcus Fabius Quintilianus)

拉瑞·纳希(Larry P. Nucci)
拉思斯(L. E. Raths)
雷迪(C. Reddie)
理查德·哈什(Richard H. Hersh)
卢梭(J. J. Rousseau)
路易·勒格朗(Louis Legrand)
罗伯特·纳什(Robert J. Nash)
罗尔斯(J. Rawls)
洛克(J. Locke)
马丁·霍夫曼(Martin L. Hoffman)
马丁·里奇(John Martin Rich)
马丁·路德(Martin Luther)
麦金太尔(A. MacIntyre)
麦考莱(Macaulay)
麦克菲尔(P. Mcphail)
梅(Mark May)
蒙台梭利(M. Montessori)
内尔·诺丁斯(Nel Noddings)
诺曼·威廉姆斯(Norman Williams)
帕克(F. W. Parker)
裴斯泰洛齐(J. H. Pestalozzi)
皮亚杰(Jean Piaget)
斯宾塞(H. Spencer)
斯普朗格(Spranger)
斯塔基(Hugh Starkey)
苏格拉底(Socrates)

人名译名对照表

唐纳德·里德(Donald R. C. Reed)

涂尔干(Émile Durkheim)

托马斯·阿奎那(Thomas Aquinas)

瓦特金斯(S. H. Watkins)

西塞罗(Marcus Tullius Cicero)

希金斯(Ann Higgins)

亚当·斯密(Adam Smith)

亚里士多德(Aristotle)

约翰·威尔逊(John Wilson)

约瑟佛·戴维提斯(Joseph L. Devitis)

詹姆士(William James)